神と人のはざまに生きる

近代都市の女性巫者

アンヌ ブッシイ――［著］
Anne Bouchy

東京大学出版会

LES ORACLES DE SHIRATAKA
by Anne Bouchy

University of Tokyo Press, 2009
ISBN 978-4-13-013200-8

中井シゲノに

ある意味で、宇宙のすべてが、宇宙のすべての場所につねにどこでも「存在」している。（中略）物事のあいだの連絡には、二つのレベルがあるように思われる。一つは、伝統的な因果関係のレベル。もう一つは、ある物体のほかの物体への力にも、いかなるエネルギー交換にも関係のないレベル。それはむしろ、正確に述べることのむずかしい、内在し遍在する影響のようなものである。この影響と宇宙の進化のあいだにどんな関係があるのか、私は知りたいと思ってやまない。

——Hubert Reeves

Patience dans l'azur—L'évolution cosmique, Point sciences, 1988 (1981).

ユベール・リーブス『天空での忍耐——宇宙の進化』

日本語版への序

「オダイの名が世界を駆ける」

本書を日本語で上梓することは私にとって大いなる喜びであり、深い感動を覚えずにはいられない。これは中井シゲノの一代記の「里帰り」であると言ってよいが、ここに至るまでには実に長い紆余曲折があった。

まず、この一代記は言うまでもなく中井シゲノという女性、母、宗教職能者が駆け抜けた長い人生の物語である。中井シゲノは困難な運命に敢然と立ち向かい続け、一九三〇年代に村の暮らしを捨て、大阪という大都市に居を定め、そこで二〇世紀のあらゆる激動に直面した。彼女の運命は前世紀に日本社会が体験した重大な変動の反映と結果であり、逆にこれらの変動を無視して彼女の運命を理解することはできないだろう。そのため、私は能う限り中井シゲノの生の言葉をそのまま提示し、稲荷信仰と関係があろうとなかろうと、巫者、行者、修験者といった多くの宗教職能者がこの時代に辿らざるを得なかった道筋を日常風景の中に浮かび上がらせることに努めた。

次に、この研究が可能になった背景には、二〇世紀になって、日本社会に対する分析方法、とりわけ人文社会科学の方法論に生じた変化がある。こうした発展を経て、日本民俗学、宗教民俗学、社会・文化人類学そして宗教学といった各分野の専門家たちは、民俗生活のあらゆる側面を視野に入れるようになった。具体的には、文字資料として全くもしくはほとんど書き残されていなかったもの、そしてそのなかで憑依、神がかり、託宣現象、守護神への信仰とその実践や修験道についての研究が目覚ましい展開をとげたのだ。しかも、こうした変化は、日本の研究者と組んで外国の研究者も共同フィールドワークや学術的討論や意見交換に参加できる状況を生み出した。日本生まれでもない私が、一九七二年の来日後すぐに、最初期の一人として、日本民俗学、宗教民俗学の研究に関する大学教育の恩恵に何年間も浴することができたのはこうした状況のおかげである。また、そのおかげで、私は以上の諸学問の大家たちの指導のもと、戦後の若い世代の登場とともに、各地の民俗生活や修験道の宝庫を明るみに出す一因となった熱のこもった学術的潮流に参加することができたのだ。

こうした文脈と、主として東北や沖縄の農村の――シャーマンとも呼ばれる――巫者、巫覡《ふげき》を扱う日本研究を背景としながら、私は中井シゲノの一代記を記述することで、依頼者や信者たちのぎりぎりの切迫した願いに日々応える仕事を営む彼女のような宗教職能者たちが、決して消滅間近の、日本の最果ての地だけに住む周縁的なマイノリティではないことを明らかにした。実際、中井シゲノの一代記は、現代も数多くの巫者や行者、祈禱師が彼女のように大都市の中で暮らしており、現代社会に適応した宗教活動と日常生活とを貫く力学の中心に彼らが揺るぎなく位置していることの証言でもある。

したがって、本書は日本で、また日本とフランスの間で私が長年歩んできた個人的学術的道程の結果でもある。この意味において、中井シゲノの物語は単なる伝記ではない。本書はもちろん私にとって自分の研究史における決定的な時期を画するものである。けれども、それに先立つ日本での数々のフィールドワーク、各地の宗教民俗や宗教職能者、修験道に関する論文の発表等々を経た上で、日の目を見ることになったものである。そして、本書はそれ自体が私の研究のさらなる展開の出発点となり、今も続く日本内外の研究者たちとの交流の出発点となってくれた。

なお、この本にも歴史がある。本書は *Les oracles de Shirataka*（シラタカのお告げ）のタイトルで、一九九二年にフィリップ・ピキエというフランスの出版社から、この分野におけるフランス語での初めての研究成果として出版された。これは一九九三年にアレクサンドラ・ダヴィド＝ネール賞を受賞したが、後に絶版となったため、二〇〇五年ミライユ大学出版から再版された。本書で扱った問題をより理論的に深めたいくつかの論文を発表してから、日本のほか、こうした研究が皆無であるフランス、あるいはアメリカ合衆国、イギリスなどで講演会、大学の講義、シンポジウムでの発表、本の紹介というかたちで何度も話をする機会に恵まれた。

最後に、翻訳自体も息の長い、根気のいる作業だった。フランスで出版してすぐに日本での出版を思い立った。だが、非常に難しい状況が重なり、ずっと前に翻訳を引き受けてくれていた阿部哲三先生がひとまずの完成に辿り着いたのは二〇〇七年のことだった。ちょうどこの二〇〇七年の春、東京大学出版会の編集者と会って、出版の話がまとまった。その間も、私が来日する機会をとらえて、なおフランスではとくに二〇〇七年の夏に、私と阿部先生は一緒に翻訳の検討を開始し、原文の意味に最も近づくように推敲を重ねた。その後私が学術用語を整理し、この修正作業を終えたのが二〇〇七年末から二〇〇八年のはじめだった。編集作業はそれから始まった【編集部注】なお、阿部哲三先生は本書の「翻訳者」として明記されることを固辞されるご意向を示されましたので、ここで謝意とともにお名前を挙げさせていただくことにとどめています）。

この長旅が深い印象を残す様々な出会いに彩られていたのは言うまでもない。中井シゲノとの出会いはその一つである。こうしたすべては、研究を進めていく過程で出会ったすべての人々――先生、学友、同僚、学生、友人、フィールドで出会った多くの方たち――の理解、支持、援助（さらに、しばしば私の延々と続く質問に対する忍耐）なしにはあり得なかった。この出会いはあまりに多く、ここで一人ひとりの名前を挙げることはできない。だが、いつも寛大に私を迎えてくれた中井シゲノとその家族の方々、行者の皆さん、そして、稲荷信仰の調査プログラムの発起人だった今は亡き五来重先生に全幅の感謝を捧げておきたい。また、長年、ともに学術研究を行い、日本での出版の際大変協力してくれた島薗進先生と解説を引き受けてくれた鈴木正崇先生、非常に難しい状況に直面していたにもかかわらず、質の高い翻訳を実現してくれた阿部哲三先生、和訳にあたってはいつも助けてくれる福島勲氏、厳密な編集作業をしてくれた宗司光治氏ならびに東京大学出版会の方々に心からの謝意を捧げたい。本書が以上の方々への私からの深い感謝の印として受け止めていただければ、まことに幸いである。そして、この本を通して、読者がここに書かれている事実の豊かさと意味を（再）発見し、さらに自分自身でよりよく知るきっかけとなることを望みつつ筆をおく。

二〇〇八年六月九日

アンヌ ブッシイ　Anne Bouchy

神と人のはざまに生きる——目次

写真 1　神官装束姿の中井シゲノ（伏見稲荷大社，1936 年ころ）

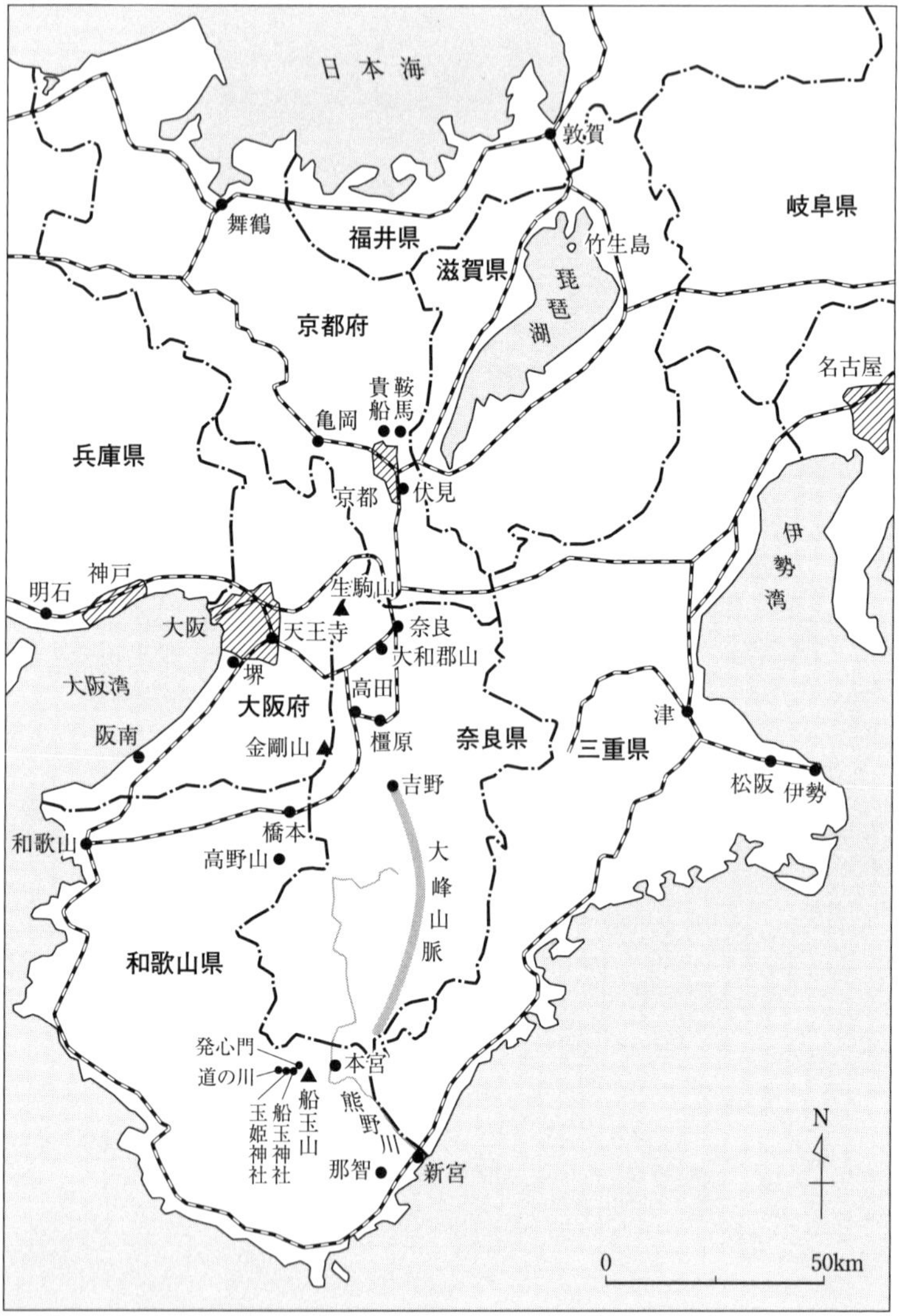
日本海
敦賀
岐阜県
舞鶴
福井県
竹生島
滋賀県
琵琶湖
京都府
名古屋
貴船
鞍馬
亀岡
兵庫県
京都
伏見
伊勢湾
神戸
明石
生駒山
大阪
天王寺
奈良
大和郡山
大阪湾
堺
高田
大阪府
津
阪南
奈良県
三重県
金剛山
橿原
吉野
松阪
伊勢
橋本
和歌山
高野山
大峰山脈
和歌山県
発心門
道の川
本宮
船玉山
玉姫神社
船玉神社
熊野川
N
那智
新宮
0
50km

地図 1　近畿地方略図

プロローグ——一九八三年、大阪、天王寺区

国道二五号線を、車が騒がしく上下に疾走している。山腹に一心寺[*1]をかかえる茶臼山と、右手少し向こうに見える五重塔、本堂、大柱廊が並び建つ四天王寺が、この国道を挟んで向い合っている。今では俗に環状線といわれる国道のこのあたりは、東は奈良、南は紀伊の国から来る二つの街道の落ち逢うところで、かつては「逢《あ》う坂《さか》」と呼ばれていた。ところが、ここはまたこの一代記の女主人公が自分の運命と出会う場所でもあったのだ。

いま、私は一心寺の真向いにある安居《やすい》天神を目指している。会う心算りでいる女性が安居天神の奥に住んでいる。天王寺駅から天神へ行く近道がこれだと聞いたから、こうして茶臼山を降りてやって来た。この辺には横断を許す道路標識は皆無であり、しきりと往き交う車の途絶えるのを、辛抱強く待たねばならなかった。かつて、あの婦人が、否応なく惹き付けられて辿った道すじを、今日（一九八三年九月三日）、私が同じように辿り直しているとは、その当時は思いもしなかった。あの婦人、中井シゲノとは初対面である。

いまだ残暑厳しく、石の鳥居をくぐると、境内には人影もなく、法師蟬の蟬時雨《せみしぐれ》が晩夏の昼下がりの長閑《のどか》さを潤していた。境内の楠の並木道を進むと、赤と黒の二色に塗った木の鳥居がある。その向うに

玉姫稲荷社、住居、それにいつも訪れる人を迎え入れる道場がある。

「御免下さい」と声を掛けると、「どうぞ、お入り」と応じる声が内から聞えてきた。硝子戸《がらす》を引き開けると、白衣に紫の袴を召した装束で、どっしりと辺りを払うような容儀をつくろって正座している一人の女性と向い合った。塵ひとつない畳にこうして端座して私の来るのを待っていたのが中井シゲノだった。彼女は私を両眼で見据えていたが、その両の目は盲《めし》いていて何も見えてはいなかった。


中井シゲノについて、彼女がオダイであるということのほか、私は一切知らなかった。オダイとは、自らの身に天下る神の言葉を伝える者のことである。私は、彼女の身の上話、オダイである彼女の物語を語って貰おうと訪れたのである。

シゲノは気取らず、温かく持てなしてくれた。茶を出され、私はあらためて自己紹介した。私の問いに答える形で、シゲノは、何の無理する気配もなくすでに長い身の上話を始めていた。もの言いは率直で、その力強い重々しい声と、多彩な抑揚でもって、まるで音で絵を描くような調子で当時の情景を彷彿とさせるのだった。右の目の瞼は閉じたまま、左目は見えているかのように時折見開いて語っていた。毅然とした顎が印象的で、素顔のまま虚飾なく、身体の方も、なにか強い力と厳しさが全身に張りつめている様子であった。確かに顔には寄る年波の跡が印されてはおり、丸髷に結った髪に白銀《しろがね》がまざってはいるものの、二日前に八〇の寿を祝ったとは到底思われないほどの、気に溢れた相貌と語り口であった。

この初対面ののち、私たちは幾度も面会を続け対話を楽しんだ。こうして年々会う機会を重ねるにつれ、シゲノの生きた世界の全貌が私の眼前にくりひろげられていった。

シゲノが私に話した場所は、この現代の大都市のど真ん中である。そして山奥の滝、彼女にとって馴染み深い神霊の宿る山、そういった風景をもつ時と場所を話題にするかと思えば、また一方、人生という織物が秘めている凡人には見えない微妙な意匠、そうかと思うと大都市で体験される悲劇の数々とその知られざる原因、そして八方塞がりの窮境に追いつめられどうにもできない多くの人々を彼女のもとへ駆けつけさせるその本当の理由、そういったことをあますことなく私に語ったのである。

たぐいまれなこの語り、それは私に打ち明けた彼女その人、彼女自身の人格《ひととなり》がそうさせたのであろうが、この語りはまた時の流れの中で彼女と同じようにここ日本で、その人たちが名付ける神なる存在と人間との間の仲だちを果した今昔の人たちの言葉と響き合っていくのである。

＊1　近畿、大阪と奈良県の地名や寺社名は地図1「近畿地方略図」（xiiページ）と地図2「奈良県略図」（7ページ）、地図3「大阪略図」（9ページ）参照。

写真 2　中井シゲノ（1983 年 9 月 3 日）

I　玉姫の契り

紀伊の国は音無川の水上《みなかみ》に
　立たせたまふは船玉山《せんぎょくさん》
　　船玉《ふなだま》十二所大明神
さて東国にいたりては
　玉姫稲荷が　三囲《みめぐり》へ
　　狐の嫁入り　お荷物を
担へば強力《ごうりき》稲荷さま（後略）

——江戸時代の端唄

——私は、一三で母を亡くし、二二で目が見えなくなり、二七で夫に先立たれましたが、昭和九（一九三四）年九月九日のこと、そのような私に神さまは「夢のお告げ」でこのように教えてくれました。「神の御用を裏切るがために苦の絶え間がない。十という日をもって、玉姫大神の膝元に来れば幸せの道に入れる。三年の修行すれば子供とともに暮らすようにしてやるからおいで」。そしてこの神様の在処を捜し当てるためには、今いる「この行場より十数里隔たった繁華街の真ん中に鎮座まします紀伊の国の玉姫大神」を求めればよいと。繰り返しおっしゃられるのは、「玉姫大神のもとへ参りたまへ、聞かせることがある、見せるものがある、会わせるひとがいる」と。

あとで、その場にいた人から聞かされたこのお言葉は、滝寺の滝に身を打たれ、ふつうの意識とはちがった状態におりましたときに、思わず知らず口にしたものでした。当時私は三一歳で、その日は、毎月九日にするのと同じように、一〇人ばかりの人たちと一緒に大叔母《おばあさん》の神さまをお祀りしておりました。大叔母は、私の幼い頃、神様にささげる祈禱や山中に隠れた神々のお社やお滝にゆく道筋を教えてくれたものでした。滝寺というのは村の北にあります行場で、失明して以来、私は足繁くそこへ通っては、滝に打たれながら神様にお祈り申し上げておりました。

お告げにあった言葉から推して考えれば、かの「繁華街」とは大阪でしかありえないと思い、すぐさま明くる一〇日、私に定められた日に発《た》とうと決意いたしました。もっとも、周りの人たちはそのまま私を発たせることにためらいの色を隠しませんでした。皆、大阪は村から一〇里などでは全然ないし、紀伊の国は和歌山であって大阪じゃない、それに玉姫とかいうその見も知らぬ神さまを捜し当てるなんて目の見えない[*1]私には到底無理だと口酸っぱく言うのでした。

けれども私の心はすでに決まっており、取り消すことなどできません。父を失った我が子をみて、村での惨めな暮らしに比べれば、何だってましだろうと思えたのです。大阪は都会であり、そこへ行くとは私にとってつまり遥かかなたへ行くことでした。かなたの、かの「繁華街」には私を知る人は誰もいないのですから。いるのが苦しくなっていたこの村を去るという絶好の機会と揺るがぬ決心、それこそまさしく私が久しく待ち望んでいたものだったのです。

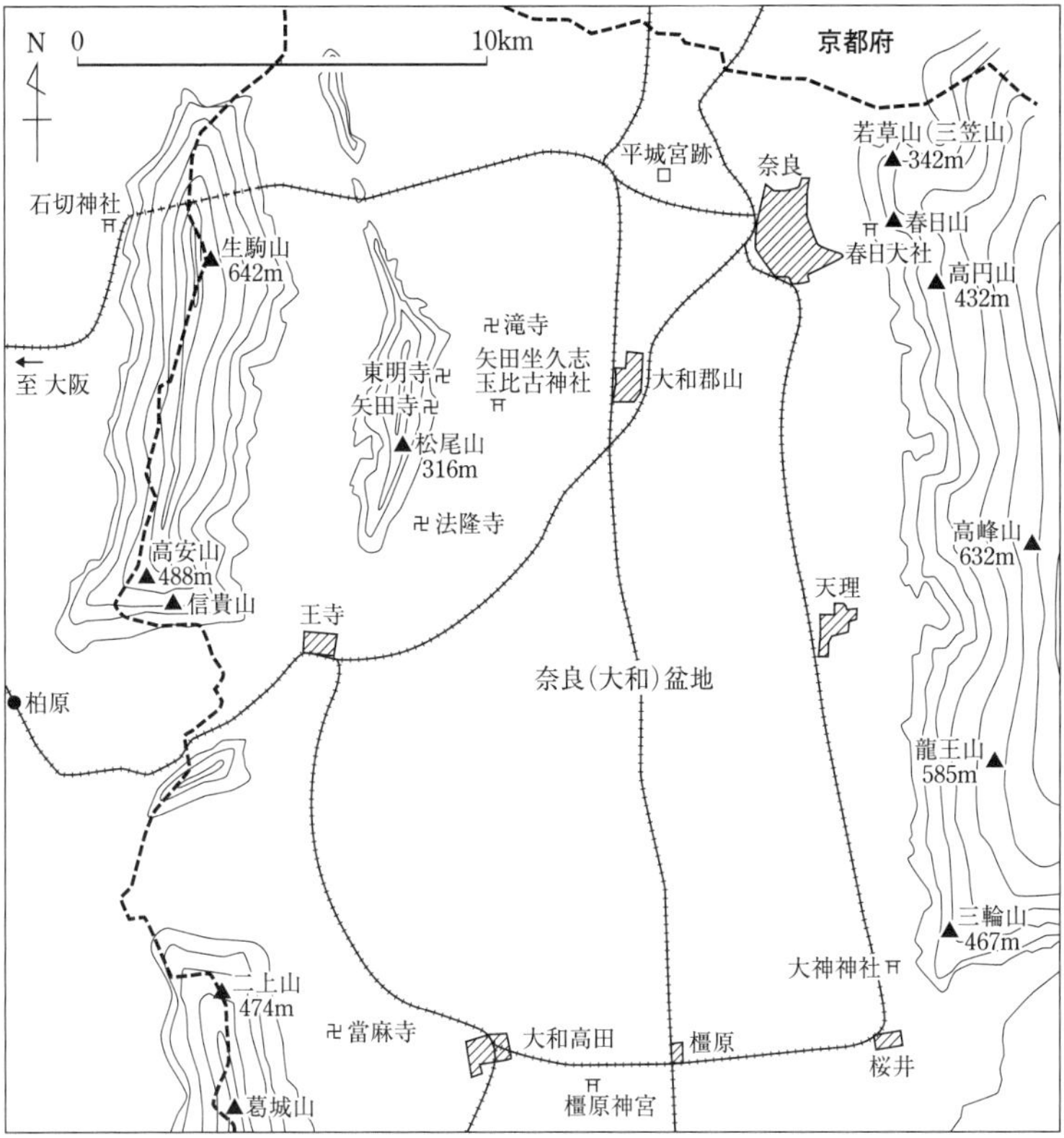

地図 2　奈良県略図

翌日の一〇日、私は早起きをして弁当をこしらえ、子供を学校へ送ってから、大阪へ向けて出発しました。大阪へはこれまで三度だけ、一度目は小学六年の一一歳のときに卒業旅行で堺の大浜まで、二度目は洋裁学校三年の一七のときに三越百貨店を見学しに、三度目は夫を亡くしてから、昭和六（一九三一）年の二八歳のときに家族のもの五、六人とともに親戚のおばの葬式に出るために行きましたが、この三度きりで、私は大阪の街にはなはだ疎《うと》いものでした。

それでも私は二食分の弁当を携えて大阪に発ちました。当時、大軌《だいき》百貨店のありました上六《うえろく》駅に着くと、タクシーを拾って、玉姫社まで行きたいのですが分かりますでしょうかと尋ねました。運転手さんはええ分かりますよと言って、右へひとつ折れ、それから左へ曲がるとまっすぐ石切神社まで連れて行ってくれました。確かに石切さんには玉姫という名の神さまが居られましたけれども、なにかも夢に現れた光景とは似ても似つかぬものでした。夢の中では、本殿があり、それから玉姫さんがいらして、彼方には滝が落ち、此方には小さな家々が立ち並んでいたのですが、ここ石切さんにはそういったものはなにもありません。私は運転手さんに夢の光景を話し、それに似たような、玉姫という名の、もっと小さめの神社を他にご存知ありませんかと尋ねました。運転手さんは首を傾げるだけでしたが、一緒に探してもらえないでしょうかという私の頼みに応じてくれ、まずは玉造《たまつくり》神社（中央区）へ、それから聖天《しょうでん》さん（福島区了徳院）へ、さらに赤手拭《あかてぬぐい》稲荷神社（浪速区）へ連れて行ってくれました。けれども行く先々、名前は似通っていても、その場所自体が私に訴えかけてくることはありませんでした。いつしか陽も傾いておりました。毎回止まる度に五〇銭かかりますと運転手さんに言われまして、私は一〇円札しか持ち合わせておりませんでしたから、それを渡して、奈良県までの電車賃に五〇銭だけ残して、あとはこれの尽きるまで、玉姫さんの見つかりそうなところを全部まわっていただけないかと頼みました。玉姫の神さまに巡り合えなければ諦めて村に引き返すよりほか仕方ありませんが、せめてできる限りのことは取りあえずなんでもしておきたいという思いでした。

こうして大阪中を回ったのですけれども、私の探している場所とおぼしいところはひとつもありま

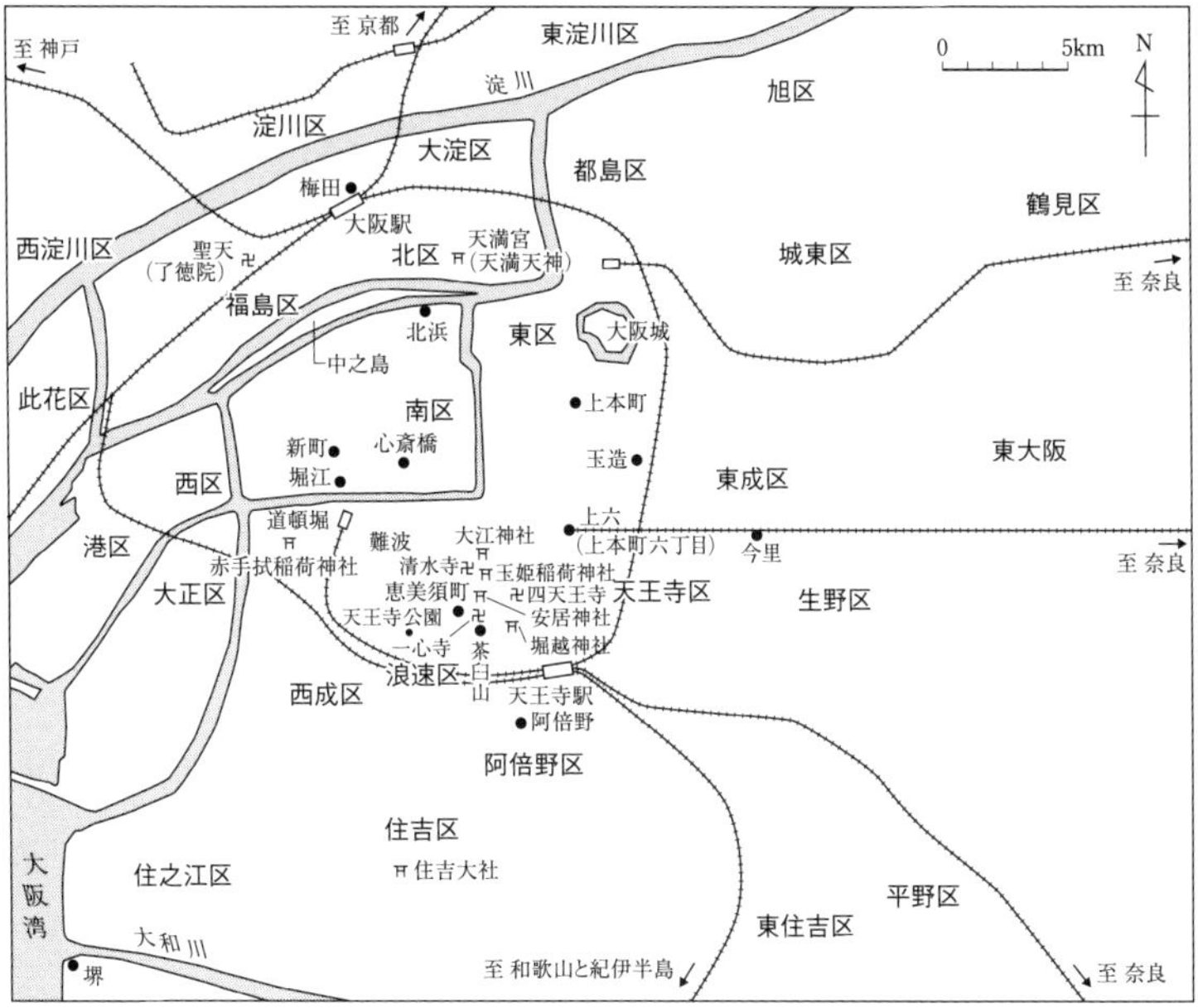

地図 3　大阪略図

せん。最後に連れて行ってもらったのは四天王寺の向かいにある堀越神社（天王寺区茶臼山町）でした。運転手さんが車を降りて、ここではないかと見てまわりましたが、またもやはずれでした。次の四天王寺西門前の交差点まで来ますと、そろそろ上がらせていただく時間なのですが、お探しのところへ案内できませんで申し訳ないと運転手さんに言われて、三円と五〇銭のお釣りがきました。別れ際にもう一言、交差点の向こう側でタクシーを拾えばそのまままっすぐ上六駅に行きますから、そこから奈良行きの電車で帰宅なさっては、と教えていただきました。

　歩道に降り立ったのちも私はなにも見つからないまま帰る気にはなれません。交差点を渡るのをよして、坂道を下りました。一心寺の石段のところまで来たときです、急に体がこわばり、ひきつけが起きて、胸が苦しく、もう一歩も、右にも左にも動けず、その場に佇《たたず》んでしまったのです。こんなところで打《ぶ》っ倒れたらおしまいだ、誰もよそ者の私を助けに来てはくれないだろう、そうわが身に言い聞かせ、気を取り直そうと、荷を下ろしてうずくまり、五、六分の間じっとしていました。

そうしている間に、運転手さんがさきにこの道を進んで交差点を渡るようにと言っていたのにもかかわらず、それに背いてでも、是が非でも、自分は道の反対側へ突き進みたいという衝動に駆られました。それにまた運転手さんの言葉が思い出されました。「この道の向かい側の、天王寺公園の北の入口に面したあたりが色町になります。玉姫さんは女の神さんで、女性たちの神さんですし、もしかしたらそのあたりに玉姫さんのお社《やしろ》があるかもしれませんね。残念ながら行ってみる時間はありませんが」。

こうしたことを思いめぐらしていると、ふと路面電車の走り過ぎる音が聞こえました。轢かれずに渡るにはこの音を頼りにするしかない、そう思って耳を澄まして渡りました。反対側の道の一角には小さなお店があり、よく冷えたお水や焼餅を売っていました。五銭玉を渡してお水をひとつ頼むと、お店のひとは三銭のお釣りに加えて、これはおまけだよと言ってお水をもうひとつくれました。ついでに、ここは何というところですかと尋ねると、「天神さんですよ」と言うので、夏に船のお祭りのあるあの天神さんですかとまた聞きますと、「いいえ、それは天満の天神でしょう」と言われました。それ以上踏み込んで聞くことはできませんでしたが、ともかくある神社にやって来たということは分かりました。私はまたこちら側の坂道を上ってゆきました。当時、そのあたりには大丸百貨店の従業員たちの共同宿舎がありまして、その先に安居天神がございました。私は目が見えませんでしたけれども、門前に並ぶ石燈籠の一つの、その支柱に指先を触れて、そこに刻まれた「安居天神」の御名を読み取ろうとしました。それから境内に入ったのですが、足を踏み入れた瞬間、その場の造りがまさに夢のお告げに《見えた》ものそのままだと感じました。境内を貫く並木道を進みゆき、天神さんの本殿の前まで来たのでお辞儀をいたしましたが、この身を引き留める風でもありませんでしたからそのまま通り過ぎて、右手にありました小山の麓にやって来ますと、そこで自ずと足が止まりました。そこだったのです、私があちこち探し回っていたのはそこだったのです。そこにはちゃんとささやかなお社がございました。私は御前に額《ぬか》ずきました。持ってきたお供えものを差し上げようと思い、携えていた手拭いで拭いてさしあげてから、おにぎりの包みを開いて燭台の上にお供えしました。最後に、そこに祀られていらっしゃる神さまに向かって精一杯、「あなたさまが夢のお告げに現れなさった神さまでいらっしゃいますか」と声をかけました。

私は心の奥のほうで神さんがその通りだとお応えになったような気がいたしました。その時です、この見えない右目から白の巳《みい》さん*2がひょろりと流れ出て、するすると足を伝って下りたかと思うと、お供え物の箱の下に姿をくらましたのです。その箱の下を手探りしますと、骨と皮に化した「ミイ（巳）さん」の抜け殻がございました。私はミイさんの脱ぎ捨てた衣を手に取り、お供え物を包んでいた紙の上に載せて、これこそきっと私の守り神にちがいないと心の内で言いながら、それをおにぎりの横に奉り、それからもう一度神さまにお伺いを立てました。

私は喜びに感極まりながらも同時にまた当惑しておりました。と言いますのも、不意に目から現れてこの足を這ったミイ（巳）さんのお出ましをなんと心得てよいのやら分からなかったものですから。ただこれが玉姫さんだとしたら素晴しいものだと思うばかりでした。

右目はまったく見えませんでしたけれども、左目の方は、うすもやの中にたくさんの赤い斑点がぼんやり見えていましたので、お社の周りにぐるっと小さな釣燈籠がたくさん並んでいるのだと察することができました。そのうちの一つを取り外し、顔に目一杯近づけてなんとか読み解くと、「玉姫稲荷大明神」とありました。

このようにして私は、夢のお告げに示されていたところに自分はちゃんと辿り着いたのだと、そしてこのお社こそまさしくこれから私が身を合わすことになるところなのだと心得たようなわけであります。――

大阪の玉姫社

――玉姫社は安居天神の境内にありますから、私はその社務所へ向かいまして、そこでそこに住んでいる宮司さんと出会いました。ひととおり玉姫さんという御方がお出ましになったその経緯を話して、それは確かに紀伊の国の玉姫さんのことでしょうかとお尋ねしますと、宮司さんはその質問に大変驚きなさって、その神さまの素性をどうして知ったのかと聞き返されました。夢のお告げによってでございますと答えると、宮司さんは、ここまで私をお導きくださったのは玉姫さん御自身に間違いないと認めてくださり、玉姫社の来歴を話してくださいました。

「紀伊の国の中心に、つまり熊野川と音無川と岩田川の合流しております地点に向かって大峰の長い山脈が西へ下りているあたりに、熊野本宮＊3が建っております。音無川の川床の砂利道はまた、古代より熊野詣《もうで》のための数ある道の一つでございまして、都から熊野の本宮に通じておりますけれども、この川が「音無川」の名を負いましたのは、おそらく川の流れがゆるやかなためでしょうし、また神聖な場所に近づくにつれて参詣する人々が静けさを尊んだためでもありましょう。この道は今なお発《ほっ》心門《しんもん》という村と道ノ川という村（地図1参照）を行き来するための唯一つの通り道でございますが、と申しますのも谷間を流れる音無川を挟むように聳《そび》えている山腹はたいへん険しく、山中も杉や丈の高い笹がところ狭く密生しているものですから、山へは一歩も足を踏み入れることができないのです。その山は船玉山《せんぎょくさん》といいまして、音無川の水源にして、本宮大社の奥の院の一つと見なされております。船玉山にまします神々は、今日では発心門村から数キロメートル登ったあたりの中腹にございます、船玉《ふなだま》神社と玉姫稲荷社の二社に祀られていらっしゃいます。この二社の名は江戸時代に流行りました、

　「紀伊の国は　音無川の水上に　立たせたまふは　船玉山　船玉十二所大明神……」

という端唄によって広く知られるところとなりました。

　船乗り衆の信仰する船の神さまを祀る神社がどういうわけでこのような山奥にあるのかということにつきましてはいま一つの謂《いわ》れがございますが、玉姫稲荷が山の神さまでいらっしゃるというのは間違いなくあり得ることでしょう。産神《うぶがみ》でもあられるこの玉姫稲荷は、代々船玉山の麓に暮らす人々によって、船玉神社の祖先神とともに、彼らの守り神として崇められてきたのです。山の中に見られる産屋の井戸で玉姫さんはお生まれになったらしいとまで謂《い》われておりますし、この船玉山に最も古く

からまします神さまであるということも大いに考えられます。

船玉山の玉姫稲荷信仰は熊野の山伏たちのおかげで広く普及するところとなりまして、江戸時代の初めに紀州の大名が和歌山城を築城した折には西の丸に御加護を恃《たの》んで玉姫社を建てたほどでございました。

明治の御一新（一八六八年）まで玉姫稲荷社はそこにございましたが、その年に城明け渡しのやむなきに至ると、城主の三浦権五郎は玉姫さんを松本沢右衛門に託すことになりまして、すでにその任に就いていた沢右衛門は私邸の庭に玉姫社を移しました。大正一一（一九二二）年、沢右衛門の子、藤熊さんの代になりますと、再度神社を移さねばならぬ事態となります。松本藤熊さんは、おそらく玉姫御自身の命あってのことでしょうが、玉姫の御霊《みたま》を柳行李に入れ、これを背負って、東北の方角へ玉姫信仰に適《かな》う所をもとめて旅立ちました。まず橋本（現和歌山県橋本市）に留まりましたが、玉姫信仰を興して自身の生計を立ててゆくのに充分な数の信者が集まらなかったので、再び御霊を背に旅路を続け大阪に至りました。天王寺近くのささやかな旅籠屋に身を落ち着けるものの、まもなく宿主に立ち退きを迫られます。藤熊さんが来てからというもの客の入りが絶えて無いというのです。藤熊さんのほうもしまいには、これはおそらく御霊を祀り信仰を根付かせるべき真っ当な場所を見つけなければならない旨をこうして玉姫さんが諭されていらっしゃるのだろうと釈明しました。こうした次第で、松本藤熊さんと宿のご主人が私の許へやって来たのです。神社の一つも玉姫さんに捧げられないうちは誰ひとり平安に暮らせはしまいと言うのをもっともなことと思いまして、私は安居天神の境内の奥の一画をおふたりに譲りました。宿のご主人が三人の友人に助けを求めたところ、その方々は玉姫さんの信者になられ、めいめい知人や得意先をあたって神社を建てるために必要な資金を工面して集められました。こうして始まった玉姫信仰の大黒柱として松本藤熊さんは大正一四（一九二五）年まで信仰を支え続けられました。他の方々は今日なお玉姫稲荷社の世話方をしておられます」。

宮司さんのお話を聞いてはじめて、玉姫さんとは由緒ある神さまの御名であり、神さまにとっても私にとってと同じように、ここに至るまでの道のりは長かったのだと分かりました。そこで、神さまへのお勤めを怠っているという夢のお告げの言葉はどういう意味でしょうかと宮司さんに尋ねますと、簡潔な答えが返ってきました。「私には明白ですが、貴方にとってもそうであるに違いありません。いずれにしましても玉姫さまのお言い付けに背いてはなりません」と。実を申しますと、夢のお告げに示されたことについてある見当がつきかけていたのですが、私はその言葉をありのままに受け取らざるを得ませんでした。お告げにあった通り、私は「耳にし、目にし、出逢った」のです、ともかくそのことに疑いの余地はありません。今やお告げはすっかり解き明かされていたのです。

とはいえ、まだ何ひとつ決まっておりませんでした。私は宮司さんに、玉姫稲荷社のお守り役にしていただけないでしょうかと願い出ました。

すると、「玉姫社と安居天神は別々ですし、天神さん自体「無格社《むかくしゃ》」であります。無格社というのをご存知ですか？」と言われました。

存じませんと答えますと、神社を維持してゆく氏子のいない神社をそう称するのだと説明していただきました。ここ天王寺区では、大江神社が地域社会の氏神になります。

「安居天神はお賽銭でどうにかこうにかもっておりますが、玉姫社となりますと、お賽銭箱もなかなか一杯にならない有様ですし、ここには貴方を養うことのできるような者は一人もございません。まあ一度、世話方に相談してみてもいいでしょう」。

こう言って宮司さんは私の住所を尋ねると、今日のところはひとまずお引き取りいただいて、追ってこちらから世話方の返事を伝えますからそれをお待ちいただいてはどうでしょうとおっしゃいました。

「それからもうひとつ、お独りでいらっしゃいますか」と聞かれたので、夫は亡くなり、子供が三人おりますと答えました。

そこを立ち去る前に、私は五〇銭お賽銭を上げ、目の見えない私に玉姫さんの名を教えてくれたあの小さな釣燈籠を持ち帰ってもよろしいでしょうかと宮司さんに許しを乞い、また戻ってくる時には新しいのを二つ返すと約束して、暇《いとま》を告げました。

私がここでちゃんと暮らしてゆけるように取り計らうと約束してくださった夢のお告げを疑う心もさらになく、私は安心して帰りました。返事の手紙は一三日に郵便で届きました。

「世話方に相談した上で決定いたしました当社の意向は次の通りであります。

貴方の御決意が確かに以前私にお知らせくださったものと変わりなければ、どうぞ玉姫稲荷社へお来しいただいて結構です」。

私は早速一四日にでも発ちたかったのですが、そうしますと一五日は神社の月次祭《つきなみ》ですからこの日も神社に居るためには宿泊しなければならず、二日間も家族のものに子供を預けることになります。父は、それなら駄目だと出発を許してくれませんでしたから、結局一五日に日帰りで行くことになりました。――

――昭和九年九月一五日、玉姫社の御前で、四人の世話方と宮司さん夫妻の見守るなか、私は初めてお祭りをすることができました。その日の早朝に着きまして、まずお社《やしろ》を掃き清めてから、村からお供え物にと持ってきた茄子やじゃがいもや赤唐辛子、柿や梨といった色々な秋の味覚を神前にお供えしました。私がお祭りを終えますと、宮司さんも最後の典礼を済まされまして、皆で揃って、宮司さんのお宅へちょっとお邪魔しました。

世話方の方々と顔を合わせるのもそれが初めてでありました。そのとき宿のご主人に「神さまのことが好きか」と尋ねられまして、「好きとも嫌いとも、どちらとも言えません。私はただ、先の九日にみました夢のお告げに導かれてここまで来ただけでございます。神さまは、私がお勤めを怠りさえしなければ、三人の子供たちと一緒に幸せに暮らせるよう私たちをお護りくださると約束してくださったのです……」と答えますと、「なに、それなら神さんが好きなのですよ」と言われました。世話方の方々は、玉姫社には収入がないのだよと念を押して、そのお社《やしろ》のお守り役になろうというからには信者の人々や御供物を集めるためにもあなた自身の信心だけが命綱ですからね、と言って笑うのでした。私も一緒に笑いました。皆さんに認められて私はうれしかったのですが、とはいえ先のことは全くもって分かりませんでした。

その日集まったお供えとお賽銭を私は安居天神に寄進いたしました。安居天神社の宮司さんと私たちは月次祭《つきなみ》のたびにこのようにしようと取り決めました。そのとき、世話方の一人の米屋の方が、村に残した三人の子供たちを女手ひとつで養いつつ、そのうえ毎日奈良県の村と大阪を行き来しなければならなくなるけれど、生活の見通しは立っているのかと心配されまして、「毎日電車賃を払うわけにもゆかないでしょう。どうなされるおつもりですか、夜はこちらに泊まられますか」と尋ねられましたが、そのことについてはまだ何も決めておりませんでした。二一日は御大師さんの縁日で天王寺に市が立ち、たいへん賑わうからその日にまた来るようにと、「それまでに、どうやって暮らしを立ててゆくのかよくよくお考えになってください」と言われました。そのようなわけで六日後、九月二一日に再び来ようと心に決めて、その日の晩は村に帰りました。

二一日、朝早く起きて弁当を作り、そろそろ出かけようかというときに突然、学校へ送ったはずの子供たちが大慌てで帰ってきました。山越しに吹き荒れだしたもの凄い風に竹林は激しく波を打ち、地面さえも揺れているように思われました。ほかでもない、台風が来たに違いありません。その朝はそうと知りませんでしたけれども、これがあの室戸台風、室戸岬に上陸し大阪を通過して三陸沖に抜けていった世紀初頭の超大型台風だったのです。村中の人が、普段はかくれんぼなどをして遊ぶ子供たちの格好の隠れ場所になっていた土手の窪地に避難して、暴風雨が通り過ぎるのを待つしかありませんでした。大阪行きの電車に乗るなどもってのほかでありまして、その日二一日、私が交わした約束を守ることはできませんでした。

二五日、安居天神の宮司から私の消息の無いのを心配する一通の手紙が来て、明くる日私は大阪に赴きました。

そこではじめて私はその台風の被害の大きさを知りました。室戸台風の爪痕《つめあと》は無残なもので、莫大な物的損害に加えて、大阪市だけでも死者が千名、ゆくあてもない負傷者が一万五千名以上に上ったのでした。辛くも災禍を逃れた人々は皆、せっせと車道に横たわる木々やら吹き飛ばされた屋根やら、ありとあらゆる残骸の片づけをしておりました。

「皆がみな大惨事だと叫んでいるというのに、田舎の人ときたらまったく暢気《のんき》なものだ！」こう言って宮司さんは私を迎えるのでした。事実、村には電話もラジオもないので私たちは何も知りませんでしたが、ここでは台風の被害をまともに蒙《こうむ》って玉姫社もまた屋根を吹き飛ばされていたのでした。宮司さんはまさに玉姫社の残骸の後始末に取り掛かっておりましたが、お社を再建する余裕などあるはずもありませんでした。宮司さんは安居天神の修理に追われていたものですから。こうしてみますと、もし私がお告げにあった一〇日という期日を守らずに大阪行きをほんの数日でも延ばしていたら、きっと玉姫社との御縁は絶えて無かったことでしょう。

私は、不可逆な運命をまのあたりにして唖然としたまま、待ち受ける勤めの重圧を肌に感じつつ、私をお呼びくださったこの神さまに確かに導かれているとかつてないほど固く信じるのでした。

一〇月一日の月次祭に私は再び訪れました。玉姫社はもはや跡形もありませんでした。仕方なく私は安居天神の南に面した東方の一郭で、お供え物をおいて、お祭りを挙げました。その月の一五日に、お賽銭箱を開けてみますと、一〇銭玉に五銭玉が合せて三、四円ございました。玉姫さんの信者の方々がおられたわけです。しばらくしてから、縁あってめぐりあうことのできた最初の信者の方々がやって来られました。大阪の大歓楽街のひとつであります堀江の芸者さん六人です。

その日、世話方の方たちから魚のてんぷらを頂きましたが、私はそれを子供たちのために取っておきました。またあらためて、信者のみなさんと直《じか》に触れ合うためにもお子さんと一緒にここへお越しになってはいかがですかと勧められました。玉姫社が無くなり、玉姫の神さんをお守りする人も誰も居ないというのに、それでも変わらず信者さんがいらっしゃるのだから、今後は誰か玉姫さんに仕える人がいると分かれば、きっと信者さんも大勢いらっしゃることでしょうと。その日はさらに、宮司さんからあらためて玉姫社のお守り役に任命していただいた日でもあります。宮司さんはいまや取り壊されてしまった玉姫社の内にございました神さまの御霊箱《みたまばこ》を私に授けられました。ご自身は神社を再建する手立てもありませんでしたから、私に後を頼まれたのでした。私はその御霊箱を村に持ち帰りました。滝寺のお滝に近い山の中にひとつお社を建てて、そこに安置しようというつもりでした。しかし、山を訪れる人々の火の不始末が因《もと》で、いつ山火事が起こるかもわからない、そういったおそれがございましたからその考えは断念いたしました。結局、自宅の一間に安置することにしました。

――

――一一月の二〇日頃に、それまで一時的に安居天神に祀っておりました玉姫さんの御霊《みたま》は、台風の災禍を免れた恵比寿社に遷《うつ》されました。このお社《やしろ》は、現在玉姫社の建っておりますところ、つまりかつての日、私が思わず足を止めたあの天神山という小山のやや左手にございました。そこには神楽

写真3　中井シゲノ，安居天神宮司と信者たち（1936年，大阪，玉姫大明神社前）

殿が取り払われて、玉姫社本殿の前に小さな拝殿が設けられていました。その年の末まで、私は毎月のお祭りのために村から通い続けました。そしてはじめて新年を玉姫社で迎えたのですが、これは大変な喜びでした。寒さも募る時節でありまして、拝殿があまり冷え込みすぎないように大工さんにお頼みして格子戸の隙間をどうにかこうにか塞《ふさ》いでもらっておりました。

年明けの昭和一〇年二月一一日から、大阪での仮住まいの暮らしが始まりました。宮司さんは玉姫社の拝殿に私が泊まるのを許してくれていました。拝殿には、手前に三畳間があり、奥に、玉姫社に面して、お祭および御供物のための床の間がございました。大阪では、家賃は畳の数に応じて決っておりました。一畳が二、三円でしたから、私たちは月に九円と取り決めました。宮司さんは、この家賃を米で納めても構わない、何度でも好きなだけそうして構わない、「このほうが農家の貴方にはきっと都合がよろしいでしょう」と言ってくださいました。床板の間は、お祭りのために設えられたところでしたから一銭もかかりませんでしたが、他方、安居天神の境内で玉姫社のお守りの職に就くのを認める代わりに、玉姫社の賽銭箱に入った分を本社の方に寄付してもらいたいと頼まれました。私のほうは、玉姫の信者さんたちの求めに応じてお祭りをするようなときに、信者さんたちから直接いただくものを手許に残しておくことにしまして、今後はそれを生活の糧としてゆくことになりました。

その年、それからその翌年、私はまさにそのような状況のもとで暮らしました。宮司さんには励まされまた助けられ、それに神々についてのお話もたくさん伺いました。宮司さんも奥さんもいつも実の妹か娘に対するように私に接してくれました。一五日間あるいは二〇日間つづけて大阪で過ごし、月末に村へ帰って子供たちの面倒を見るという暮らしでありました。

とうとう昭和一一（一九三六）年の一二月一〇日、お告げにありましたとおり、初めて夢のお告げを授かってから三年目にして、私はようやく玉姫社のそばにこの身を落ち着けることができました。次第に信者さんの輪も広がり、信者さんたちの寄進のお蔭で一年後には今日ありますような玉姫社を再建することができまして、それからその隣に信者さんたちの手を借りて八畳間の住まいを設け、そこへまず長女を、それからしばらくして下二人の子供も呼び寄せて一緒に暮らせるようになったのです。

けれどもこうしたことすべてが叶えられるためには、夢のお告げに命じられておりましたように、夜ごと、滝の水に身を打たれては、日ごと、玉姫さんへのお勤めに専心しなければなりませんでした。

＊1　目がみえなくなった経緯については後出。
＊2　霊物の蛇。以後は、ミイ（巳）さんで統一。
＊3　和歌山県、新宮と那智とともに熊野三山をなす本宮。

2 ままならぬ世

故宮すんどころ（御息所）御姉《あね》、おほいことにあたり給（ひ）けるなむ、いとらう〳〵じく、うたよみたまふことも、おとうとたち宮すむ（御息）所よりもまさりてなむいますかりける。若き時に女親《めおや》はうせ給（ひ）にけり。継母《ままはは》の手《て》にかゝりていますかりければ、心に物のかなはぬ時もありけり。さてよみたまひける、
ありはてぬ命《いのち》まつまのほどばかりうきことしげく嘆《なげ》かずもがなとなむよみ給《たま》ひける。

——『大和物語』一四二（一〇世紀）

こう一気に語ったのち、沈黙が流れた。中井シゲノは、いましがた娘が運んできたお茶を啜《すす》っていた。娘の方はこまやかな心遣いが印象的だったが、まもなく奥の間へ下がった。この沈黙の間に、以上の話ははるかに長い身の上話の糸口にすぎず、おそらくはかつて身に覚えた数々の危機、そうしたさらに語りがたい体験のほんの発端にすぎないのだろうということが察せられた。彼女は無数の記憶の糸を手繰《たぐ》るかのように、ひとり静かにおもいにふけっていた。話は続くのだろうか。

これまでに私は、霊力を体得した高僧、修験者の伝記やその種の資料を数多く読んできた。またあちこちの村で、誰もが知りたいと望むあるいは反対に秘めておきたいと思う事柄を、ある日突然明かすようになった老若男女の奇矯な振舞いを伝える物語や、神々や霊との対話を本職とする巫女や行者についての話を数知れず聞いてきた。こうした話はどれも憑依[*1]や託宣や呪術といった奇譚に満ち溢れている。が、ひとりの人が如何にして、どのような経緯を通って、見えざる世界に自由に立入るまでになるのか、その内なる過程を語っているものはほとんどなく、あっても言葉少なに語るのみである。それゆえ、こうした憑依に習熟した者たち一人一人との出会いは、私にとって、「伝統的」と見なされて説明される必要もないまま受け入れられてきたこの一連の現象に対して、わずかではあれより正確な個々の事例をもって接近する道を開いてくれるものであった。

このような人の変貌の秘められた過程を明らかにすることは、それを語る方にとってもそれを聞く方にとっても、瑣末事として看過できるものでは決してない。

シゲノは自らの過去をこのたびさらに深く掘り下げてみようという気になっているらしかった。それゆえ私は、先刻彼女の語った話への質問は後回しにして、彼女の家族のこと、幼少期の思い出や視力を失った経緯について尋ねた。

シゲノは話を続けた。

――私は明治三六（一九〇三）年の九月一日、奈良県生駒山の東の麓の農村[*2]に生まれました。

私は父、一太郎と母、ツチエの長女でした。家は農家で、私の生まれた時、父は二三歳でした。父は七八歳で亡くなりましたが、生前何度も区長になっておりまして、これは異例のことだったそうであります。

母は若くして亡くなりました。私は一三歳でした。私には弟二人と妹一人がおりまして、当時、上の弟は八歳、次の弟は六歳、末の妹は二歳でした。祖父と祖母が私たちの面倒を見てくれましたけれども、年端もいかぬ妹は私から離れることなく、学校へ行く時もおんぶして行ったものでした。母は三月に亡くなったのですが、一〇月には、父が再婚しました。

これと同じ年に一三の私は奈良の洋裁学校へ入れられました。三年間、毎日歩いて通ったものです。家で田畑仕事の手伝いをしなければならない時期には休学もいたしましたが、それでも一七歳で免状をもらって卒業しました。そこはもっぱら裁縫だけを女子に教える学校でして、私の行きたいところではありませんでした。私はといえば、できれば先生になりたくて、もっと一般的な教養を受けたかったのです。けれども私は「継母」と反《そ》りが合わなかったため、すぐさまその洋裁学校へ遣《や》られて家から遠ざけられたのです。親には逆らえませんでした。

そばにいたいと思うような人がひとりいました。大叔母です。両親と祖父母と私たちが一緒に住んでいた母屋の裏の小さな家に彼女は独り暮らしておりました。大叔母は父方の祖父の弟の妻にあたる人でしたから、私とは血がつながっておりませんでした。けれども彼女はどこへでも私を一緒に連れて行ってくれたものでして、私はこのひとのことが好きで、「おばあさん」と呼んでいました。非凡なひとで、神様を祀り、家族はじめてのオダイでありました。おばあさんは、守護神の金塚《かねつか》稲荷さんへの信仰に一身を捧げました。

おばあさんにはひとりの師匠がいまして、橿原《かしはら》神宮のお方でしたが、この方がおばあさんにたくさんの秘伝を授けなさったのです。その際、これらの秘伝は絶対に口外してはならない、最期が近づいたと感じるときには残らず「呑んしまいなさい」と言われたそうです。またお年を召して祭祀を司るのもままならなくなると、お師匠さんはおばあさんに自分の守護神を譲り渡し、おばあさんの家にその神々をお祀りするための神殿*3を建てなさいました。おばあさんはまたお師匠さんから珊瑚の珠《たま》のようなものを授かっておりましたが、それはいつもその神殿の扉の下に置かれてありました。「もう死んでも惜しくないと思ったら、これを呑みこみなさい」といって授けられたそうです。この話は家族中のものに知れ渡っておりまして、おばあさんと近しい仲にあった私はよく、その珠がまだそこにあるかどうか見てきてくれと言われました。ある日、珠は無くなっていました。いつおばあさんがそれを呑みこんだのかは知る由もありませんが、珊瑚の珠が消えてから二一日経っておばあさんが息を引き取ったということはまぎれもない真実であります。

おばあさんは非常に強い霊感の持ち主でした。「臨兵闘者皆陳列在前《りんぴょうとうしゃかいちんれつざいぜん》」と九字*4を切り、「バアーット」と叫びながら、風呂の湯を沸き立たせ飛び散らせるといった振舞いは、今まで見たことがありませんでした。また、伏見稲荷山*5の二之峰に一緒について行った時、おばあさんが件《くだん》の九字を切ったのを思い出します。そこでは、私たちは数ある滝をひとまわりしていたのですが、滝壺に入るおばあさんは夏といわず冬といわず腰巻ひとつの裸になり、頭からうなじ一帯に滝水を受け、私には分からない言葉を叫んでおりました。それから、何時間ものおびただしい数のお塚の間を曲がりくねってゆく道を辿りまして、目当てのお塚のある所まで来ますと、その前でおばあさんは、蠟燭に火を点し、お香を焚き、お神酒を注いでお供え物を奉ってお祀りをしました。さらに、列をなした鳥居の隧道《トンネル》の中をかなりのあいだ歩きつづけましたが、鳥居同士がきっちり詰まっているために、夏は息苦しく、冬はひゅうひゅうと吹き込む隙間風が肌を刺すのでした。こうして長い道を通り抜けたのち、はじめて二之峰の茶店に入って一息つきました。おばあさんはその店の常連でして、茶店の主人とねんごろに話しながら、いまどれくらいの人が山を上ったり下りたりしていて、そのうちどれくらいの人がお店に足を休めに来るだろうとかいうことを言い当ててしまうのでした。

おばあさんは二九歳のときから六九歳で亡くなるまでオダイとして生きました。おばあさんの周りには金塚講というたくさんの信者さんが集まっておりまして、おばあさんの家の神殿に定期的にお参りに来ていました。私はまさしくこのおばあさんから、みようみまねで、滝に打たれながら神さまにお祈りを捧げる術を学んだのです。私は彼女が村の向こうにある滝に出掛けるたびについて行ったものです。それはもう記憶にないくらいはるか昔、真っ裸で外を駆け回っても恥ずかしくないような年頃からです。雨の日には、おばあさんが滝に打たれている間、彼女の着物を腕に抱き締めながらじっと待っていたものでした。家から近い所で、色々と変わった事が行われている場所がどこにあるか、そこで何が行われているのかということを私が知りましたのも、そのようにいつも私を連れて行ってくれたおばあさんのお蔭なのです。けれどもその当時は、彼女の真似をしようとか、その後を継ごうとかいう気はさらさらありませんでした。ですから、年齢のために修行を打ち止めにしなければならなくなったおばあさんが、その前に守護神を託した相手は私ではなく、お弟子さんの一人であったのです。私にはその気などありませんでした。私がおばあさんの後を付いてまわったのはただ家での面白くないことから逃れるひとつの方便で、遊びに行くようなものだったのです。後になって気づいたのですけれども、私はそのようにいつもおばあさんのそばにいるうちに、おばあさんと一緒に家族全員の一日分のお米を研ぎながら、あらゆる祝詞《のりと》やさまざまなお経を覚えたのでした。そうしたお祈りの言葉を口遊《くちずさ》みながら拍子をとって杵《きね》を叩いていたのです。そして私が自分自身で神さまへのお祈りを唱えるようになった当初、まさにあの頃おばあさんと一緒に口遊んでいたお祈りの言葉が、祝詞の一言一句が自ずと口を衝《つ》いて出てきたのでした。――

――けれども、その頃の私はまだ家の意向に逆らえぬ身でありました。当時としてはかなり珍しいことでしたが、私は洋裁学校を出た後もなお結婚しようというつもりもなく家に残っておりました。ある日のこと、向こう岸に暮らしている、同じ村のとある家の息子との縁談がまとまったと言われました。娘ひとりの意思を尋ねるなどということは、たとえそれが家の意向に沿わないものであっても、問題になりませんでした。私たちの村には一八戸の家がございまして、川を境にしてこちらに八戸、向こうに一〇戸ありました。どの家も農家でした。私たちの家は北側にあり、私の嫁ぐことに決まった家は南側にありました。大正一〇（一九二一）年一月一二日、私はその家の長男の妻となりました。私は一八歳でした。

嫁いだ時分はまだ目も見えておりました。同じ年に長女のトシ子が生まれました。三年後の二月二〇日に、私は二人目の子を儲けました、男の子でした。翌年（一九二五年）の六月六日のこと、私が下の子にお乳をやっていますと、その部屋でぽんぽん跳ねながらとんぼ返りを打っていた長女が、急に私のほうに飛びかかってきまして、私が赤ちゃんを守ろうと身を屈《かが》めたその時、長女の足が私の眼に命中しました。右の眼からは一メートルばかりの火柱のようなものが噴き出し、左の眼からは一尺ばかりの稲光が迸《ほとばし》り出たかのようで、たちまち目の前が真っ暗になりました。気がつくと、右眼ではもう何も見えず、左眼でもぼんやりとしか見えなくなっておりました。

私は高田の病院へ連れてゆかれて網膜剝離と診断されましたが、当時これは治す術のない怪我でありました。お医者さんが言うには、辛抱強く耐えるしかない、おそらく二〇年もすれば医学も進歩して何かよい治療の手段があるかもしれないが、さしあたっては網膜の濁りを僅かばかり取り除いて少しでも光が感じられるようにするくらいしか手の施しようがない、とのことでした。その頃は田植えの真最中でありまして、どの家の年若い妻もみな、普段の家事をちゃんとこなしながら、日中は外に出て、田んぼで腰をかがめて、ふくらはぎまで泥につかって、早苗を移し植える仕事に汗を流しているのでした。それで私の夫はお医者さんに、私を家に連れて帰っても面倒を見てくれるものもいないだろうし、そうしたところで私にも危険で、皆にも具合が悪いだろうし、それに、夫自身にしてみても、一八で娶《めと》った妻を、その眼が見えなくなったからといって二二歳の若さで見捨てるのは忍びない、だからどうか妻の眼が治るようにあらゆる手を尽くしてくださいと、こう言って、田植えが済むまで私を看てもらえないかとお願いしたのでした。実際には、一年と七カ月私は病院におりました。

その間に私は京都大学病院と大阪大学病院にも連れてゆかれましたが、どの医者も言うことは皆同じで、どうにも仕様がないとのことでした。私が病院にいる間、沖縄で知事をしていた、私の父の兄にあたる伯父が見舞いに来てくれました。伯父は学校を建てるための補助金を申請しに東京へ向かう途中に寄ってくれたのです。さしあたっては私の眼を治す手立てのないことを院長から聞き知った伯父は私にこう言って諭しました。

「いまはじっと辛抱して、二〇年の内に医療が進歩するのを待つしかないと言われたのだから、家に帰ってお前を待っている二人の子供の面倒を見ておやりなさい。お寺やお社《やしろ》ならどこにでも沢山ある、神さま仏さまに懸命に帰依しなさい。そうすればお前の内の心の眼が開かれて、心の平安が得られるだろう」。

この伯父自身、伏見稲荷山の御膳谷《ごぜんだに》の松永大神と奥村大神の信者でありました。夫と家族の前で伯父が私を弁護してくれたお蔭で、私は目が見えないまま家に戻れることになりました。別れ際に伯父は私に、

「家に帰んなさい、挫《くじ》けなさんな。元気を取り戻して、もうひとり子供でも生むといい。そんなところにずっと居て、わが身を哀れんでみたってどうにもならん。それより自分自身で神さまとめぐり逢えるよう努めなさい」

と、こう言い残して帰ってゆきました。——

失明後、お滝の道へ

——昭和二年の初め、私は夫と子供たちのもとへ戻りました。伯父から受けた助言を忘れることはありませんでした。そして私は観音さんへ行こうと決心いたしました。幼い頃からおばあさんに連れ

られて行ったあらゆる場所の中でも、観音さんは一番近くて、よく知っている場所で、最も通い慣れたところでした。村からおよそ八町ばかりも離れた、谷の底にぽつんとある寂しいところです。観音菩薩の祀られております山から流れ出る急流が、ちょっとした滝となって滝壺に流れ込み、龍神さんの祀られておりますその池の中に消えてゆきます。龍神さんは水の神さまでして、弁財天と呼ばれることもあります。おばあさんがよく滝に打たれておりましたのもまさにそこでありまして、そこは「観音さん」とか「滝寺」とかあるいは単に「お滝」と呼ばれておりました。

写真4　滝寺のお滝　行場の右側に永眼不動明王の石像がある

私の幼い頃、村にはひとつ言い伝えがございました。まだ奈良に都がございました昔のこと、時の天武天皇は皇子が眼の病にお悩みになって、たいへんお心を煩っておられました。天皇は皇子の眼の病が一刻も早く癒えるようにと、奈良の都からさほど遠くない三笠山へお発ちになり、山の東の中腹あたりにある行場《ぎょうば》に赴かれましたけれども、いっこうに病の癒える兆しはありません。そこで天皇は、観音さんの像を彫るようお命じになり、御身に下った夢のお告げの通り、今日滝寺と呼ばれるところのお滝へ赴かれました。その地で天皇は、皇子の眼の病が癒えるようにと、幾度も幾度もお祈りにお祈りを重ねられるのでした。ある時、お滝の傍の岩の上に腰掛けておられると、ふと滝壺に渦が生じて、ちょうど夏蜜柑を半分に切ったぐらいの大きさのお碗のようなものが浮かび上がってきました。それは龍王の賜物でした。そしてまさしくこの時、夢のお告げのなかで、「滝水をこの碗に盛って持ち帰り、それで皇子の眼を洗うべし」という御自身のお声を聞きなさいました。この御水を一滴たりともこぼさぬよう気をつけて持ち帰りなさった天皇は、毎日二、三滴ずつ、この目薬を点《さ》して、皇子の眼をお洗いになりました。

このかけがえのない御水は捨ててしまうには余りに勿体《もったい》無いというので、ある器に取って置かれ、段々と溜まってゆきました。この治療の甲斐あって皇子は徐々に光を感じとれるようになられ、数カ月後にはついに再び眼が見えるようになられました。この有り難い目薬への感謝の印として、天皇はお滝の傍のあの場所に観音さんの像を安置なさいました。それからお滝の上に聳える山に滝寺を建立なさいました。また近いところにもひとつ、東明寺を建てなさいました。東明寺は、かの皇子が住んでおられたお寺で、霊験あらたかな御水もここに保管されておりました。かの観音さんの像もここに移されまして、今日なお、毎年七月一四日のお祭りには東明寺にお参りをする人が絶えません。

実話かどうかはわかりませんけれども、この言い伝えは私たちの村のよく知られた物語のひとつです。実際お滝の上には、高さ三間、幅およそ二四間もの巨大な岩がございまして、その岩肌一面を覆うように小さな仏像が彫り込まれているのです。そこにはまた大きな観音さんの像もございまして、幼いころ私はよくそれを目にしました。私たちはよくそこへ遊びに行ったものでしたが、当時、お寺の跡地に、目の悪い男のひとがひとり庵を結んでおりました。そのひとは、「お前さんたち、あの観音さまのおそろしいお顔を見たろう。良い子にしてないと食われちまうぞ」と、いつも私たちを脅すのでした。けれどその庵も私がまだ村に住んでおりました頃に焼けてしまいまして、それから二度と建て直されることもありません。もはや人影も無いということに付け込むひとがいたのでしょうか、いずれにしましても一〇年ばかりものちに、観音さんの像もほかの仏さんたちの像も残らず無くなってしまいました。そして観音さんは、この私に、像をもう一体造るようにとおっしゃったのでしたが、その話はまたのちほどすることにいたしましょう。——

——神さま仏さまに帰依するよう伯父に勧められておりましたし、それに私には非常に馴染《なじ》み深いその場所は、眼の病を癒すという謂《いわ》れのあるところでもありました。そういうわけで、私は眼を洗いにお滝へ行くことに決めました。

お滝のそばには籠《こも》り所《しょ》がひとつございまして、四畳半の小間に、それよりもう少し広い、竈《かまど》の置かれた土間だけのささやかな住まいでした。家に帰ってから四、五日経って、私の赴いた先はまさしくそこでありまして、何事か起こるまでそこに留まるつもりでした。昭和二年の二月初めのことです。父の母に当たる人で、母の死後、私たちの面倒を見てくれた実家の祖母や夫の家のおばたちが、昼間私を訪ねに来ました。晩には夫が来まして、一晩泊まってゆきました。朝、目を覚ますと、夫はお滝

写真5　熊野の玉姫社付近で滝行するシゲノ（音無川）

の水をお碗で掬《すく》って魔法瓶をいっぱいにして帰ってくると、「神さんへのお供え物だ」と言って棚に置きました。それにまた手桶にも御水を汲んできました。一つは顔を洗うため、いま一つは口を濯《すす》ぐためと言っておりました。夫はお滝の水を神さんに捧げてお祈りしてから、農協の仕事に出掛けるのでした。一時間もすると、家のものが朝ごはんを持って来てくれました。私が滝行を始めたのはその頃からです。長時間にわたって滝に打たれながら、祝詞やお経など、覚えにある限りのお祈りの文句を唱え続けておりました。夫も朝は滝行をともにしていました。夫の汲んで来てくれた御水で、私は一日に何度も眼を洗っておりました。

　このようにして滝寺での暮らしにも慣れてゆきました。二月、三月、四月と特にこれということもなく過ぎてゆきました。けれど五月一七日の朝、いつものように、顔を洗い、神さまに御水をお供えしおえると、ふと目の前がもう真っ暗闇ではないことに気づきました。黄色が、白が、黒が感じられるのです。黒いのに触れると、草を感じました。白と黄色は道と石ころで、ずっと遠くのひときわ黒いのは川だと分かりました。「あれ、嬉しわ」かつて味わったこともないような、えも言われぬ喜びでした。その日から一週間の間、毎朝、一歩一歩光に近づいてゆくのが嬉しくてなりませんでした。右眼は全然見えないままでしたが、左眼のほうはだいぶよくなりました。視野ははなはだ狭く、なにもかもぼやけたままでしたが、だいたいの色と輪郭くらいは見分けられました。そのおかげで私は日常生活の立居振舞を次第に身に付けなおすことができました。今では、日によって、時間帯によって、見える度合が変わります。曇りの日なら、朝の九時ごろまで、畳の上にあるものはすべて見えるのですけれども、晴れの日となると、なにもかもがとても見えにくいのです。そのような日には朝の九時から午後の二時まで何も見えません。ただいまは、あなたのお顔の眼や口はなんとか見えますけれども、その表情までは見分けがつきません。

ほかならぬ滝寺で、私は真っ暗闇の世界から脱け出ることができたのです。その年の暮れまで、合計一〇カ月、私は籠り所に居りまして、夫の許に帰ったのはようやく新年が明けてからのことでした。その年（昭和三年）の三月二日には、次女が生まれました。

家での暮らしがまた曲がりなりにも始まりましたが、私はやっと七つになる長女の助けを借りるほかは自力で一家の暮らしを立ててゆかなければなりませんでした。と申しますのも、夫の母と父が相次いで亡くなったばかりのときでしたから。お滝へは毎日欠かさず通い続けておりました。けれども昭和五（一九三〇）年五月二五日、今度は夫が交通事故で亡くなりました。

二七歳で、年端もゆかぬ三人の子供を抱えて、目の見えない私は夫もいないひとり身となったのであります。——

＊1　憑依《ひょうい》——「神がかり」、神や霊などが「憑く」、「降りる」、「乗る」という心身状態と体験。その詳細はこの後の各章で説明されていく。

＊2　個人のプライバシーにかかわるので地名、人名をひかえている。

＊3　関西地方では屋内祭壇を「神殿《しんでん》」と呼んでいる。

＊4　修験者、行者がもちいる密教、修験道の呪文、煩悩魔障一切を除くとされる護身呪文。

九字

＊5　地図4「京都、伏見の稲荷山略図」（74頁）参照。

3　村での神がかり

（前略）寛喜元年の比《ころ》、七条院に式部（の）太夫国成といふ物あり。（中略）その息子に左衛門（の）尉なにがしとかやといひて（中略）物狂はしくて（中略）たかくおどりあがりて、かしらをしもになして、肩を板敷につよくなげければ、たゞいまに身もくだけぬとぞ見えける。其時《そのとき》、法深房いまだ俗にて、（中略）則《すなわち》琵琶をとりよせて、引《ひき》てきかするに、うちうなずき〳〵て、左右へ身をゆるがして、心とけたるさまあらせ也。（中略）則《すなわち》しろきこめをかはらけに入れたるを、うちあはびとを、いしくに入れてとりよせすゝむれば、こめをうちくゝみて、ことに歯音《はおと》よげに、から〳〵とくひけり。うちあはびをとりあはせて、たゞ一両口にやす〳〵とくひてけり。そのくひやうも普通の儀にあらず。さて酒をすゝむれば、日来《ひごろ》はすべて一かはらけだにも、えのまぬ下部なりけるが、大《おほき》なるしろかはらけにて、二度のみてけり。（中略）犬の鼻をふきてうちをかぎせゝるを、此《この》病者みて、肩をすへ、かほの色かはりて、おそれおのゝきたる気色なり。爰《ここに》かの福天神の所為とさとり（後略）。

——『古今著聞集』（巻第六、二六五）

夢のお告げと大阪での玉姫との邂逅、失明および村で再び見出された光、シゲノがまず初めに私に語ったのはこれらの出来事であった。シゲノの話を聞いて、これら二組の一連の事件こそ彼女がオダイとなる運命を決定した二重の出発点であることがわかった。が、この初対面の折に書き留めたものを整理しているうちに、だんだん、疑問が生じてきた。

絶え間ない苦境に彼女を陥れていた度重なる運命の仕打ちは、失明事故につづく長い入院生活が彼女を完膚無きまでに打ちのめしたのをもって、ついに窮《きわ》まったかに思われた。まさしくこの意気消沈した落ち込んだ状態のどん底にて、シゲノは、沖縄の伯父に勧められて、滝参りを始める決心を固め、その無明の闇から脱け出ようとしたのだった。彼女と同じような人生行路――来し方の道は各々違っても、後戻りできないという点で互いに似通った一生――をかつて私に語った女たち男たちは他にも沢山いた。彼ら彼女らも、シゲノと同様、苦難の道を辿った末に神との交流を行うに至ったのだった。それは社会に黙認された一つの道であり、己自身の存在の不条理の壁に追い詰められ、身心に不調を来たした幾人かの者たちにとって、唯一開かれた道なのである。東北地方には、目の見えなくなった女性が、イタコという同じく目の見えない人のもとに「弟子入り」し、修行や祈禱の要領を教わるという風習がある。弟子は、自らの守護神がはじめて己が身に降りることによって示現するのを体験し、かくして憑依の「職能者」となりうる日まで、師匠のもとで修行を積む[*1]。西日本にはこのイタコの風習はないが、この道を究めようとするさまざまな形の行《ぎょう》が見られる。師匠の導きのもと修行を積む者もあれば、一人修行に励む者もある。シゲノは後者に属するようだった。自身稲荷の信者であった伯父の助言、それに大叔母《おばあさん》という鑑、それだけがシゲノにとっての道しるべであった。

しかしながらまた当然、耐え難い窮境に陥ったものが誰しもこの道を選ぶというわけでは必ずしもない。今までに私が出逢うことのできた人々から推し量れば、この道を究めうるような人々は概して非凡な人格あるいは並外れた力を元来備えており、それがこの機会に明瞭な形をとって現れるものと思われる。

生命の危険も顧みず、是が非でも、あの不条理の壁を乗り越えて守護神との邂逅を果たさんとする不《ふ》撓《とう》不屈の意志、それが彼らに共通していると私の目には映ったのである。もちろん、私はこの道に挫折した人には出会っていない。が、はじめて己が身に神を降ろすに至るまでに何年も身心の苦汁をなめた者たちは、その時期のことを暗鬱とした息苦しい、傍目《はため》には病的と映るほどとても辛い状態の毎日であったと語っていた。ともかく彼らが皆等しく言っていたところによると、守護神とめぐり逢えるまでの道の険しさや長さがいかなるものであれ、この修行の道を通ってはじめて、受身的に、抗いようもなく一方的に取り憑かれてしまうという苦い初体験をしたのであり、それによってオダイや行者や巫女の運命がその端緒を開くことになったのである。

シゲノの語ったなかでも、夢のお告げと玉姫の啓示、そして大阪への出発というこの一連の出来事が、新たなオダイの誕生のきっかけとなる体験であったように思われた。が、不可解な点が二つあった。まずは、一九二五年の失明事故によって自閉の闇に陥ってからそのような転機の訪れるまで、何故かくも長い時を要したのか。一九三四年の秋まで、彼女は生き甲斐もなく打ちひしがれた状態のまま無益に月日を送ったのだろうか。他の人々が数カ月で体験するところのものを知るまでに、何故彼女の場合は失明してから九年も待たねばならなかったのだろうか。その間にも彼女は、何としても無明の闇から脱け出なければという断固たる決意をもって滝に打たれつづけていたというのに。こうしたことは、身の丈高く、長くがっしりした手と健脚を持ち、内面の厳しさを窺わせる毅然とした面持ちを絶えて崩さぬこの女性の人格《ひととなり》に相応《ふさわ》しくなかった。彼女の人格はその身の上話にあますところなく現れていたが、ときには頑《かたく》なまでに己が信念を貫き通すひとなのである。それに、この年月の間、彼女は全くの失意のうちに留まっていたのではない。再び光を目にし、わずかながらも視力を取り戻したからには、何かに達していたのである。次女を出産し、夫のもとに帰ったということは、彼女が生の営みに再び目を開いたことをはっきりと示していた。では、実際そこには何があったのか。

それから、なぜ彼女は村を去り大阪へ旅立たねばならなかったのか。なぜ、オダイという職が最もよく認められたはずの境遇から離れる必要があったのか。なぜ、本拠地とする場所を村に求めなかったのか。

ふと、彼女の大叔母がオダイの職を女弟子の一人に譲ったという話が思い出された。また、夢のお告げの折に《守護神》が宣《のたま》ったと彼女が言っていたことも思い出した。《守護神》とは誰だったのか、玉姫とは別の神だったのか。

私は再び彼女を訪ねた。

滝と狐

「その通りでございます、お滝にて私は左眼が再び見えるようになったばかりでなく、また私の守護神白高《しらたか》さんと出逢ったのでした」。シゲノは即座にこう答えて、私の疑問も至極もっともだと認めた。

「白高さんとは白狐《びゃっこ》さんです」。
明らかにそのとき、彼女のオダイとしての一生の肝心要の出来事が述べられようとしていた。シゲノは私を新たな発見へと導いた。

――私が二四歳の時でしたから昭和二（一九二七）年のことになります。あの事故があってから二年の後、お滝に籠りはじめてから三カ月も過ぎた頃、そのころ私はもっぱら神さんに、もろもろの神様に身も心も捧げて拝んでおりました。籠りはじめてからすでに一〇日ばかりも過ぎた頃でしたか、滝に打たれながら神さんにお祈りを捧げておりますと、ちょうどその最中に、ふわっと白狐《びゃっこ》さんが目の前を横切ったのでした。はじめのうちはあれは何だったのかしらとひとり不思議に思っておりました。すぐ後でそのことを人に打ち明けましたら、思い違いでしょう、そいつはきっと滝寺に隠遁しているお坊さんが下山していたのに違いありませんよ、と皆から言われました。私には、あれがお坊さんだったとは信じられませんでしたけれども、そうかといって確かに白狐さんだったとも言いかねました。それにとても複雑で奇妙な感覚がありました。昼も夜も絶え間なく、だばだばだばだばという音がするのです。人里離れたひっそり閑とした所でうるさいなんてことはありえないはずなのに、それなのにこの音ときたら……。「もしや狐か狸につままれているのではないかしら」とわが身を疑いました。狐や狸は人里離れて暮らす人間を色んな手で誑《たぶら》かすと世間では言われます。神さんか何か別の尊い存在に化けて、かねてからの念願がついに成就したと信じ込ませてまんまと手玉に取り、さんざんおかしなことをやらかした挙句の果てに、荒れ野の落葉と糞土の只中に呆れ顔で天を仰ぐ姿で棄てやるというのです。それが一度きりのことでしたらまだしも、またかまたかとあのだばだばだばいう音が耳について離れないのでした。それにそんな音が聞こえるのは私一人でしたから誰も信じてはくれません。村の人々には私がそんなことを口にするのは彼方のお滝にひとりぼっちでいるのが怖いせいだと思われておりましたが、私自身はお滝にいて怖いと思ったことなど一度もありませんでした。

その後も、私と一緒にお参りをする人々がいた時などにも、幾度その姿を目にしたことでしょう。こなたの谷からしゅっと飛び出して走り去るかとおもうとまた別のところからしゅっと私たちの前を横切ってかなたに行くのでした。それはまさに空《くう》を切る真っ白な犬といった風でした。けれどもお滝に籠りはじめて間もない頃は、あれこそまさに本物の白狐さんだなどとは到底信じられませんでしたし、まして自分の守護神があのような姿でお出ましになったなどとは思いも及ばぬことでした。

白高さんの名とそれが自分の守護神であることを私が知りましたのは、この昭和二年の五月一七日のことでありました。その日の朝、籠り所で、お滝に向い、懸命に神さんに向かってお祈りを唱えておりますと、はじめて明るい光が、またさまざまな色が見えたのです。その日私に会いに来た三人の人たちはこの変わりようを目《ま》の当たりにして、「結構なこっちゃなぁ。有り難いなぁ」と喜びと感嘆の声を上げました。そして神さんにお礼のお勤めをしなければと、護摩《ごま》を焚くように勧めるのでした。「権現《ごんげん》さんに頼もう」ということになりました。「権現さん」とか「権現さんの先生」というのは、おばあさんの後を継いだお弟子さんのことで、この方は金塚大神を祀り継ぐと同時に村の神社のひとつでありますす権現さんのお守り役になっておられました。彼ら三人がこの方を呼びに行っている間に私の方はお滝に向かいました。どれくらい見えるようになったのか、この目で確かめたかったのです。

　このようにして、私の祖母（私の父の母）とおばあさんと親戚の伯父、それに彼らが連れてきた権現さんの先生、この四人がお滝に集まったとき、事が起こったのであります。権現さんの先生が神さんへのお礼としてまさに護摩を焚こうとしていたその矢先に、「護摩焚き無用」と私が言ったらしく、四人に先駆けて私一人早くもお滝に向かって神さんを拝みはじめ、合掌した手を頭上に振りかざした私の身に、突如さっと神さんがお降《くだ》りになったかとおもうと、「シラタカ」と叫んだというのです。

　そこで先生が神さんに、「白高《しらたか》さん、この人の眼がまた見えますようにしていただけるのでしょうか、それとも目の見えるのは今日限りなのでしょうか」とお尋ねしますと、「不自由ないよ」という言葉が私の口から発せられたそうです。皆にはこの一言が、たとえ眼が見えないままでも私はこれから生きてゆくのに不自由しないだろう、どんな時も何とかやってゆけるように神さんが見守っていてくださるのだから、という意味なのだとわかりました。私自身はもちろん、自分が何を言ったのか、まったく記憶にありませんで、お滝のあの場に居合わせた四人の人たちから後になって自分が口にしたらしい言葉を伝え聞いたのです。まさに私が何も覚えていないということを知ると、皆口々に「ほんまもんや」と言いました。そのようにして私の身に起きた突然の様変わりは本当の神懸りだと他の人々からも認められることになったのであります。――

狐、稲荷と女系と

――おばあさんのようになろうという気はちっともなかったのですが、そのような次第で私はかつ

写真6　白狐の白高神像（大阪，玉姫教会道場）

て彼女の辿った道に再び足を踏み入れることになったのです。それはまた、幼くしてすでに私が示していた素質に立ち返ることでもありました。と申しますのも、私がほんの八つのとき、はじめてこの身に神さんが降りてこられたと昔から聞かされていたものですから。よくよく考えてみますと、おばあさんは、この私にオダイとして自分の後を継がせて、家に設《しつら》えたあの見事な神殿にお祀りしていた神さんたちへのお勤めを自分に代わって果たしてもらいたいときっと望んでいたにちがいないと思われました。

おばあさんはそこに二九柱の神さまをお祀りしておりました。その中で金塚《かねつか》さんが彼女の守護神でしたが、ほかに金平《かねひら》さんに金丸《かねまる》さん、末広《すえひろ》さんに熊鷹《くまたか》さんといった神さまもおられ、その他の神さまもみなさん白狐さんでした。ただ私の場合とは幾分違っておりまして、みな伏見稲荷山の神さまでした。それでおばあさんはかの稲荷山にもお塚を二本建てて白狐のみなさんをお祀りしておりました。一般に世間では、稲荷さんと白狐さんはまったく同じ神さんということになっております。大方その通りでありまして、どちらも農家の人々およびその家と田畑をお守りくださり、五穀豊穣を請け合ってくださる神さんで、ケンケンさん（狐）のお姿をしておられます。もっとも、なかには全然違った姿で出てくる稲荷さんもいらっしゃいますけれども。当時はどこでもそうでしたが、私たちの村でも、家という家はすべてどこかに稲荷さんをお祀りしておりました。私の生まれ育った家でもやはり、先祖代々、お家安泰を祈ってささやかな神棚に稲荷さんをお祀りしておりましたし、そこにはまた龍神さんという地神さんも祀られております。この神さんは、そのお姿を金の宝珠のまわりにとぐろを巻いた磁器製の白蛇に象《かたど》られておりました。実家ではこんな風でございましたが、夫の家では稲荷さんのことを白髭《しらひげ》さんとか白滝《しらたき》さんと呼んでおりました。あちこちに稲荷さんが祀られていらっしゃいましたが、それというのも、そうしないと、せっかく西瓜《すいか》や薩摩芋を育てても、ケンケンさんやタヌキがやって来て畑を荒らしてしまうからでした。ですからどの家も、軒下かあるいは畑の一角にでも、ちょっとした簡素な板造りの小祠を設け置いて、そこに木のお札を掲げておりました。端の方に稲荷さんの名を、真ん中に伊勢大神宮の名を、そして左には氏神さんの名を記したものです。それにまた家の御先祖さまを祀る神棚にもそうしたお札をひとつ立てておりました。

　自分と同じく私がオダイにならんかなと、きっとおばあさんは望んでいたことでありましょう。私は彼女が神さんを降ろしているのを見ておりましたから、どのような具合に事が運ぶのか知っておりました。まず神殿の前に円座を敷いてそこに正座し、トントコトン、トコトンと神さんをお呼びするのです。そして御幣を両手にしっかりと握って真っ直ぐ立てて、シャシャ、シャシャ、と振ったら、おばあさんの体が揺れ動き出し、周りの人たちはその様子を見て、「ああ、神さんが来た。神さんが来られた」と囁《ささや》いておりました。私もそばに居て、皆と一緒に見ておりました。私はまたおばあさんに神楽《かぐら》を習っておりました。おばあさんは私と他にも村の娘さん二人に教えておりました。というのも娘が三人必要だったのです。二人が神楽を舞い、残る一人が、奥の列の人々にも届くように柄を長くした柄杓を手に、信者の方々から頂戴するお金を集めるのでした。舞う役を指名するのはおばあさんで、たとえば「今日は、アケさんとシゲさんで行きましょう」と言うのでした。

おばあさんはまた火護摩《ひごま》を焚き、人の頼みに応じて、神さんにお伺いを立てておりました。たとえば、木を伐りたいけれども神さんの怒りに触れやしないかと気を揉んでいるような人がやって来ましたが、私が御幣を持ってきますと、おばあさんは御祓いをはじめ、そのうち身を震わしてこう告げるのでした（とシゲノは大叔母の声色を真似て声を低めて言った）。「いま木を伐ると面倒なことになる。来る大安の日まで待ちなさい」。

それに毎月二八日の祭日に、私はおばあさんの手伝いに行っておりました。その日はおばあさんが大祭を執り行う特別な日で、家の前で火を焚いて餅を焼くのでした。村中の人たちがその分け前に与り、神さんのお恵みをいただくのでした。

いつもこんな調子でして、本当に取り立てて学ぶことはありませんでした。さまざまな人がやって来て、話をし、お茶を飲んで、というただそれだけのことで、私にはおばあさんにならおうなどという気持ちはちっともなかったのでした。とは申しましても、私が「おばあさん」と呼び、他の人々からは「お稲荷さん」と慕われていたこの人は、たいへん威厳のある信望の厚い先生で、お弟子さんも八人か九人ついていたのでした。――

シゲノの口から大叔母《おばあさん》のヤエについてそれ以上語られることはなかったが、この二人の女性を結ぶ糸が明らかになったいま、それが織り成す彼女の人生模様は以前に比べてより明瞭なものとなった。一家ではじめてオダイとなったおばあさん、その人格《ひととなり》および所業《おこない》に対してシゲノが抱いていた敬愛の念には並々ならぬものがあった。血の繋がりはなかったとはいえ、確かに二人の絆は固かった。この二人の親しさのもとには、おそらく二人が共にもつ神がかりの才能があったのだろう。この能力は一方においては顕現し、他方においては潜在していたが、大叔母の方はこれを予感しシゲノに期待を寄せていたのである。が、この大叔母に寄せるシゲノの想いには微妙なものがあった。彼女は血筋からいって父系に属し、父方の縁戚関係を深めるはずの人であったが、その人にシゲノは亡き母の俤《おもかげ》をみていた。だからこそシゲノは「継母」の言いなりにならずに済み、実家を離れてヤエの懐へ、自身「本家」から身を退いていた大叔母のもとへ行くと弁解することができたのだった。もとより、ヤエの後を慕うシゲノの心には、オダイの道へと己を導くひとへの敬慕の情が重なっていたのかもしれない。オダイとして身を立てる道は、当時の農村社会にあってかなりの自由を得られる稀な道のひとつであったわけだが、かくしてヤエは一家の主婦という重圧から早々と身を解き、なおかつ、数多くの信者の寄進のお蔭で、稀に見る経済的な自立を遂げることもできた。この農村社会においては、富とは何よりもまず土地であり、金銭の収入の如何によるのではなかったのである。ヤエは、オダイとしての暮らしむきもよくなり、信者の往来も絶え間なく、その名も高まって広く世間に知れ渡るようになり、いつしか社会的にも有力な地位を与えられるまでになった。

しかし小学校の先生になるという密かな夢があったせいか、ともかくシゲノは大叔母にその後を継ぎたいという意志を少しも示さなかったようである。そのうえ不本意な縁談がまとまり、ヤエがシゲノに寄せていた期待も空しく水の泡となったかに思われた。

しかし、大叔母のこの期待は至極もっともなものであった。というのも、シゲノには巫女の素質があると思われていたのに加えて、村にはあるしきたりがあり、それによればある家に神がかりする者が出た場合、その血筋を引く者がその例にならってそうなるのが望ましいとされていたのである。しかも、たいていこの機能は一世代置いて、すなわち祖母から孫娘へと受け継がれるものなのである。あるところでは、巫者の亡き後を継ぐにふさわしい者が明らかに一人もいない場合でも、村中の期待のために、当の家の何某が神がかったと取沙汰され、ついには次代の巫者になりおおせてしまうことさえあることが知られている。稲荷のオダイの場合には、必ずいつか稲荷に憑かれる人が出ると信じられるきまりがあるゆえ、常に稲荷信仰は絶える事がない。シゲノは稲荷の神や白高、その他の神々について、またそれらの神々の関係について、後に時を惜しまず語ってくれたが、その日聞いた話だけでもすでに、稲荷信仰が農村に遍《あまね》くゆきわたっており、その土壌から夥《おびただ》しい数にのぼるオダイの神々が現れ出たのだということが分かった。

ところで、その後伏見の稲荷山へ大叔母が立てたというお塚を見に行った私は、そこで思いがけないものを目にした。ヤエが祀った二九柱の神々の名の中に白高の名と玉姫の名があったのである。名が同じであるからといって必ずしも同じ神であるとは限らない。しかしながらこの符合には、常に現れ出てくるあの新しい印が見て取れるのだった。故意に言い落としたのか、あるいは単に言い忘れたのか、はたまた大叔母と同一視されることへの懸念からか、いずれにせよシゲノはそれら二九の神名のすべてには言及しなかった。彼女自身から聞いた話に加えて、この思わぬ発見をしたことにより、私の疑問の幾つかは解けた。シゲノはやはり幼少の頃より馴染みのあったオダイへの道を確かに辿ったに違いなく、大叔母の「系譜」にその名を列ねていたのである。それはまた初対面の時以来、私が感じていた彼女の印象を改めて焼き付けることになった。私が知り合うことのできたシゲノという女性は、稲荷のオダイのなかでも最も代表的な人物のひとりだったのである。

ところが、ヤエが自分のオダイの機能と自分が祀る神々の信仰を託したのは、シゲノではなく、別の弟子なのであった。

二重系譜の宿命

シゲノは話を続けた。

――おばあさんの後を継がれた方は、大和郡山で、三味線と小唄と踊りを教える人でした。彼女の家でも神棚に稲荷さんをお祀りしてあって、末広さんでしたかどうでしたか、まあどうでもかまいませんけれども、おばあさんは年に二、三度、そこへ祀りをあげに行っておりました。そうした縁故で二人は知り合いになり、かなり懇意な間柄になったのです。それからおそらく二〇年ばかりも後のことでしょうか、余生もそう長くないと感じながら自分の神さんを託せるような子供もなかったものですから、おばあさんは誰か後継ぎにふさわしいような人はいないかと探しました。確かにあの金塚講の皆さんをまとめるためにも、誰か彼女の後を継ぐ人が必要でした。そこでおばあさんは彼女に、私たちの村に引越して、神さんにお仕えし、自分の後を引き継いで信者さんたちを率いてゆく気はないかと話を持ちかけたのでした。当時、村には山の方に集会所がございまして、村の若者たちが時々そこに集まってはお祭りの準備をしたり、大勢で何か作業をしたり騒いだり、よくそうしたことをしておりましたが、おばあさんのお弟子さんはまずそこに移り住まれました。大正一三年、もしくは一四年頃だったと思います。彼女のために神殿も設《しつら》えられました。そこで一、二年も過ごされるうちに、彼女自身の信者さんの集まりもできました。それから、彼女が本格的に身を立ててゆけるようにと、我が家は、刈入れの後、翌年は休耕する田んぼをひとつ彼女に譲ることに決めました。昭和元年のことです。神殿を置くための六畳間と、別に八畳間、それに土間が玄関となっている家が彼女のために建てられました。とはいえその家を建てるための費用を引き受ける個人はおりませんでしたから、村の家々が寄り集まって頼母子《たのもし》を組み、各々一〇円ずつ出し合ったのでした。そうして集まったお金で建てられましたその家は、権大《ごんだい》さんの家と呼ばれました。

権大（権大夫）さんとか権現さんと申しますのは、丘の上にある村の小さな神社の一つでして、おばあさんのお弟子さんが住まわれた所のすぐ隣にありました。彼女はそこのお守り役にもなっていました。実際、おばあさんが神殿にお祀りしていた神さんは金塚さんをはじめとする二九柱の神さんばかりではなく、その中には実家の四社《ししゃ》明神や村の権大さんもおられました。権大さんないし権現さんにつきましては、私たちの村にこのような言い伝えがあります。神武天皇東征の時、天皇に刃向った大和の土豪長髄彦《ながすねびこ》*2は矢を三本放った。そのうち一本は石に落ちて折れ、そこに今日私たちの氏神さんになります矢落《やおち》神社が建てられました。もう一本は大木に突き刺さって、その木が今もなお権現さんもしくは権大さんと呼ばれて崇められています。最後の一本は田んぼに落ちて折れました。この三本の矢については他にも言い伝えがあるようですけれども、私が聞きましたのはこの通りであります。

このようなわけで、権現さんの先生と呼ばれていたおばあさんのお弟子さんは私たちの村にうまく溶け込んでいったのです。彼女のお家では、毎年の権現さんの大祭と、それに月次祭《つきなみ》が行われておりましたが、お滝でのお籠りを終えて夫のもとに帰った私はそうしたお祭りの日には決まって彼女を手伝いに行っておりました。頼みに来る人たちのために加持《かじ》をして、按摩《あんま》によってその人たちの訴える苦しみを癒していたのです。

昭和二年の五月一七日のことです、白高さんが初めて「降りてきた」その日、権現さんの先生は火《ひ》護摩《ごま》を焚くことができませんでした。それができなかったのは、その日がちょうど滝寺の観音さんをお祀りする日だったせいでしょうか、その日に観音さんとは別の神さんをお祀りするのは無礼に当たることだったのでしょうか。それともむしろ、白高さんが、その御心のままに私が口を利いて振舞うようにと欲しなさり、そうしてあの先生のする護摩焚きなどは無用だという旨を示そうとなさったからではないでしょうか。権現さんの先生はここ大阪にではなく滝寺のほうにお参りしに行っておられましたが、なんとまあ、先生がそこにおられる時はいつも、私が火護摩を焚いても白高さんは絶対に降りて来られないのでした。あの方のもとに信者さんらが集まるのは、あの方が三味線を奏し小唄を教えているからだと白高さんは仰しゃるのでした。それはもちろん、お上手でした、ほんとにお上手でした。村の若者たちはこぞってあの方に踊りを習いに通っていました。でもそれは信者さんではなかったのです、お客だったのです。自分はあのようなものとは無縁だ、自分の方がもっともっと霊験《れいげん》あらたかであり、妥協の余地は一切無いと、白高さんはそうおっしゃるのでした。——

シゲノはそれ以上、自分と権現さんの先生との相違点について延々と語ることはしなかった。が、この挿話によって、かつて起こったに違いないことが少し想像できるのである。ヤエがオダイの職をこの女性に譲ったのは、ちょうどシゲノが次子をもうけてまもない頃であったことになる。おそらくおばあさんは家事に忙殺されるシゲノの姿を見て最後の望みを絶ったのだろう。そして三味線の先生が権大さんの家に正式に住むことになったのが、目の見えなくなったシゲノが先行きもあやしいまま病院に留まっていたまさにその年である。それ以後ヤエの弟子は、権大さんの守り役を通じて、村の公認の宗教生活に関係をもち、ヤエの遺《のこ》した威光を纏《まと》うようになった。一方、翌昭和二（一九二七）年、白高がはじめてシゲノの身に「降り」、まったく期せずして、シゲノもオダイの道へ足を踏み入れることになった。どうやらシゲノはその時まで曲げることのなかった斥力を一気に引力に転じたかのようにこの道に没入したようである。皆、異口同音に「おばあさんと同じようにほんまもんや」ともらしたのである。それゆえヤエとシゲノの間には偽りなき系譜が、それも二重の系譜があったわけである。すなわち家系という繋がりと、紛うかたなく明かされたオダイとしての能力が重なっているのである。が、この系譜は公認のものではなかった。シゲノは大叔母の弟子との反目を必ず白高を介して述べていた。ヤエの弟子のオダイとしての資格を認めないのは、「私」ではなく「彼」なのだった。そのようにしてシゲノは、守護神とそのオダイとの関係に光を当てたばかりか（その点についてはまた後に詳しく語られることになるが）、それに加えて、複雑に絡み合った状況の内にはっきりと対照を際立たせた。つまり人格が問題なのではなく、オダイとしてのあり方が問題なのであった。ともかく以来、村にはヤエの後継者が二人も居ることになった。双方はまさしくオダイという役目のもつ両面性の片側を担っていたのであり、かたや、憑依の能力を発揮し、かたや、職権を保証する社会的地位を負っていた。が、ヤエの弟子のオダイ就任には他ならぬシゲノの家が与《あずか》って力があったという経緯があり、さらにこの新たな先生の娘とシゲノの夫の従兄弟の結婚により二人が親戚の間柄になったという事情もあり、あらゆる心の糸が複雑に絡まっていた。

代々にわたる軋轢《あつれき》の元となる、表裏なす二重系譜という現象は、ある同一の師の後を継ぐ次世代にしばしば重くのしかかる宿命である。例えば、師の一番弟子が継嗣となって「法統」を確立する一方、師の血筋を引く者が家系による正統を樹立する。稲荷のオダイにおけるこの現象は他にも幾つか見受けられる。オダイばかりではない。この宿命は、修験道にも仏教諸宗派の世界にも、はたまた武士の世界にも、多くの伝統の中に存在するものである。最も有名な事例に言及すれば、真言宗の開祖、弘法大師空海の亡きあと枝分かれてこのかた、延々と続く対立が想起されるだろう。承和二（八三五）年に弘法大師が世を去ると、甥の真然《しんぜん》（八〇四―八九一年）が高野山金剛峰寺にて密教修行の伝統を引き継ぐ一方、学問の伝統は京都の東寺にて高弟の実恵《じちえ》（七八六―八四七年）によって受け継がれた。その結果、長きにわたる覇権争いの波乱、再燃する論争の渦また渦、そして何世紀にまで及ぶその波紋……。こうしてみると、一なる源から分かれる二つの系譜の、その間に生じる対立要素は、積年の怨恨および辛酸たる内紛といった歴史にまで広がるものである。このような歴史の二つの流れのおおよそのところを窺い知ることができれば、シゲノの矛盾した宿命も合点できるのではなかろうか。

シゲノがまもなく直面せざるをえない状況は、教義上の対立も有形財産をめぐる紛争もなかったとはいえ、それでも苦しいものに違いなかった。今後は村にオダイが二人いるのだった。一方は「公」の、他方は「周縁」の存在である。権現さんの先生という表に対して、裏のシゲノは是非白高のオダイという新たな地位を社会に認められる必要があった。そのためにはまず神を降ろし託宣を伝える巫術《ふじゅつ》に習熟しなければならなかったが、シゲノはまだその域まで達していなかった。しかも、おりしも、シゲノは嫁としてまた母として農家と子供を背負ってゆかなければならない身の上であり、なおかつ目の見えない状態で生きていたのだった。一家の棟梁が絶対権威を握っていた社会のなかで……。それは不安定極まりない状況であった。

白高の荒々しさ——夫の死と父の怒り

——昭和二（一九二七）年五月一七日、村人たちは続々とお滝にやって来ました。皆さん「見えた、見えた」と口々におっしゃりながら。その日も夜通し、明くる日も丸一日、村人たちは私と一緒に残って、その間私はずっと神さんにお祈りと感謝の言葉を捧げておりました。かつては神事というものは夜に行うのが通例でありまして、午後一〇時か一一時ごろから皆さんばっさばっさとおいでになりました。はじめて神さまがわが身に降りられるようなことがあってからは、私は夫の許《もと》にも帰らず、お滝の仮住まいに残っておりました。しばらく経つと、昼間お暇な方々から畑仕事で忙しい方々まで、男女を問わず、皆さんいらっしゃって私と一緒に神さんに祝詞《のりと》をあげるようになりました。

翌年（昭和三（一九二八）年）の一月、お滝に住まうようになってから一〇カ月ぶりに私は家に帰りました。村の多くのよそのお宅と変わらない家であります。広い玄関兼炊事場が土間にあり、それに面して小さな板の間とそれから三畳と四畳半の畳の間が隣接してあるのです。日常生活は主にそこで営まれます。土間には、かまどと大釜三つ、水桶のそばに流し、お米を脱穀するための石鉢、それから薪がありまして、食事は電球が一つだけ垂れ下がっている三畳の間でとっていました。村に電気が引かれたのは大正一三（一九二四）年頃のことです。眠るときは畳の二間に蒲団を敷いていました。夫の両親の死後、特別な行事のためにと、八畳一間を建て増しいたしました。この部屋には仏壇と、それから昭和九年に宮司さんから戴いた玉姫さんの古い御霊箱も併せて安置いたしました。上二人の子供は、ならわし通り、私の実家で生まれたのですが――出産のために親許に帰ったわけです――、末の娘は、夫の家へ戻ってから二カ月後に、あの四畳半の部屋で生まれてしまって、その時は産婆さんに助けてもらいました。その年（昭和三年）からは夫と子供と私だけになってしまいまして、少し変な具合でした。と言いますのも私たちの村では、いくつかの例外を除いてどこでも、三世代揃って暮らしていたものですから。夫の両親はいつも私のことを大変気に掛けて下さって、実の娘のように接してくれました。ですから嫁としての私の務めはそれほど辛いものではありませんでしたが、こうした境遇はむしろ稀なものでありました。夫の母は、ちょうど息子が生まれた頃に亡くなりましたが、父の方は、目の見えなくなった私が当然自分のなすべき仕事もできなくなったのを見ています。そんなとき、なんと言ったらよいのでしょう、どうしたらよいのでしょう。これにはどうにも仕様がなくなってしまいました。夫の父はその前の年（昭和二年）、私がお滝にいた頃に亡くなりました。以来私は夫だけに従う身となりまして、以前より気楽でしたが、家事は一人でやらねばなりませんでした。

　まず一連の毎日の仕事がありましたが、母の世代やましておばあさんの世代に比べれば女の生活もかなりましになっていたとはいえ、主婦の務めは相変わらず辛いものでした。どんなに辛い仕事であっても、女手なしに済まされるような仕事はひとつとしてありませんでした。それればかりかどんな仕事も女手ひとつでやらねばならなかったのです。

　七つ、八つにもなって働ける年頃になると、長女が手伝ってくれました。娘は朝、学校へ行く前にご飯を炊いて野菜を炒めておりました。また穀物を唐箕《とうみ》にかけ、後は炊くばかりの粒を倉に入れるのも娘の役目でした。私は娘に料理と裁縫を教えました。私が仕事で家に居ないときには娘が赤ん坊の世話をし、授業を欠席することもしばしばありました。私のほうは帰宅するや、かつてのように、また一切の仕事に取りかかっておりましたが、ただ何をするにも左目をできるだけ近づけてやらなくてはなりません。この耳とこの手とが私にとって貴重な助けとなりました。田植えや刈入れといった大仕事は村の者たちで助け合ってもいましたが、その他、田んぼの草取りやら売り物用の西瓜畑と野菜畑の手入れなどは自分ひとりで何とかやっておりました。わが家の食糧のほとんどは家の田んぼと畑で作ったものですから、みんなの健康が私の働きにかかっていたのです。自分ひとりでどうにもならないときには実家の父方の祖母に手伝ってもらっていました。この祖母は父の家にいて、私たちはお世話になってばかりでした。それから大小さまざまな年中行事がありまして、その時は家の食事に加えて神様のために特別なお供物を用意しなければなりません。正月には餅をつき、親もとに帰省して氏神にお祈りするのです。盆には、村の三昧《さんまい》（墓地）の道掃除をして、家でお精霊《しょうりょう》さんを祀り、また夫の家の代々の位牌の収めてある光蓮寺での供養がありました。そしてお寺の盆踊りには、蒸し暑い夏の夜に村中の者が再会します。春秋の彼岸には、光蓮寺のおっさん（僧侶）がみえます。その年（一九二八年）は夫の父が亡くなって初めて迎える年だけに、今は亡き人の一周忌の供養はいつになく大事なものでした。平素の仕事から季節の節目を画する行事にいたるまで、こうした務めに私の生活はまったく忙殺されておりました。おおよそ私たちは皆同じようにこんな暮らしをしていたのです。

――けれども私は夏といわず冬といわずお滝へ参らぬ日は一日たりともありませんでした。娘に案内してもらっていましたが、お滝へ行くには田んぼ沿いの曲がりくねった小道を辿って山の麓の竹林を抜けてゆくほかないのです。夏、危険なのは蛇でして、娘と私は蛇を遠ざけるために音を立てて歩きいたものです。冬、雪の日は道に迷ったり、片側の田んぼか反対側の池に落ちたりするおそれがありました。そこで私は娘に、狭い道と十字路には道の真ん中に木の枝を一本立てるよう言いました。この枝が、雪に隠れた帰路の道標《みちしるべ》となるのです。またお滝に着く寸前に、今日では急流に橋が一つ架かっておりますが、当時は何もございませんでしたから、水に浸からずに渡れるように、兄に板を渡してもらいました。私たちは家の仕事が済んでから、夕方お滝へ行くのでした。冬の極寒の頃は、何もかも凍りついて、ひとり落ちる滝は嵩《かさ》を増しておりました。――

その場に居合わせたシゲノの娘は、母の言葉に誘われて声を上げずにはいられなかった。「それはもう、あたり一面氷柱でして、母が滝壺へ入ってゆくときなどはまるで絵に描いたようで……」。心の昂《たか》ぶりは五〇年以上経った今も冷めやらぬのであろうか。この二人の女を結ぶ絆は複雑に織りなされているものと察せられた。

シゲノは私の質問に応じて穏やかに続けた。「私の授かったものが明らかになったのは娘のおかげなのです。失明したのもそれが顕現せんがためだったのです。まだ幼かった娘の足が機縁となったのです。おそらくはこのように思えるようになったからこそ私は再び光を目にすることができたのでありましょう」。

その語調に娘への非難の色はなかった。むしろ感謝する気持ちで自明の理を確認するといった風であった。面会を重ねるにつれて、シゲノと娘がこれまで片時も離れることなく二人して生きてきたということ、二人の絆は娘の足がもたらした事故によって不断のものになったということがわかった。二人の気性ははなはだ違ったものであったが、いつもシゲノの不屈の意志と厳格さとが圧倒しているように感じられた。娘は幼い頃からずっと、シゲノが玉姫神社に居を移し、自身も翌年の昭和一二（一九三七）年、大阪の裁縫学校へ通うようになるまでずっと、母の眼となってきたのだった。

――けれども夫は気に入りませんでした。「神さん、神さんってお前一体それでどうしたいっっていうんだ。本気でそのお世話してるのか知らんが、息子の徴兵検査が済むまでは、まず家のことをちゃんとやりなさい。その後はお前の好きなようにすればいい。だが、せめてそれまでは神さん神さんと言うのはよしなさい」。

私は行き詰まっていました。神さんは私に、ますます仕えよとおっしゃるのでしたが、そのためには時間とお金が要りました。神さんはそのうえ、私に夫は必要ない、子供の面倒なら自分（白高）が見てあげるとおっしゃるのでした。身勝手な、と思いましたが、神さんに理が無いなどとその時は思いも寄らなかったのです。それで、こうしたことすべてに私は畏れをなしておりました。

確かにお滝から帰って以来、私は別人のようになっておりました。私のせいで家は混乱に陥っていました。

晩には私に加持を頼む人々がやって来ましたし、夜は夜で私はお滝に参るため家を空けていたのです。前にも三輪山や伏見の稲荷山や鞍馬の山々へ丸一日ないし数日出かけることがありました。もっとも私の毎日の仕事に手抜《てぬ》かりはなかったのですけれども、夫はきっと私はもはや良妻でもなければ賢母でもないと思っていたことでしょう。私は夫の権威を逃れて、しなくてもよいことまでしておりました。まさしくこうした不和の最中に、私が帰宅して二年後のことでしたが、夫は自動車事故に遭って命を落としたのです。——

沈黙が流れた。大都会の雑多な喧騒がこの無言の間に打ち寄せる。シゲノが口を切った。

――初めて神さんが私に降りてきたのは八歳のときでした。一八で結婚し、二八で夫を亡くしました。もし失明することもなく夫を失うこともなかったら、決して私はこの道に入ろうとは思わなかったでしょう。もし夫が生きていたなら、決してここまで至ることはなかったでしょう。夫があのように早死にしたのは、おそらく白高さんが私をオダイとしてお召しになったためなのだと思います。夫は天寿を全うすることなく交通事故で逝ってしまったのですから。私がなおも子供を持ち、家族にかかずらっているのを、神さんは忌《い》むべきこととお思いでした。だから夫は亡くなってあの人自身神さんになることで、白高さんは私と三人の子供の生活を請け合おうとなされたのでしょう。私はその時以来ずっとこう信じて生きてきたのです。今は橿原《かしはら》神宮の宮司をしておられる伏見稲荷の先生にこうした話をしましたら、先生は一言、「貴方がそれほどはっきりおっしゃる以上、口出しすることは何もありません」。――

オダイの道における第二歩を画することになった夫との死別から五二年過ぎたいま、シゲノはこうした驚くべき表明によって自身の内的変化の鍵がいかなるものであったかを説明するのだった。諸々の外的事件に見舞われ、かつ白高の命《めい》と自ら名付ける、受け入れがたい内的要請を前に途方に暮れた一人の女、いかにして彼女は突如わが身の解放を感じるようになったのか、それはこうした運命が何を意味するかを会得するという問題であった。過去の無秩序と無意味とは、己が身を真の運命――白高のオダイとなるというさだめ――へ導かんとするある力の顕現にほかならなかったと彼女が悟るに至ったその時から、一切が意味を帯びたのだった。ちぎれてばらばらの破片でしかなかった己が半生も、今になって顧みれば、意味のあるひとまとまりの全体の中に置き直されるのだった。夫の死はまさしく、彼女自身のさからう心を撓《たわ》め、己が運命を全面的に受け入れるよう導いた、究極のひと突きであったように思われる。これらすべてのことがなくてはならなかったのだ……。そのとき彼女が私に打ち明けたことは、既に耳にしていた諸々の証言に通じるものであった。つまり「取り憑かれた」者が自分自身に対して憑依を招きうる主体として目覚めるのは、このように運命を知った時からなのである。そしてかつての自分は「取り憑かれたという病」にかかっていたように思われるのである。とはいえ、独りわが身の運命に従うだけではオダイを生業とするには充分ではなく、さらにまた自分の住む社会に認められなければならない。「光明」の再来という二度目の体験、このたびは眼そのものにではなく物事の「見方」において光を見出した後、シゲノを待ち受けていたのはこの社会的認知への次の一歩であった。

――夫が亡くなってからは、日々の仕事をしつづけながら、神さんによりいっそうこの身を捧げるようになりました。晩になって子供が寝付くと、家の中に設けた神殿の前へ行って何時間も過ごしておりましたし、暇さえあればお滝へ行っておりました。離れた道を通りがかる人が、辺りの田畑で働く農夫にときおり問い尋ねて、「お滝の方に聞こえるあの声……一体誰なのです、あんなに声を張り上げてお祈りしてらっしゃるが、どこの人でしょう」、「夫を亡くされたあの方ですよ」、「ああ、なるほど」。それから私は気がおかしくなったとの噂が流れました。私が神さんにお祈りを捧げるときに家に来る人たちがありましたが、私の言うことは決まって意味不明で誰にもわからず、またこの私も何ひとつ覚えていないものだから、説明の仕様も無いのでした。近所の人や家族の者には変になったとか言われました。もっとも子供の面倒や家事は欠かさずやっておりましたし、また伯父が知事だったりして実家はそれなりに名を馳せていましたから、気がおかしくなった人扱いされたためしはありませんでしたけれども、なんとも不愉快な思いでした。

けれども皆がみな、噂を丸呑《ま》みしていたわけではありません。どのようにして私が再び光を見出すようになったか、その経緯を目の当たりにした人たちのなかには、変わらず私に会いに来るものがありました。彼らのおかげで私は、神さんへお祈りしようとするたびに陥るあの状態が何の役に立つのかわかったのです。彼らは私の口から自分たちの一番知ろうとすることを、彼らにとって死活にかかわる問題を聞き取るのでした。重病の場合には何をすべきか、神さんが教えてくれましたから、子供も大人も助かりました。そのようなわけで白高さんの教えのなかでもこのうえなくびっくりしたことの一例ですが、隣の奥さんがやってきてまだ幼いお子さんがいまにも死にそうだと私に訴えた日のこと、「庭の垣根の杭に古びて黴《かび》の生えた縄があろう、その切れ端を五合の熱湯に入れ、湯が二合に減るまで沸かせたら、それを飲ませよ」との仰せをいただきました。その通りにしましたら、熱も下がりその子の病は治ったのです。夫が存命中でしたから、昭和四年か五年（一九二九―三〇年）のことであります。まだペニシリンも知らない時代で、だいぶん後になって分かったのですが、あの煎じ薬は何かペニシリンに近いもの、あるいはおそらくそのものだったに違いありません。

白高さんのご加護を受けた人々は、私が気がおかしくないばかりか、かなり役に立つものと認めて、何かにつけてまたやってくるようになり、私が神さんにお祈りするときには帰らずに私を待っていました。ところが雲行きは怪しいものでした。と言いますのは、私が白高さんに祈り始めるや、私のみならず私の周りにいるすべての人にも神さんが降りてくるのです。当初はとりわけそのようなことがよく起こりましたが、ここ大阪へ移ってからも幾度もありました。白高さんは誰彼無しに降りてくるのでした。その場合、名は告げないようでしたがたやすくそれと見分けられました。たとえば白高さんはあらわれると、ここにいる人がみなおかしくなるぐらい、地震のようなことをおこして、言葉には出ないけれど一人残らず「踊らせる」のです。村の良家の方々が、奥さんから娘さんに息子さんまでそろっていらしてはとても心をこめてお祈りしておられたのですけれど、この方々が祈り始めるやいつもその場にいた四、五〇人のうち四、五人は、カッカッカッカと震えだし「踊り」始めるのでした。私もまた震えてじっとしておられず、家中ぐらぐら柱まで揺れて茶碗なんかはどれもひっくり返る始末でした。

妙見《みようけん》さんを祀っている大和郡山のある老女を私は知っておりましたが、この方も、神さんが降りると、手には御幣を持ってしゃがみ込んだまま跳び上がることができました。二〇歳の頃、私は彼女が部屋中を飛び跳ねるのをこの眼でしかと見たのです。その場に居合わせた人々も跳び上がっていましたが、彼らも皆同時に神さんに乗りうつられていたのでしょう。その老女には彼らがあちらこちらに跳び回るのを制する術はなかったのです。彼女の方はまさしくこうした方法で信仰を広めたわけですが、私はといえばかなり違っておりました。ある日のこと、突然父が怒鳴らんばかりに、

「そんなことばかりしてお前気でも触れたのか。神さんとやらが誰かに降りるというなら、その誰かをはっきりしてもらい、そして言うべき教えがなんであるかを明瞭にしてくださるよう、その神さ

んにお願いしたらどうだ。それならお前だって神さんを呼び寄せるものたる資格もあろう。が、お前ときたらどうだ、まるきり神さんに乗っ取られて、他人まで巻き込んでいるじゃないか……。あの人たちに降りてきた神さんをいつでも落とせるとでも思っているのか」。

と言うのです。私の方は、自分には何も分からないし、したくてするのでもなければ知ったうえでするのでもない、「もし全部承知のうえのことだとしたら、こんなにもわが身を辱めるようなことを私がするとお思いですか」と答えました。

夫を亡くした私は、改めて父に従う身となっておりました。父の怒りをかったのは、私が自分でも抑えきれないどはずれた業に身をやっしていたことでした。私自身、白高さんのああして「出てくる」ときの荒々しさを前にして、実際一度ならず怖れを抱いたものですが、もし父の怒りに際して、事の重大さを自覚していなかったら、きっと取り返しのつかないことが起こるまであのまま続けていたことでしょう。ところがついに、ああした氾濫を止められることがわかったのです。私が火護摩や鳴護摩を始めると、神さんはそろそろ降りようかとでもいう風で、大体御祓いの文句を唱え終わるころ、こなたでは、どっすん、どっすん、どっすん、どっすん、かなたでは、から、から、から、から、と一斉に騒がしくなって跳び上がり出すのでした。私自身もそのときにはもう震え出しています。けれどもそこで、意志の力でこの状態から抜け出て、全身全霊エイッと気合を入れて九字を切りながら、また同時に心の底で「白高さん、そうなさいますな、しばしお待ちを、でないとせっかくのおつとめがちりぢりになってしまいます」とお願いすると、「ふん」と諾《うべな》う御声あり、たちまち皆、五人であれ一〇〇人であれ、ぴたりと震えがやむのでした。

こうして、ひとを鎮めるにも揺るがすにも「動かせるこころ」を握るのは唯一私の唱える九字なのだと気づいたようなわけであります。当時私の周りにいて事の次第を目《ま》の当たりにした人たちは既に皆亡くなってしまい、こういうことについて話せるのは私ひとりしかないのですけれども。ともかくそのとき私は降りてきた神さんを落とす方法を会得しました。これが後に大阪で大いに役立つことになったのですが、今お話ししましたように大勢に神さんが降りるようなとき、あるいは一人の人に狐や亡霊が憑いたときにもよくつかいました。――

出立

――けれども村人たちとの関係はよくなりませんでした。私が神さんの言葉を伝えるということを一向に認めない者たちもいました。背に浴びせられる誹謗中傷に対して私は公然と反論いたしました。激しく、ざっくばらんな気質なものですから。それから男たちのことがありました。あの当時、村では、夫を亡くした妻が男たちを家に迎えても構わないとされていまして、普通の事としてよく行われておりました。

私はこうした考えには我慢なりませんでした。私自身にとっても子供たちにとっても受け入れられないことでした。そこでまた村社会のしきたりに背いたようなわけですが、私は自分の考え方を曲げずに誰ひとり家に入れませんでした。

村におけるオダイの地位を高めようにも私には難しく、また立場もはっきりしないのでした。おばあさんに忠実な信者さんたち、それに村人たちもあわせて一〇人ばかりが、私がお滝の神さんのオダイとなったと知るや、月に一度お滝へ一緒に行って神の言葉を伝えてくれないかと頼みに来たことがありました。とはいえこれまで金塚講を率いる役目を正式に受けてきたのは権現さんの先生だったのです……。近辺の多くのお宮へお参りを重ねた結果、昭和七（一九三二）年五月八日に私は大成教《たいせい》*3の免状をちゃんと得ました。もとより私には白高さん以外の師匠などなく、こうした免状をうけてもそれによって得ることは別になかったのですけれども、つまり単なる肩書きでした。けれどこの免状でも、村における私のオダイの立場を公認のものとするのに十分な権威とはなりませんでした。

こうしたことが積もり積もって、徐々に、この場所を離れたいという気持ちが強まったのです。夫を亡くす以前にも既に感じていたことではありましたが、その時は、何もできずにいると思いながらも神さんが大きな網をめぐらして私を家に引き留めていたかのようでした。いまやもう耐えられなくなっていました。どこへでもよいからここを発って、目の見えない多くの人たちがしているように、按摩をしながらでも暮らしを立ててゆく方が、このまま村の生活に耐えるよりもましだと思い始めていました。私の支えとなったのは、三人の子供たちがいることでした。是が非でも生きてゆくよりほか私に何ができたでしょう。勝つ見込みがあるのなら断じて負けやしまい。今も変わらずこんな調子です。そのためなら死ぬのも恐れません。誰かと対立することがあっても、自分が正しく、真っ当なことをしていると確信しているのだから、その時は神さんに私たちを裁いてもらい、どちらが正しくどちらが正しくないかを私か相手かの死をもって示してくださるようお頼みするのです。私の頑《かたく》なな意志は何かしら空恐ろしいものです。いいえ、私のといっては間違いです。白高さんのものなのですから。

まさにこうしたぎりぎりの緊張状態にあって、昭和九年九月九日、おばあさんの祀っていた守護神や神々を祀る日、その祭祀に集まった信者さんたちのうち、男の方には家で待っていてもらい、私は女の方のみ連れてお滝へお参りしたのです。そのうちの一人の方が、小学校の先生でいらっしゃいましたが、「玉姫さん」の御名をはじめて発した夢のお告げの言葉を書きとってくれました。自分一人の決断で村を離れることを決めかねていた私にとって、そのお告げこそ大阪へゆく道を開いてくれたものだったのです。もはや何事も何人も私をとどめることなどできませんでした。神さまの御言葉だったのですから。翌日私は発ちました。――

これよりしばらく前のことだが、お滝にて、白高さんはシゲノの口を借りてこう言った。「ダイは三三歳にして、乗り物ここに多く来たらむ……」。けれども、当時この予言で繁盛が約束されたこの土地は、竹に杉に楓《かえで》に、あたりの丘に乱れ茂る草木によって埋められる運命だとしかおもわれないところであった。したがって、この託宣によってこれからこの地に起こる一切が告げられていたなどとは、その時は誰一人、シゲノでさえも、思いも及ばぬことであった。

＊1　イタコについて、巻末の参考文献一覧にあげてある桜井徳太郎、川村邦光の著書を参照。
＊2　記紀神話に、長髄彦《ながすねびこ》は大和国生駒郡の土豪で、神武天皇に抵抗したため、饒速日尊《にぎはやひのみこと》に討たれたとある。
＊3　惟神《かんながら》の道を柱にする大成教は明治時代に平山省斎《ひらやませいさい》によって教派神道の一派として創立され、昭和二七（一九五二）年に神道大成教となる。

4　火と水、地と空

此文覚《もんがく》は（中略）ゆゝしき荒行者にて（中略）道心の始め熊野《ゆや》金峯《きんぷ》行ひありきける時、那智の瀧に七箇日の間打たれんと云ふ、不敵の大願を発《おこ》しけり、此《ころ》は十二月の中旬の事なれば、谷のつらゝも堅く閉ぢ、松吹く風も膚《はだえ》にしむ、さらぬだに寒きに、褌《したおび》ばかりに裸なり、三重百尺の瀧の水、糸を乱して落ちきたぎる瀧壺にはひ入て、身に任せてぞ打れける（中略）三日と云ひける日、息絶へ身すくみて死人の如し、かたへの行者達も、由なき文覚が荒行立てゝ墓なく成りぬ事よと（中略）文覚が頂より足手の爪先まであたゝか〳〵と、撫でて把《さす》ると思ひければ（中略）文覚不思議に覚へて、抑も法師とり助け給ひつる人は、誰と問ふ詞《ことば》に付きて、汝知らずや、我は是れ大聖不動明王の御使矜迦羅《こんがら》、勢多迦《せいたか》と云ふ者なり、汝不敵の願を果さずして命の終りつるを、此瀧けがすな、文覚助けよと仰せを蒙りて来れるなりと答ふ（中略）文覚思ひけるは、誠に明王の御計《おんはから》ひならば、今はいかに打つとも死なじ、さらば前後三七日打たれんと思ひて、瀧の水に入りたりけれども、落来る水も身にしまず、瀧壺も又湯の如し、更に寒き事なければ、終には願を果たしけり（後略）。

――『源平盛衰記』（上）一八（一三世紀）

稲荷山の滝に打たれる夜

数時間前から既に、両側の通りに沿って並ぶ商店は看板を下ろしていた。この通りは日のある間に歩いてみたが、絶えずお祭り気分といった賑わいで、人足繁く、土地の名物という鶉《うずら》の串焼きの匂いに商人の呼び声が合わさり、彩り鮮やかな露天には、白と赤と金の小さな狐の焼き物が無数に並び、赤に黒の小さな鳥居が列《つら》なり、金色の鈴、銀色の鏡、狐の形にした橙色の菓子、鮮やかな緑の藁の円座など、ほかにもありとあらゆる京都土産が色とりどりに……。だが昭和五九（一九八四）年一月二一日のあの夜は、なにもかも暗く静まりかえって、ただ街灯の光のみどぎつく闇を裂いていたのだった。私はこの人家の消える境を越え、狐の銅像が左右を見張る高い朱塗りの門を右手に見送り、脇道から伏見稲荷大社の境内に忍び入った。普段はお参りに来る人々が本殿の前で手を打ち合わせたり釣鐘を撞《つ》いたりして賑やかな境内も、その晩は物音とてなく、列なる角灯の柔らかな明かりに朱塗りの柱が浮かび上がっていた。この整然として広やかな空間は夜の間も日の下にあった安らぎを失うことはない。この大社での稲荷神への祭祀は、全国のその他の諸社と同じく営まれており、年中行事のほかに、依頼があれば一定の料金で白装束の神官が奉納の祭式を執り行い、祝詞《のりと》をあげる。神楽殿では神社に勤める赤の袴姿の巫《み》女《こ》が祈願や感謝の印に大太鼓に合わせて神楽《かぐら》を舞い、社務所にはおきまりの様々なお守りやお稲荷さんの印の刻まれた品々が並ぶのである。一般の参詣者は、おそらくここを豊作や商売繁盛や開運を祈るところと思って、いつものように小銭をお供えして記念写真を撮り終えると帰ってゆくのであろう。けれども彼らは他のあまたの神社と似通ったこのお宮が実はこのように開かれた境内とは離れた世界へ通じる明るい門にほかならぬことに思い至らないのであろう。注意深く目をやれば、この伏見稲荷大社の背後には、杉に覆われた山がその果ても頂も見えぬほどの大きな姿で屹立しているのが看《み》て取れる。またビニール袋や籠を手にあるいはリュックを背にお参りする老若相伴う者たちの人数にも驚くことだろう。彼ら参詣者は、本殿の前で礼拝した後、境内奥の石段の方へ向かうと、そこから深い森の中へ姿を消す。ここに稲荷のオダイの世界が始まるのである。*1

砂利がきしり鳴った。影法師が二つ三つさっさと石段の方へ進みゆく。私は彼らの踵《きびす》に接して歩いていた。山の五つの峰を一周する四キロメートル以上の道程および南北の二つの谷へ降りる道には点々と灯籠や街灯が並んでおり、私たちはその明かりを道標に黙々と登っていった。命婦《みょうぶ》社、奥の院へと通じる「千鳥居」の参道をくぐり抜けると長い上り坂となり、三叉路それから四辻を越えてゆく。「大寒」のはずの夜も、密生する草木のために蒸し暑いくらいであった。一年を通して最も寒い時といわれるその夜はまた、あちこちで、平素から修行に励む男女が命懸けで修行に一身を打ち込む一週間で、なかんずく滝行に身を委ねる七夜の峠でもある。

この山道を一巡しかつ往復の道のりを歩くとなれば丸一日はゆうにかかるほど、里から離れたこの山に中井シゲノを来させたものは何であったか、登る道々、私はそれに思いをいたしていた。明治の末から大正にかけて、幼い彼女は大叔母ヤエについてこの山をよじ登った。そして昭和四（一九二九）年頃、白高神が初めて「降りて」から二年後に、彼女は自らこの山を再び歩み始めたのである。この点で彼女は、ひとたび自身の守護神が「稲荷さん」とわかるや、憑依をものにし生業とするに至った者たちの多

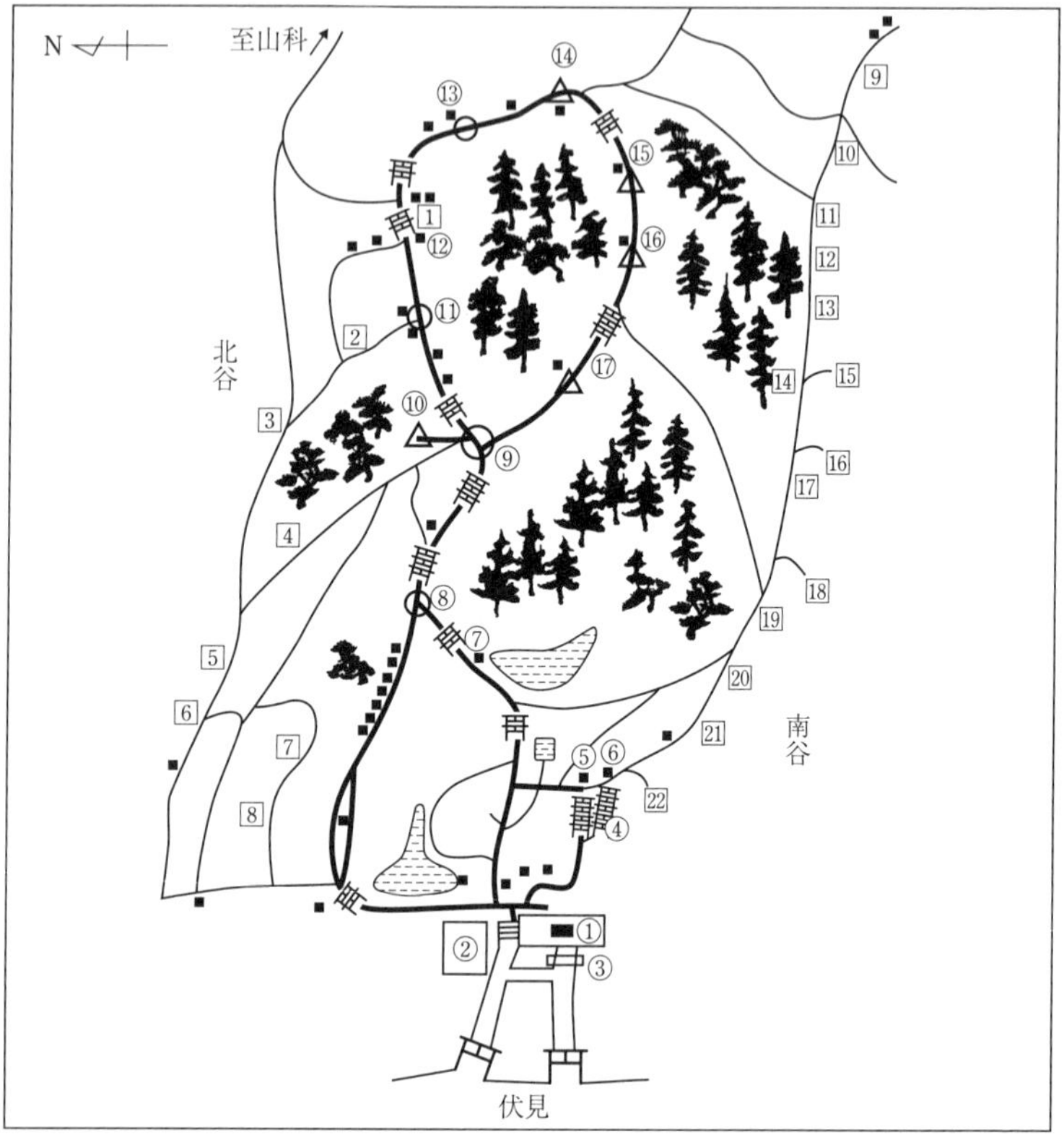

△峯
□滝
池
■社,小祠
奉納鳥居並列
①伏見稲荷大社
②伏見稲荷大社社務所
③伏見稲荷大社門
④千本鳥居
⑤命婦社(みょうぶしゃ)
⑥奥ノ院

⑦熊鷹社(くまたかしゃ)
⑧三つ辻
⑨四つ辻
⑩荒神峯
⑪御善谷(ごぜんだに)
⑫薬力社(やくりきしゃ)
⑬御剣社(みつるぎしゃ)
⑭一の峯,上の社(末広大神)
⑮二の峯,中の社(青木大神)
⑯間の峯,荷田社(かだしゃ)(伊勢大神)
⑰三の峯,下の社(白菊大神)

1薬力の滝
2清明滝
3清滝
4白滝
5お壷滝
6五社滝
7荒木滝
8権太夫滝
9岩滝
10岩竜滝
11末広滝

12御剣滝
13白菊滝
14七面滝
15鳴滝
16真心滝
17青木滝
18熊鷹滝
19弘法滝
20命婦滝
21八嶋滝

地図 4　伏見の稲荷山略図

くと同じ道を歩んだといえる。この時から、京都の南東にある稲荷山は、彼らにとってゆかりの地や拠りどころになり、彼ら自身も「稲荷さん」と、また関西地方では特に「オダイ」――すなわち神と人間にとっての「お代」、あるい神のより憑く「お台」――という名で呼ばれるようになる。このあたりでは、巫女《ふじょ》や巫覡《ふげき》に類する者のうち、稲荷神を祀り、憑依によってその託宣をくだす男女をこのように呼びならわすのである。

信仰の場である他のあまたの山においてと同様、繁盛をもたらす山の神や土地の人々の祖霊が神として崇拝されてきたこの山で、とりわけ稲作の神とオダイの信仰が形を成してゆくためには、民間信仰の豊かな土壌の上に仏教や神道との習合など、歴史上の複雑な事情と様々な条件があいかさなるのであった。[*2] ともあれ、山を修行と神霊との交流の場とするオダイがとりわけこの稲荷山に足を踏み入れるのは事実である。ここでは狐が信仰形成において極めて重要な役を演じたようである。狐は、山の神の権化《ごんげ》とか乗物とか神使といわれ、また日々の糧を恵み与え、田んぼを守るもの、さらにオダイに憑く神とも見なされているが、四〇年ばかり前にはこの山中を群れをなして走っていたらしい。狐ばかりではない。蛇、猪、鳥といった、山にいっそうの縁故ある動物もまた、この異界との媒介者の類いに属するのである。もっともこうしたことはすべて、後にシゲノから聞いた話である。

かくして、守護神がはじめてその姿を現したのがここ稲荷山であった場合を除いて、稲荷のオダイは二つの山と特別な縁をもち、そこへひたむきに参詣を重ねる。二つとはすなわち、神が出現した山――シゲノの場合なら滝寺――と、この伏見の稲荷山である。今日、稲荷山へ定期的に参詣するオダイの数はざっと二〇〇〇に及ぶといわれている。とりわけ京都、大阪といった近辺から来る者が多いが、全国各地から時折でもお参りにくる人々の総数はおそらくこれをはるかに上回ることだろう。京阪近辺の次に多いのは、東京、北日本、九州北部のオダイである。

山参りの頻度はその仕方と同じく各人まちまちであるが、オダイなら誰しも、能《あた》うかぎり稲荷山へのお参りを欠かさぬ時節が一年に二度ある。つまり、一月二一日頃の大寒の週と七月二二日頃の大暑あるいは夏の土用の時期である。このようなわけでその夜は、一年のうち山中の人出の最もはげしい二夜のうちのひとつにあたっていた。

シゲノに出会って以来、私には初めての大寒であった。滝行とはどのように為されるのか、どのようにオダイは修行の然るべき手順と場所を知るのか、オダイが修行に与える意味とは、また修行場の自然条件とは、あるいは身に落ちる滝の重みの実際の衝撃とは、などと自問しながら、滝行の体験についてシゲノにもっと話を聞かせてもらいたいと思っていた。しかし、オダイは日常のようにおこなうこの滝行の体験についてあまり語ろうとしない、ということもまた知っていた。それゆえ、質問する前にまず、山中の滝に修行にくる彼らオダイとともにこの稲荷山へ参ることにしたのである。

稲荷山は二つの世界、石の界と水の界を秘めている。オダイは山を巡るだけでなく、山を彼らの神が「降臨」する目に見える標《しるし》で満たそうと、山の頂上や水の流れ出る渓谷に「おつか」という石碑を林立させた。明治のはじめ、五つの峰それぞれに主神の塚が建てられた。一之峰には末広大神、二之峰には青木大神、三之峰には白菊大神、間之峰には伊勢大神、荒神之峰には権太夫《ごんだゆう》大神、というように。その頃までオダイは木の枝を盛り土に突き立てて塚としていたが、これはやがて消え失せていった。それからは石塚が流行《はや》り、以上の五つの峰の主塚の周りや、南北から下る二つの谷の間に数多くある滝の周囲には、石碑の山が見られるようになった。「大正時代には毎日立てておりました」と山麓の大社の神官は言っている。その頃といえば、シゲノの大叔母でオダイであるヤエの活動が最も盛んな時期であり、二之峰にヤエは二九柱もの神の塚を立てたほどであった。今日では様々な神名を刻まれた石碑が一万以上もあるが、これはオダイの神の数の多さと稲荷山へのオダイの愛着の証である。

山の北側にある薬力《やくりき》の滝以外は、すべての滝は二つの谷に流れ落ちており、総数二〇ばかりに及ぶ。各々の滝の周りにはだいたい円形の行場が設けられ、土や岩を穿った壁を背に、三、四メートルの高さから水が流れ落ちている。梅雨時を除けば、「滝」といえどもかなり細い水の糸にすぎないが、石と樋を配して流れを導き、苔や羊歯《しだ》のむす壁面から十分な間隔を置いて、垂れる水の真下に身を置けるようになっている。これを滝と呼ぶのは不当とするむきもあるかもしれないが、山ではこうした悪口を黙らせるのにお誂《あつら》えむきの逸話がある。滔々《とうとう》と流れ落ちる滝に打たれるのに慣れた一人の男が初めて稲荷山へやって来た折、末広の滝を見て、「何だ、おたくの滝、あれじゃまるで鼠の尻尾だ」などと茶店の主人に大口を叩いた。その男が一時間経っても一向に滝行場から出てくる気配もないのでその身を案じたところ、糸の如き水の下、男は固まってまったく動けず、目を引きつらせていた。そしてこの男を元に戻してやるには行きずりのオダイの験力を要したのだった。末広の神はこれによって御滝の真の力をお示しになられたのであろう……。

四辻に差し掛かった。先を行く人影のうち二人はそのまま御膳谷《ごぜんだに》の方へ歩いていった。私は三人目に続いて左に折れ、荒神之峰を南に向かって下り白滝に至る道をとった。夏の土用ならびに寒行のためにここへ来る際には、白滝と薬力の二つの滝には必ず打たれるとシゲノは言っていた。下りる道々、鞄を腕にかけて上ってくる者二人とすれ違ったが、誰も言葉を交わさない。この寒行というのはしばしば無言参りと結びつくと聞き知っていたが、こうしてお山巡りは皆の言う通り、お祈りの言葉も会話もないまま、方々で赤飯をお供えしながら行われるのである。また普段と違い、すれ違うときに挨拶も交わさない。山はあまり高くもなく最高峰で二〇〇メートル強であるが、一八の小山に大小三〇ばかりの谷、さらに池を併せもつその複雑な地形によって独特の容姿を呈している。それゆえ、夜の一行は、まさしく杉林の深い陰の下、登っては降る小道の迷路を歩き回るのである。

午前零時過ぎであった。白滝まで下りてゆく長い階段もいよいよ残り数歩というころ、滝の向いにある茶店の陰から、白の着物に白の腰巻をした女の姿が鮮やかに浮かび出て、滝行の場に呑まれて消えた。普通、お塚とそれから山麓や山中の茶店に売られていている奉納用の小鳥居の列が縁沿いに並んでいる狭い抜け道を通って、本道の往来から離れた行場に辿り着くのだが、ここでは坂道があまりに狭いためそのようなわけにもいかず、扉のついた板の囲いが滝の神域の境を画している。さきほどそこへ入っていった女は齢四〇ばかりとみえた。女は年上の男と女と一緒であったが、彼ら二人は外に残った。女は戸を開け放した。蛇や龍の頭の形をした突起から、そこまで導かれた水が糸のように流れ落ちていた。女は辺りには石のお塚がぎっしりと並び、その陰からここかしこに鳥居や狐の石像や小祠の屋根が見えていた。女はまず、三本の蠟燭と数本の線香に火をつけ、それを風除けの石の下に立てた。それから御供物として生米、水、塩、酒を供えた。次に滝に向って心経を三度唱えれば、連れの二人も声を合わせる。

女は九字を切り、小声で呪文を唱え、また九字を切った。ついで着物を脱ぐと、滝壺に入った。女はちょうど落ちる水が直接項《うなじ》を打つようにして立っていた。十指は組んでは解き、結んでは解き、行者たちの用いる密教の印文を結んでいた。いまや全身に水が流れ、濡れた腰巻がその身にまといついていた。両の眼は閉じていた。突如、合掌した手が勢いよく頭上に上がり、また下りた。それこそが一般に言う、神が「降りた」徴《しるし》であった。女はなにやら言葉を発したが、私には聞き取れなかった。何回も同じことが繰り返された。この一連の所作を照らしていたのはただ闇に点る二三の街灯の明かりだけであったけれども、この女の一心不乱なさま、冬の夜にもかかわらず女の身体から凄い熱気が立ち昇っているさまは確認できた。しかしながら、年齢あるいは世代の隔たりのせいであろうか、女の乗り移られる様子は外見上、さらに高齢の女たちの場合に比べるとまだ穏やかな方であった。女はなおしばらく聞き取れぬ文句を唱え続けた。連れの二人には聞き取れるようで、一心にその言葉に耳を傾けていた。さて、女は滝壺から出ると、御供物を片付け、服を着替え、行場を去った。おおよそ半時間の行であった。今度は男——ついさっきまで私の前を歩いていた男——の番であった。

女は先を急ぐようだった。おそらく白滝の行場はその夜の長途《ちょうと》の門出にほかならなかったのだろう。病に悩まされ、齢三八にしてオダイとなったある女性は、伏見から三〇キロ近く離れた（京都府）亀岡市近郊の住まいからこの稲荷山に夜のお詣りを毎年しつづけた。訪れた時九二歳であったこの女性は、私に次のように語った。「寒行のために私はいつも終電車で山まで行っておりました。夜の間に三度山を一巡し、二度末広の滝で行《ぎょう》を為《し》まして、最後に麓の稲荷大社にお参りをする頃には夜も明けてくるのでした。滝に身を打たれつつ、その間無心に心経を五度唱えておりますと、神様が降りてくるのでした。

私の次には他の者たちが滝行に臨むのでした。日中の仕事のため始発電車で一旦帰り、翌二晩再び山に赴くというようなことを、私は三三年間、毎年のように続けたのです」。

私は新たに石段を上って再び四つ辻まで出てから、稲荷山で最も高い滝、薬力の滝へ向かった。行く道の左手に茶店があった。その時は閉まっていたが、かつて夜の参詣者たちが滝行の後ここへ寄って一服したり着替えたりしていたのだった。先年、昭和五八（一九八三）年の土用に訪ねた際、店の主人はこう言っていた。

「あれは山一番の滝でして、水は一等清く澄み、遠方からいらっしゃる方などはこの湧き水を水筒や瓶にいっぱい入れて持ち帰り、それで薬を飲まれます。薬力の滝とお塚の手入れは我が家の仕事で、また願い事をする皆様を代表していろいろな神様に毎日お供えをしております。どの峰、どの滝にも茶店がひとつありまして、そこの主人がこうした役目を担っているのです。明治の末ごろまではこういうものがなくて、三世代前、祖父は当時毎日山を登っては、ござに座って参詣する人たちに飲み物を売っておりました。それから仮小屋を建てて毎日そこまで登っていたのです。次の代、つまり父の代になると、その仮小屋を建て替えて一家揃ってそこに住むようになりました。数日間お籠《こも》りをしたいという方のために家の一部を貸していました。私たちは皆、土地を借りるという名目で稲荷大社に借賃を払っておりますが、家は私たちのものなのです。一〇年、二〇年前まではどの店も、寒行や夏の土用の期間中ずっと日夜営業していました。オダイさんや行者さんのなかには二階にお泊りになって精進なさる方々がいらっしゃいましたし、他のお客さんはたいていひと休みして行かれました。立ち寄る人たちは昼も夜も絶え間なく、とりわけ夜は繁くなりました。あの方々は提灯を下げて道中ずっと「施行《せぎょう》、施行、野《の》施行《せぎょう》」と大声を上げながら山を回るのでしたが、それは神さんや白狐《びゃっこ》さんなどに献上するためなのです。また火の行というのがありました。これはお塚の前に座り、あるいは立ったまま、仁王のような形相をして、素手に握った蠟燭が燃え尽きるまで堪えるといったものでした。そして神降ろしの時には、滝行をする彼らの声がひときわ響き渡っておりました。私たちはといえば、この修行の期間中ずっと、寝ずに店を開いていたのです」。

　薬力の滝に着くと、髪を濡らした女が二人、行場へ渡る狭い通路から出てくるところであった。道すがら聞こえてきたのはきっと滝行をしていたこの二人の女の祈りだったのだろう。二人はいましも去ろうとしていたが、同行を願い出た私の頼みを快く聞き入れてくれた。私たちは峰から峰へ尾根づたいに一周する道を辿った。道中幾度も他の参詣者の一行と擦れ違った。先ゆく二人は御剣《みつるぎ》社と末広社の前で歩みを止めた。彼女たちは立ち止まるたびに持参してきた米と酒の御供物を荷から取り出し、小さなお盆の上に載せ、心経と祝詞を唱えながらそれを奉っていた。静まりかえったなか、二人の声は、杉林の間の空地を埋め尽くしている石碑や鳥居の雑然たる山に、反響するどころかかえって消え入るようであった。それが済むと二人はその場を片付けてきれいにするのだった。この一連の所作はいつ終るとも知れなかった。急《せ》く心はいささかもなく、それどころかこうした時の流れはまさに彼女たちが求めて来たもののように思われた。私自身、時間とか場所とかいった観念を忘れていた。日中見慣れた、あの石碑群の隙間をゆく狭き道を確かにみとめるともなく、私は二人について歩いていた。

　一之峰を越えてから、私たちは山腹の急な坂道を下って、南の谷の奥にある末広の滝まで行った。この滝の円形行場は数人が入るのに十分な広さがある。準備ができると、腰巻姿の二人の女は、二本の蠟燭に火を点し、それを奥の岩壁の隅に立てて、不動明王ならびに脇侍の矜迦羅《こんがら》と勢多迦《せいたか》の三像が照らされるようにした。これら三体の仏像はオダイや行者ならば誰しも馴染みのあるものである。二人が準備する間、私は彼女たちと二三言交わしたのだが、二人とも大阪出身で、ひとりは五〇歳位、もうひとりは六〇歳位で、ともに五〇年前から守り神の白龍神を崇めているある男の弟子だと言っていた。彼女たちがこの男に出会ったのは二〇年ばかり前のこと、当時二人とも病を治すのに懸命だったらしい。この男こそ、まさしくここで二人に滝行の仕方を教えた人であった。二人は、月に一度、五、六人の連れとともにここへ来ており、また寒行と夏の土用には、夜、お山巡りをするとのことであった。

二人はまず滝に向かって前後に並び、年下の方が先に立って歩いた。先ゆく女が、あたかも刀を使うかのように右手の二指で九字を切った。と突如、その場に彼女の声が鳴り渡った。彼女は気力の漲《みなぎ》る技で眼前の虚空を一掃したのだ。先刻お塚の前でしていた誦経《ずきょう》とは全くの別物であった。声響くや、彼女の火照《ほて》った体からわずかに湯気が立ち昇るのが見え、その場はさらに異様な空気に包まれていった。桶の水をかぶった後、彼女はまず腰に手を当てた格好で項に滝を受け、つづいて体の各部分を垂れ落ちる水に差し出した。それから改めて滝本に直立し、目を瞑《つむ》った。いまや二人の女は向かい合い、一緒に心経を、つづいて祝詞の五社祓《ごしゃばらい》、中臣《なかとみ》の祓、大道神祇を唱えていた。二人は互いに引き合って、声は高まり、速まって、湯気はますます立ち昇る。二人の声は滝の轟きに合わさり岩壁に反響して鳴り渡るのだった。突如、組んだ手を振り翳《かざ》し、叫んだ――「結構、結構、有難い、有難い」――その声は一段と低くまた強くなっていた。が、すぐさま黙し、極度の緊張状態のまま、さらに何度も手を振り上げた。もはや一言も口にしなかったけれども、彼女の全身は、傍目《はため》にも感じられる、一身に集束した、途轍《とてつ》もない力を放っていた。外見からしかわからなかったが、もう一人の女を襲った緊張を目にして、女の身に神が乗り移ったのだと思った。その状態は二、三分も続かず、徐々に緊張は緩み、女は改めて滝の方を向き、新たに九字を切ると、年上の女と交代した。さきと同様の光景が再現された。

その後、二人の女が私に語ったところによれば、このようにして二人は自分たちの守護神の「言葉」を受け取ることができ、また寒行はこうして神と触れるための絶好の機会なのである。二人が道に出たとき、その足どりに疲労の色はなかった。

ほどなく私は二人と別れた。というのは彼女たちはひととおりお山巡りを為し終え、山麓の大社前に停めた車で大阪へ帰ろうとしていたからである。私はなお、この谷の別の滝をいくつか見て回り、似たような光景に立ちあった。オダイたちや行者たちを見るにつれ、また彼らの話を聞くにつれ、彼らの体、否その一身は、「苦しみ」弱まるどころかかえって鍛えられ、彼らの内の並ならぬ能力が寒行や滝行によって発揮され強調されるということがはっきりとわかった。このことは、以前あらゆる形の「行」について読み聞きしていたものと全く違わなかった。それゆえ「行」の意味するところは、古くから「修行《おこない》」ないし「練習」の意味で受け取られてきたもので、オダイたちが「行」と称しているもののことなのである。そこで、私の見たものをオダイたち自身のなす説明と照らし合せなければならなかった。

私は稲荷山を、麓に憩う稲荷大社の「奥」あるいはその「裏」をなすこの山を後にした。一方には既成宗教という公の面、他方には憑依と修行という陰の世、これら双方が互いにさまざまな作用を及ぼしつつ表裏一体を成している。これが日本の宗教世界の大本ともいうべきものの真の姿なのである。再び広い境内に戻ったとき、依然暗くはあったけれども既に夜明け間近であった。そして日の出とともに、一番乗りの参詣者たちが神社にお参りに現れた。

水の霊力

しばらくたってからのこと、私はこの大寒の夜のことをこと細かにシゲノに語った。

――私の方は、ここ何年か前まで、寒行といえばいつも滝寺のお滝と伏見の稲荷山の白滝へ参っておりましたが、夫を亡くす前の年から大阪で暮らすようになって間もない頃まで、京都の北にある鞍馬山へも寒行をしに行っていました。当初は娘に付き添ってもらいましたが、そのうちに四、五人のお連れができました。私たちは電車で京都まで、それから貴船の麓まで行き、そこから雪道や氷の張った道を登って鞍馬山奥の院の魔王さんに詣でるのでした。大体、極寒の二月八日に発ちまして、鞍馬の山奥に三日、ときには一週間、籠りました。多くの人々がやって来てはすぐさま帰ってゆくのでしたが、私の白高さんはそうした軽薄な振舞いを許しません。行《ぎょう》は絶対でなければならず、限りがあってはならないのでした。私は点《とも》した蠟燭を一本ずつ左右の肘の上に載せて、滝に臨み、手で九字を切りました。すると蠟燭の炎がピュッピュッと燃え立つのでした。一〇年ほど前まではこうしたことが続きましたが。それから手を合わせて滝に打たれます。足には滑らぬよう藁草履をはき、石の上に立ち、蠟燭の燃え尽きるまで冷水を浴びるのです。冷えも、蠟による火傷も感じませんでした。私たちはまた龍王さんの住む池まで足を運びました。山の中には行所《ぎょうしょ》というものがありまして、行者のために藁筵《わらむしろ》を貸してくれるので、私たちも夜はそこを訪れ、山に向かって、軒下に筵を敷かせてもらい、それを寝床としていました。

寒行や夏の土用以外にもまた別の滝へ参って修行いたしておりました。まだ村に居りました時分は、滝寺のお滝での毎日の滝行に加えて、毎月、一〇日に三輪山（奈良県）の滝へ、一二日に伏見の稲荷山の白滝へ、そして一五日には聖天《しょうてん》さん（奈良県宝山寺）の背後に聳《そび》える生駒山にある滝へ、足を伸ばしておりました。

要は、滝行を怠らないことです。村にいる限り、私は毎日お滝へ行きました。大阪に移ってからも、安居天神の境内から歩いてほんの数分、北のところに、清水寺の滝がございましたから、滝行を続けておりました。日中はいいのですけれども、夜は門が閉まってしまうものですから、昼間忙しくなり始めてからは、夜に玉姫さんの隣にある中庭で水行をすることにしました。大きな風呂桶の中には小さな盥《たらい》が六〇ばかりも入っていました。その桶は毎日お手伝いさんがきれいに洗ってくれましたが、思えばここではいつも誰かに付き添ってもらっていました。日中の仕事を済ませてから祈禱も終えると、神様の時間という深夜の一一時から一時まで水行をしておりました。この二時間の間、夏も冬も、例の六〇ばかりの盥の水を頭から被《かぶ》っていたのです。右に三〇回、左側にも三〇回、というようにして。

私にとって行をするということは、力の限り、水を被り、食を断ち、絶対にそれを怠らないことでありました。けれども私には師匠はありませんでした。知っていることはすべて白高さんに教わり、この身ひとつで学んだのです。行や祈禱や祭式などについて誰かに教えを請いたいと思うたびに、決まって「いかんで」と白高さんに止められたのです。——

シゲノは三点を強調して言うのだった。滝行をするための場所を選ぶ際の配慮、滝行それ自体の重要性、さらに彼女自身には一般に教えを伝え受けるべき師がいなかったこと、の三つである。

滝行をすべき地が選ばれるのは、行をすることによってオダイとその土地の神々との間にある特別な縁が生まれるからである。日々滝行を修めるのは、オダイの守護神がはじめて「降臨」した地であり、まさしくそこでまず己が神を崇めるのである。とすれば、伏見の稲荷山へお参りするオダイたちの場合のように、稲荷を守護神とするオダイはまず神と縁のあるこの山を選んで行をしはじめるとおもわれるが、シゲノはさほど稲荷と関係のない山々にも通っている。これは珍しいことではない。シゲノが通う三輪山や生駒山の滝は実際、奈良の平野に暮らし、滝行をする男女が、信仰や宗教的所属の違いはあれともかく滝に打たれようと足繁く通う滝の名所なのである。時代を通じて民間信仰の中心地であるこの両山は、祀られた神仏の放つ威光と霊力によって民衆を惹きつけている。神道の地、三輪山の大神－蛇神、また修験道ゆかりの地、生駒山にある宝山寺《ほうざんじ》の不動明王ならびに大聖歓喜天《だいしょうかんぎてん》（聖天《しょうてん》）がそれである。いまひとつ修験道の旧霊山たる鞍馬山は、京都北部の要所の一つで、とりわけ大寒の時節には日本各地から行者が参詣する。いかめしく突っ立つ毘沙門天《びしゃもんてん》の背後には、池に住まうという龍に因《ちな》んだ水信仰や、また魔王さんを始めとしてさまざまな面をあわせもつ山の神に因んだ火信仰が、山中密やかに根付いている。鞍馬山の鬱蒼たる杉の森の奥深く、神々のために供えられた食物や花々の絶える日はない。

行場の選択におけるこのような折衷的な幅の広さは、稲荷のオダイが実は広範にわたる行者であることを示しており、またオダイがその御許《おもと》で滝行をする神々の信仰がいかに多様で、かつ古くに遡るものであるかを物語っている。それにまた、オダイが体――移動する道具であるとともに神々の降りてくる器――をいかにはたらかせなければならないかということをしめしている。

師を持たないというのは稀ではあるが、なにもシゲノに限ったことではないようである。同じことを言っていたオダイも幾人かいたし、他にも、師につくようになったのは、滝行をしている身に初めて守護神の降神があってからのことだと認める者もあった。滝行の場ではあらゆる人が行き交うので、本来の意味で伝授とは言えないにしても、見様見真似で滝行の仕方を覚えることもありうるだろう。シゲノ自身、大叔母の「所行を見ながら」学ぶところが多かったと言っていた。こうしたことから、オダイの滝行は一般的に言って単純なもので、なにか特別な教えを必要とするようなややこしい法式はなく、それゆえ自分自身の体験以外になんの指導も受けないまま実際に滝行を体得するまでになる者も少なくない、ということがわかる。

写真7　伏見稲荷山　お塚群と鳥居

私はシゲノに、滝行にはどのような効果があり、滝に打たれる身には何が起こっているのかを尋ねた。

――白高さんにオダイの心得を教わったのは寒行の最中のことでありまして、昭和一〇年の正月中には鳴護摩《なりごま》の仕方を覚えましたが、火護摩の紙天《してん》を切るこつを呑み込むには寒行を一回と夏の土用を二度経なければなりませんでした。寒行の最中には、山の神さんを「見る」こともありました。鞍馬の魔王さんでのことですが、点《とも》した蠟燭を両肘の上に立てて滝に打たれながら全身全霊で行をしておりますと、本当におかしな足取りでトットコタンと石から石へ飛び移ってゆく魔王さんの姿が「見えた」のです。七つ八つの少年といった態《てい》で、両足で本当に楽しそうに遊んでいました。ポ、ポ、ポと飛び跳ねたり、パン、パン、パン、ウアット、と手を叩いたり、ぱっと宙に跳び上がったりと。その間、私は心経を唱えていたのですけれども……。また滝寺のお滝へゆけば、白高さんが見えました。

たびたびとんでもないことが起こります。たとえば、私が滝に向かって九字をして滝を「切る」と、水が飛び散るのです。こんなことのできる人はほかにいると聞いたことがない。私は目が見えないので確かめることができないけれども、その場に居る人々は水が飛び散るとしばしば言うのです。

ですが、桶の水を何杯も頭からかぶったり、とめどなく流れ落ちる滝に打たれたりすることが、実際にどのような結果をもたらすのかは分かりません。単に脳の中の血のめぐりが異常によくなるだけなのかも知れません。それで頭が冴えるのでしょうか。ともかく確かなことは、日課の滝行をしている間には、驚くほど正確に、翌日、翌々日に起こることがすべて先に分かってしまったのです。――

以上のシゲノの言葉は、これまで滝行について聞く機会があったなかでももっとも簡明直截な返答であり、またより日常性と現代性をおびた型破りな定義であった。その言葉には、決して事実を神秘のベールや何らかの教義の陰に隠そうとしない、シゲノの人柄がそのまま映し出されていた。彼女は、もっぱら自身の個人的体験を唯一の知の源泉としてあてにしようと常に努めてきたという点で、私の知り合った他の何人かの女性のオダイと共通していた。シゲノは重ね重ね私にこう語った。「私のたった一つの気がかりは、これまで私のしてきた唯一つのことといえば、どうやって私自身生き長らえて三人の子供を幸せにするか、それればかり思って必死に探し求めてきたのです。私の思うことも白高さんに教わったことも、実にたった一つの同じことなのです」。

驚いたことに、シゲノの話を聞けば聞くほど、もっぱら白高の教えに拠るという彼女の方針が、古今にわたる行者たちのならいに通じるものであることが分かってくるのだった……。異なっていたのは、いかなるドグマにもとらわれない彼女のものの見方、自身を省みるその仕方であった。

滝行に関していえば、一般にそれは常に「清《きよ》め」という観念を打ち出すものであった。他のオダイたちに尋ねると、皆一様にそのような耳慣れた見解を述べるのだった。

「滝行をしてわが身の穢れを清め、そうして他の人々を助けられるのです」と亀岡のオダイである老齢の女性は言っていた。

「行を積むことによって霊感を授かり、さらにその霊感が強まってゆくのです」と末広の滝へ同伴した二人の女性のうちの一人は言っていた。

「私が霊感を授かり、この身にはじめて守護神が降りてこられたのは、伏見の稲荷山にある弘法の滝の下でのことでした」とは修験道ゆかりのありとあらゆる山で滝行をしていたある男の言である。

ある若い行者は、滝へ入る際のオダイたちの作法、彼に言わせれば、あまりになってないその作法に異を唱えていた。

「滝に打たれるとき「結構、結構、有難い」などと叫ぶとは粗野です。そんなのは自分の神がもっとも優れていると決め込んで他に何も知ろうとしないオダイのすることでして、その程度の器なのです。本当に神が降りて来られるときにはそんな言葉は出てきやしません。身に覚えるのは光なのです。私の師匠が滝本で両の手を振り上げるときには、守護神の金龍と一体となったその体は光を放っています。けれどもそうなるためにはまず滝行によって身を清める必要があるのです」。

これらすべての信念の背後には、古くからの水の力への信仰があるのだった。水による清めには、日本では憑依とおなじほど長い歴史がある。これらはともに記紀神話のなかに見られるが、これは「穢れ」と「清め」、「不浄」と「浄」という両極の境目をなし、一方から他方へ移るための方法にほかならない。これらの観念に少しだけ触れると、肝心な問題がみえてくる。つまり、滝行がかくもオダイたちに広まったのはなぜか、という問いである。

古人にとって、また今の人にとっても、いたるところに穢《けが》れはある。死、出産、月経および流血といったものがその主な原因とされている。が、単にこの世に生きてあるというだけで、それに必然的に伴う穢れを生み出しているのである。穢れというものは、人のこころに及ぶもので、人の世の基礎でもある神の世界、つまり清らかなる次元に近づく妨げとなるゆえ、恐るべきものとみなされている。浄と穢れという言葉は、実際に「よごれ」ているか否かということでなく、さらに複雑な有り様を示している。穢れ－清め－浄という三相はひとつながりになって、内に秘められた生命力や精力が衰えてはまた蘇る、その周期を回っているのである。ここにおいて清めは一方の状態から他方へ移るバネの役割を果たしている。いっぽう今日の日常においてかなり単純化した清めを必要とするのは、清らかとされている場所（社寺、霊山）へ入る際や不浄と考えられている場（墓地）や時（葬式、出産）から出る際である。が、町や村の神社で年中行事のはじめに欠かせない潔斎《けっさい》は、一年の節目ともなっている。この場合、神官か共同体を代表する責任者がおこなうこともあれば、住民全員が大晦日《おおみそか》の夜に川や海に入る場合もある。水で身を祓い清めることを一般に禊《みそぎ》という。

物質である身体を水で洗ったり、水中に沈めたりすることによって魂を清めるという行為は古い呪法のように思われる。それゆえに禊は永く続いているのかもしれない。ここ日本では、誰であっても、「洗う」という観念が、複雑な意味合いをこめられて「清める」という観念に堅く結びついていると言っても過言ではないだろう。シゲノや他のオダイたちは滝行のことを清めの行為としてあまり事上《ことあ》げしない。しかしこれは自明のことであって、彼らがこの意味を離れて滝行をしていると結論すべきではない。むしろ彼らの特徴は、滝行を神道や仏教の練り上げられた教義で飾るのと反対に、この修行を理論化しようとしないことである。

このようにオダイたちの滝行を考えると、滝行は、穢れのない者だけが入れる霊山へ足を踏み入れる前に欠かすことのできない、集中的な禊のようなものに見える。またオダイたちがこの行を通じて彼らの守護神と出会い、霊感を得ることを自ら認めていることから、彼らの滝行もまた永い伝統に連なる、その単純な一形態であるとわかる。滝行が精練されたのは、山岳修行をおこなってきた修験者の手によってである。山に在《まし》すといわれる神々への信仰を起源とする修験道は、民俗宗教の様々な修行形態を育んだ。オダイが山奥に入る時、シゲノが滝寺に独り籠もる時、この修験道の根底にある考え方と全く一致しているのである。それはすなわち、木々や水、松吹く風、それらを抱える山自体が神仏の顕《あらわ》れた姿であり、またこのような空間のなかで修行することによってのみ真に「清められる」――つまり常人は儀礼的観念的にいったん死に、霊魂が山に鎮まることで、神仏と一体になる。これが諸修行の究極目標であり、その結果「霊力」が獲られる――というものである。修験道では、山内は他界にみなされ、山での修行という峯入り、入峯《にゅうぶ》の目的は即身成仏、即身即仏とされている。そのためには体を鍛錬し、心身の日常の限界を超えられるようでなければならない。

修験道の数ある修行のうち、滝行は峯入り(大峰では「奥駈《おくが》け」)とならんでもっとも名高い修行である。そしてこの行の極まるところ、霊場の典型とされたのは、なかんずく玉姫神社の由来をもつ紀伊国の南、熊野の那智の滝である。高度一三三メートルの絶壁から落ちる那智の滝は、盛大な火祭りや観音菩薩の顕現として名の知れた山の主、飛瀧権現の住まうところとして崇められている。那智山は、修験道の大峰奥駈け修行の南端であり、歴史的な要所の一つである。一〇世紀以来、神仏習合体系のもとで、那智の社僧[*3]であった瀧衆、修験たちは、一〇〇日あるいは一〇〇〇日の滝行をしに他所からやってくる者を指導する、一山の複雑な組織の中心であった。断食、山籠、山奥の四八の滝巡り、滝行、それらは厳しい規則によって定められていた。那智山の奥に入る者は、神秘の世界に足を踏み入れ、俗界との縁を切るのであった。そして壮大な象徴体系でもあるこの山奥へと導かれた者は、神仏の御名とその在《あ》り処《か》、さらに神仏と接触するまでの道を教えられるのであった。高名な行者をはじめ無名の多くの者たちがこの掟に従った。そして彼らはこの伝統を各地に広めて、方々に存在していた修行を統合した。今日のオダイや行者たちの修行が立脚するのは、この共通の土台、滝行というものの認識である。那智の滝行の複雑さに比べれば、オダイたちの修行は単純なもののようにみえる。しかし、彼女たちの生きた証言は、たとえ僅かでも、このうえなく貴重なものである。確かに、那智へ立ち寄ったものが時には滝行の厳しさを詠んだ和歌を残しもしたし、古くは極秘口伝であった*4いくつかの掟が今日ではわかるようになった。しかし、滝に打たれた者が何を見、何を感じたのか、それは決して充分に語られてはいないのである。

今日なお那智山へ巡礼する人は絶えないが、かつて滝行の指導をしていた社僧たちの組織は、明治の神仏分離の押し寄せる波に呑まれて消え失せた。しかしこの頃でさえ、那智にひとり籠もって一〇〇〇日の行を修めた者が幾人かいる。*5また今日でも一年のうちの特定の時期には、訪れる行者たちの声が、滝の轟きを越えて響きわたるのがときおり聞かれる。冬の滝行を中心とする那智修験も青岸渡寺の副住職によって一九九二（平成四）年に復興された。滝行のために山々を来訪する滝行者は、滝行が幾つかの地に確かに結びついており、その縁は人間社会の栄枯盛衰を乗り越えて今日にいたるまで続いていることを明らかにしている。

「三年の修行すれば、子供とともに暮らすようにしてやる」

大阪の玉姫社までシゲノを導いた夢のお告げの一節である。さらに「自分自身の神様への裏切りが一切の不幸の因《もと》だ」というお告げの言葉はどういう意味なのか、シゲノは安居天神の宮司に尋ねてみなければならなかった。夢のお告げに導かれて大阪へ来たことは、彼女にとって単に運命がひっくり返っただけでなく、その変化は物事の理解の仕方にまで及んだ。彼女は、自分以外の誰にも起こらなかったことの責任を人のせいにできようはずがないという自明の理に直面した。神様に一身を捧げなければならないということをなかなか認められなかったのは、ほかでもない自分自身であった。オダイとしての彼女の特徴は、神へのお勤めと農婦あるいは母親としての務めとに二分された生活を断念し、もっぱら神事に専心しようと決意するに至るためには、第二の守護神である玉姫が降りてくるのが必要だったことであった。それには、夫を亡くしてから彼女が村で受けた社会的圧力が一つの大きな動因であった。シゲノの事例はオダイとなった人々のうちでも極端なケースといえる。

シゲノが夢のお告げを明かした時、安居天神の宮司が「裏切り」について彼なりの解釈を控えたのは、シゲノの人となりを感じとったからであろうか。確かに、彼女は神様の命令、すなわち自分自身の内から聞こえてくる声にしか耳を貸さないだろうと思われた。

そしてお告げの後すぐさま起きた諸々の出来事によって、彼女の変容は間違いないと確認された。シゲノは即座に玉姫神社を見つけ、その日に彼女の運命は定まったのである。

この日から、行《ぎょう》に取り組む彼女の姿勢も変わった。自らの運命を前につつましやかになり、シゲノはある別の次元に達した。つまり神に身を捧げることが自分のなすべき一切であるとわかった以上、彼女はそのようにして行を果たすことになった。彼女は昭和二（一九二七）年からすでに滝行に励んでいたが、この行は断たれることなく激しさを増した。大阪ではやむなく滝行の代わりに毎晩水行をしたが、彼女は月に一度滝寺や三輪山、生駒山、稲荷山といった行場へゆき、それらの山での滝行をできる限り続けた。

諸霊山に詣でる彼女の足数は増えはじめた。月に一度のお参りに加えて、年に一度、奈良の生駒南部にある信貴山《しぎさん》や、弘法大師のお墓を参りに高野山に参拝した。昭和一二（一九三七）年とその翌年、シゲノは霊峰、長野県の木曾御嶽《おんたけ》に登った。時を経て、昭和五〇（一九七五）年に彼女は再びこの山へ赴くことになる。その折は荷物持ちに助けられて難所を乗り切ることになるのだが、この時の登山では、崖の崩れた険しい道も杖にすがってよじ登った。彼女はまた、同じく戸隠山《とがくし》（長野県）の龍神の祀られてある霊場に幾度も足を運んだ。大阪の信者も増えてきて、彼女がこうした旅に出る時にはいつも四、五人のお供を連れていた。長い道のりは電車に乗り、そのほかは白装束に草鞋《わらじ》姿で歩いて行った。命じられた三年の行が過ぎてからも、彼女はこの遠方のお参りを止めることなく重ねた。昭和二九（一九五四）年以来、毎年七月一八日にシゲノは熊野本宮の背後に聳える船玉山《せんぎょく》の麓の玉姫神社に詣でた。その年、本宮の熊野坐《くまのにます》神社の宮司から、大阪の玉姫社に玉姫の神体として安置するようにと、白石をひとつ頂戴した。それ以降、彼女は毎年、一七日に大阪を発ち、まず新宮の熊野速玉《くまのはやたま》大社へ参り、その後、那智山、本宮を越えて船玉山の麓に至るという道のりを行くようになったのである。

「去年で、熊野の玉姫社参りは三〇回目となりました」。昭和五九（一九八四）年に会った時、シゲノは私にこう言った。「三〇年間、毎年お参りしました。どんなことがあろうとこの熊野詣は欠かしませんでした。体調があまり優れなくても、連れの者がいなくても、お財布の中がさびしくても、そうしたことのためにお参りを止そうなどとは決して思いませんでした。去年で、発願《ほつがん》した通り三〇回の参詣を成就いたしました。それぞれの神さんの御前で、たとえそこがあまり広くなくても、常にお祀りをすることはできました。以前、熊野へのお参りもこれが最後だろうなどと言っておりましたけれども、結局のところ今年もまたあちらへ行くことに決めました。三〇回の玉姫社参りを無事に成し遂げられたことを感謝しに行くのです」。

熊野にて、シゲノは音無川の滝に入る。その時期は梅雨で水嵩が増している。次いで玉姫社の前でお祀りをする。木造の玉姫社と船玉社は、森の湿りけに浸ってこのさびしい山奥に隠れてしまっているのだが、定期的に訪れる彼女のおかげでしっかりと保たれている。

昭和三八（一九六三）年、彼女はまた、弘法大師信仰の霊所として名高い四国八十八カ所の札所を巡った。滝行といえば那智というように、遍路といえば四国である。一二〇〇キロメートルの道程を、さまざまな信条や目的をもった遍路たちが、弘法大師の足跡を辿って寺から寺へと歩くのである。シゲノはこの山間の道のりを徒歩で行き、交通の便のあるところはバスに乗った。

シゲノの定期的な参詣はこのように、滝寺と玉姫社に始まり、まず近辺の有名な霊場を回って、次いで日本有数の行場の中心地へ向かうというものだった。この点で彼女は、他のオダイたちや行者たち、さらにいつの時代の人々でもみな行っていた形で巡礼していた。ただ、彼女にとって、それは終わりのないものであった。八〇の齢を越えてなお、彼女は歩き続けていた。

歩き続けていく一方、彼女はまた座行《ざぎょう》をなし、不動のまま、集中する。神殿を前に正座し、あらかじめ一定の時間座ることもあれば、白高や玉姫からお告げを得られるまで座り続けることもある。彼女は一日も欠かすことなく座行をしたが、大阪に暮らし始めて三年の間は、いっそう激しくこの行に打ち込んだ。

――そのころ私は百日座行をしておりました。玉姫の社殿を前に座り続けておりました。部屋は一緒にお祈りしに来る人々でいつもいっぱいでした。あとに道場が建てられてからは、その百日間、一五人を下回ることは一度もなく、時には三〇人ばかりになることもありました。百日座行の間、私は神さんを「見」、列座した人々は私の口を通して発した言葉を集めるのでした。――

この点でもまた、ただ白高の命令だけに従って修行をしてきたと繰り返すシゲノも、他のオダイがみな等しく行う修行から逸脱するようなことをしているわけではない。ところがある日、白高は異常なことを求めた。

――昭和一六（一九四一）年の初めに、白高さんは私に償いの行をせよと命じられました。神さまに捧げるべき身でありながら、結婚していた報いなのです。高野山へ参らねばなりませんでした。出立しましたのは三月のことでありまして、山は冷えておりました。やがて小さな石橋に着きました。その橋を渡れば奥の院に至り、弘法大師の墓前に出ます。これより先へ進むためにはどうしてもこの橋を渡る必要があるのですが、私は橋の一歩手前で足を止め、道を妨げるような格好で敷石の上に身を横たえました。そこでわが身を一〇〇人の人に跨がせるよう、白高さんに命じられていたのです。けれども、そこへ差し掛かったお遍路《へんろ》さんの誰ひとりとして、赤袴を身に着けたこの私を跨ぐことをしようとはしませんでした。私の身を侮辱するようなことをするくらいなら――まさしくそれが是非とも必要だったのですけれど――遍路を諦めたほうがまだましだという人たちばかりでした。連れの者がひざまずき、神さまの御言いつけですからなにとぞ、と懇願しても甲斐のないことでした。他人の心を変えるすべはなく、かといって神さまの命令を果たさずに帰ることもできない。私はじっとしたまま、時は過ぎてゆきました。ついに、私の頼みに応じてこの身を跨いでくれたのは、小学生たちでした。――

シゲノは、身をもってするその苦行が、白高に身を捧げる以前の自分の生き方への「償い」であると明言していた。彼女のこの一言は、以上みてきた修行の二面性をしめすものである。つまり、修行の道具たる身体、また修行の場たる自然との関わりの二重のありかたである。

ひっきりなしに、歩いたり、正座や直立の姿勢を長時間続けたり、またたび重なる不眠の行によって、体は休みなく使われ、事実、酷使されている。しかしながら、オダイや行者の目的とするところは、体を弱らせることではなく、逆にその潜在力を限界点まで伸ばすことなのである。こうして、冷水に浸かりながらもその身は熱くなる。「滝に打たれて、寒さを覚えたためしはありません」と、彼らは皆一様に言うのだった。空腹、疲労、眠気の限界は絶えず更新されるのである。こうしてみると、体を酷使しこれを統御しようとするのは、内なる集中力を極めて、その結果憑依の体験に耐えうるようにするためである。そして、苦行によってオダイが「清め」ようとしているものとは、シゲノの話に見られるように、常人としての自分なのである。

この第一面に対して第二面とは、修行のために選ばれる場所にまつわるものである。山中に入るとき、オダイたちは、俗世界を離れて各々のわずらいを去り、人の世の歴史や文化からも身を離そうとするだろう。ところで、彼らが修行を積む場は概して風光明媚な自然の中であるが、彼らが接触しようとするのは自然それ自体ではなく、自然のなかに宿る神々なのである。それゆえ、これらに利用する「自然の場」はどこでもよいというものではない。これは代々の行者によって、独特の文化や歴史を背負っている土地なのである。

こうして、身体と自然という物質的なもの同士の出会いと思われるものが、常に別の次元をもっていることが明らかになる。修行の場と身体とは、物質界と非物質界との間にあって二界の境をなす空間をなし、両者の重なるこの特別な空間において、ある異次元に、オダイたちが神の世と名づける異界に、接するのである。

これについて修験道には秘伝の数々がつたえられてきたが、シゲノは自身の経験に基づく知識しかもたないと認めていた。白高の命令と彼女が称していたもののほかには、彼女にとって自らの行いを正当化しうるようなものは何ひとつなかったのである。彼女はそれゆえ宗教職能者の立場の一つの極に立っていた。これは特に女性に多いタイプだが、自分たちが経験する修行および憑依が、既成宗教（仏教、神道、その他）の一流派の教義や権威に準拠しない、あるいは最小限の形でしかしない者たちである。オダイたちの所行を厳しく批判したあの行者の前述の言葉は、それゆえなのであろう。けれども逆に、こうした修行の素朴なあり方は、オダイの体験自体の信憑性を保証するものと見ることもできる。確かに、自分で確かめられる験力の事象こそが、なによりもまず、オダイのまわりに信者を引き寄せるものである。人々は霊験を求めるものである。苦しみを癒すこともできない教義よりも、修行によってえられたとみなされている霊力のほうがありがたい。時に信者たちは、オダイがしめす憑依現象を目の前にして恐れることもあるが、しかしまたこれこそ彼らにとって憑依を正当化するものにもなる。ところで、信者の存在は必須のものである。というのは、シゲノが経験したように、信者がいて、その依頼に応えようとすることによって、オダイは神降ろしや巫術を修得し、受け身的に「取り憑かれた」時期を脱することができるのだから。信者はまた、オダイの暮らしを支える収入源をもたらす。シゲノが大阪へいってはじめて知ったように。

＊1　地図4「伏見の稲荷山略図」（74ページ）参照。
＊2　稲荷山の信仰形成の歴史と現状や伏見の稲荷山と稲荷巫者については、五来重編『稲荷信仰の研究』（一九八五）参照（以下の参考文献はⅳページ以降の参考文献参照）。
＊3　明治時代まで、那智山には社僧のみによって形成されていた独特の組織形態が一山を管理していた。

＊4　修験道の基本的な掟では、山の修行が終わった後、山内で行われたことは一切他言または書いてはならないのであった。

＊5　那智で長年の滝修行をした一人の行者、林実利《じつかが》（天保一四—明治一七年）は、一生の修行を終えて、明治一七（一八八四）年に那智大滝の上から飛び込んで捨身した。ブッシィ『捨身行者実利の修験道』（一九七七）参照。

5　仲立ちの世界にて

金《かね》の御嶽《みたけ》にある巫女《みこ》の。打つ鼓、打ち上げ打ち下ろし面白や、我等も参らばや、ていとんとうとも響き鳴れ、〳〵。打つ鼓、如何に打てばか此音《ね》の絶えせざるらむ。

――『梁塵秘抄』二六五（一二世紀）

龍の尾と滝寺の道場

昭和五八（一九八三）年の一二月のこと、中井シゲノは、同月一八日、滝寺にて行われるその年最後の月次祭に一緒に参らないかと私を誘った。彼女の生地、村のやや北の方に、川を越えて滝寺に通じる土道があるのだが、当日、その道端に娘ともうひとりの女性を連れてシゲノが私を待っていた。三人は大阪の天王寺から電車で富雄駅まで行き、そこからタクシーに乗って今しがた着いたとのことだった。曇った寒い朝であった。シゲノは、娘の腕をかり、杖をつき、畦道を先に歩いていた。この時季、田んぼは、刈り入れの済んだあと、黄色っぽい稲の切り株がならんでいるだけで、雑草の茂る畦道で仕切られた水気のない平面がただ延々と広がっていた。緩やかな段々畑が西の空を縁取る丘陵まで続いていた。滝寺とお滝はその緑の中に潜んでいた。その景色は一見時間とは無縁であるかのようだったが、都会化が両側からこの自然ゆたかな地帯にせまっているのも事実であった。丘の西方には、喧騒の巷の大阪が生駒山の麓を包み囲んでおり、東方には、住宅街の団地がここかしこに立ち現れている。けれども、これこそ、この土地の運命ではないかとも思われる。というのも、既に八世紀には、奈良盆地の北部、碁盤目状に大路が走っている平城京がこの地にまで及んでいたからである。

道を進みつづけて森のはずれに至った。「白高大神《しらたかおおかみ》」をしるした鳥居が滝寺の境内の入り口にたっていた。滝寺は、一方には開かれた里と田畑と、他方には茂った森に覆われている丘との間、境界的で別の空間をなしている。他の集落と同様に、古くから信仰されている神々の神域とされたこの薄暗い場所は、人の住んでいるところに対して、人界と他界を結ぶ「奥」である。シゲノはここを「山」と呼んでいた。

丘をひとつ越えると、池の右のほとりに出た。池の周りを隙間なく囲んでいる木々が、外部からの目を一切遮断していた。耕作期を通じて、この池の水が、今しがた私たちの通ってきた田畑一体を潤すのだが、お滝の水の流れ込む先もまたこの池である。向こう岸に滝寺の道場があると、シゲノは私に言った。

——お滝は、この道にはいってから、私の守護神白高さんを祀る本拠でありました。ですから、大阪に着いてから、滝寺で何かしなくてはと思ったのです。昭和一一（一九三六）年に、まず私はお塚を建てることから始めました。これからお参りするお滝の傍とその付近にもあります。また、皆さんがお祀りにきてくれるような場所もほしかった。その頃から信者たちの数も多くなっておりましたから。一緒に大阪から来ている人々もあれば、村の皆さんもいまして、大阪の者にとってここは玉姫さんゆかりの地でしたが、村の人々にとっては昔から白高さんゆかりの地なのでした。村人は口をそろえて、「あの娘さん、目がみえなくなったあの娘さんに白高さんが憑いた」と言っておりましたし、村中にこうした評判がたっていました。村の家一〇軒ほどが集まって白高講を起こすまでになりました。彼らは、お祀りに使うお米をとる「神田《かみのた》」を耕してくれるのです。ところで、池の上のほうに平らなところがあって、そこに昭和一二（一九三七）年に、竈のついた土間、六畳と八畳の二間の小屋を建てました。その小屋が狭くなった時、昭和三六（一九六一）年に同じ所にもうひとまわり大きいのを建て直しました。それが最初の道場でした。雨をよけられる程度のほんのささやかな造りでして、すぐ傷んで駄目になりました。それで、五〇人が入れるぐらいの新しい道場を、こんどは池の下に建てようということになりました。ところが、この新しい道場を建てようという頃、弁天《べんてん》さんの事件がございました。

弁天さんというのは滝寺の一番えらい神さんでして、池の主、龍王さんでもあります。白高さんより位は上です。池のほとりにこの神さんをお祀りする石の祠がございます。これは私が幼いころに耳にしたものです。むかし、初夏の旧六月の末に、田畑仕事をはじめる前、この祠にお神酒《みき》をお供えしてお祀りをしたものでした。よく覚えております。けれども、私が大阪に発ち、大叔母《おばあさん》が世を去ってからは、このお祀りをして、一瓶か二瓶のお酒を池に注ぎ供えるような人はいなくなりました。大叔

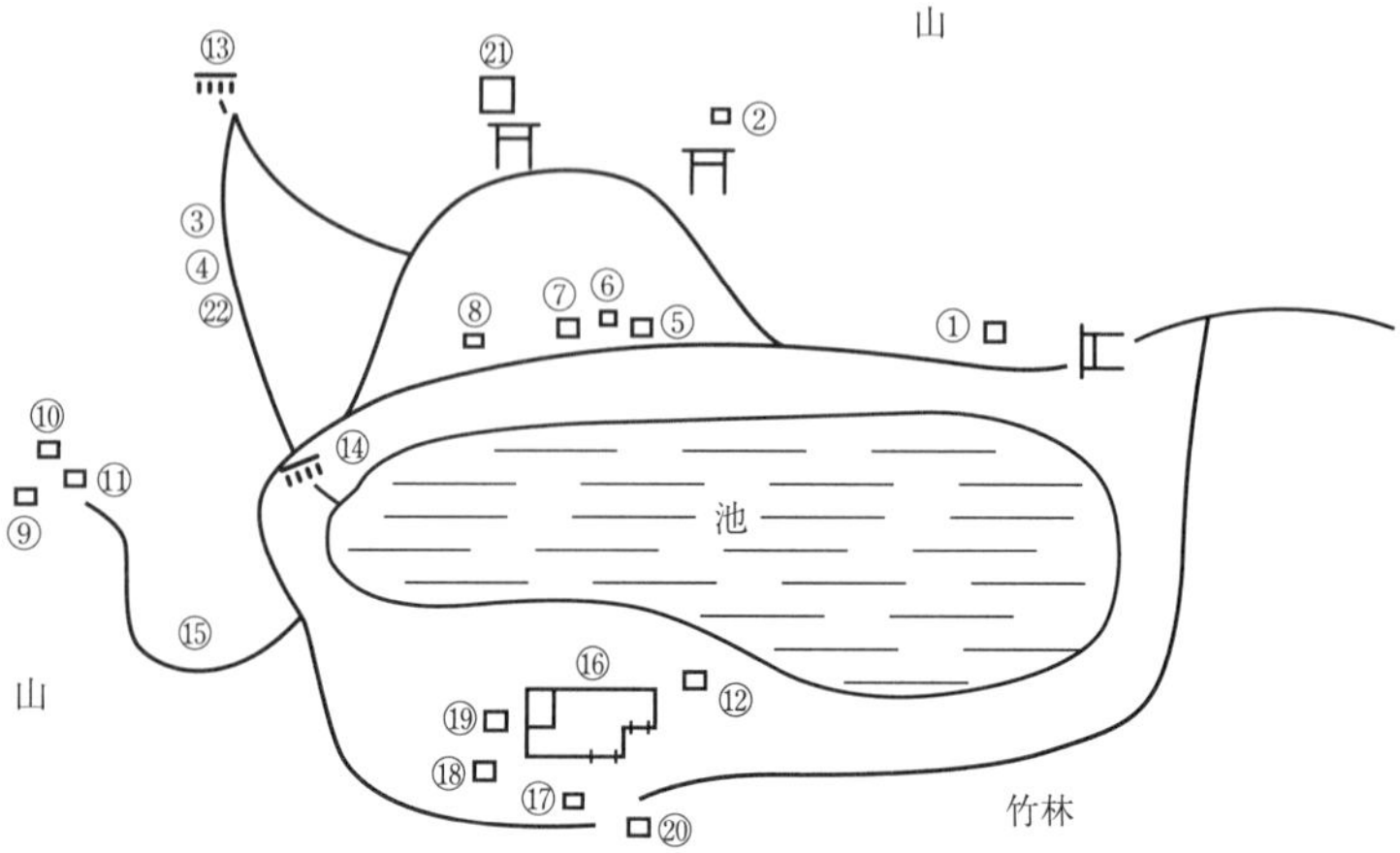

お塚

- ① 八永姫大神
- ② 大白大明神 / 滝川古女郎大明神 / 八千才大明神
- ③ 八達大神 / 古女郎大神（昭和十一年建立）/ 白龍大神
- ④ 三津峯大神
- ⑤ 白龍大神
- ⑥ 豊川大神
- ⑦ 幸光大神
- ⑧ 天白大神 / 古女郎大神 / 白高法師 / 白龍大神 / 榎木大神
- ⑨ 玉女大神
- ⑩ 弁天龍姫大神 / 玉姫稲荷大神 / 天白龍姫大神
- ⑪ 白高大神
- ⑫ 弁天龍王大神

- ⑬ 滝行場 / 永眼不動明王像
- ⑭ 小滝行場
- ⑮ 滝谷千手観音像
- ⑯ 玉姫教会道場
- ⑰ 日切地蔵像
- ⑱ 末広大神小祠
- ⑲ 弁天龍王大神小祠
- ⑳ 五社大神小祠
- ㉑ 他の教会
- ㉒ ㉑に属する塚三基

地図 5　奈良県・滝寺の行場，玉姫教会と弁天龍王の池（1995 年までの状態）

母がお祀りをしていた頃からすでに、「そんなことをして一体どなたが喜ぶものかしらん」と笑うものがありましたが、大叔母の方はものともせずに、「弁天さんにお供えするのです」と流しておりました。そして、彼女がお神酒を池に注いでいる最中、池の水がふぁー、ふぁーと細波《さざなみ》を立てて沸き立つのでしたが、そのことも鮮明に覚えております。「池の神さまとやらをでっち上げたのはあの女だ、独り言《ご》ちてる」などと言う人もありましたけれども、そんなことはありえません。弁天龍王さんは確かに池の神さまなのです。みなそれを忘れてしまっただけです。

今の道場のあるところは昔は田んぼでした。秋の穫り入れが済んでまもなく、この田んぼの土地に新しい道場を建てようとみんなが言い出しました。でも、この話が出てから一年か二年経っても、何ひとつ進んでいませんでした。火護摩はちゃんとやって、大工の親方は設計図を描きあげていたのに、どういうわけか、行き詰まっていたのです。実を言うと、私自身、この話には気が進まないのでした。ある日、私はこの場所に道場を建てるのには気乗りがしないと言いました。と、神さんも私の口を通して「やめよ」とおっしゃった。そのわけを伺うと神さんは、「ここには、弁才天龍王の尻尾がある。頭は霊山寺《れいざんじ》＊1にある。この地域全体に神さんは住んで、この土地をまもっている。万一、工事中、神さんの尻尾を誰か誤って切ったら、大変な事になる」と言いました。これを聞いて、工事に携わっていた者たちはみな、「その神さんの尻尾がどこにあるかなんて分かるはずがない。ひとつ間違えば、神さんのお怒りに触れる、ああ怖ろしや。そんな危ないことは御免だ」と言って手を引くのでした。それでも、弁才天龍王さんに危害を加えることなしに、道場を建てる方法はないものかと、私はあらためて伺いました。御答えによれば、某日から某日まで龍王さんはこの地からその尻尾をひくとのこと。

けれども土地を乱す代わりにまず池の土手に龍王さんを祀るお塚を立てるべきこと、そうすればその翌《あく》る日から万事順調にいくだろうとのことでした。
早速お塚を立て、お祀りをいたしました。瞬く間に瓦葺の屋根が出来上がり、思いがけないところから寄付金がどっと舞い込みました。昭和三八（一九六三）年三月三日、道場は完成いたしました。ほんとうに神さんのことは不思議です。――

このようにシゲノが話してくれたお蔭で、私たちが足を踏み入れた世界の扉が私の前にも開かれていった。龍王に関しては、お滝の霊水により皇子の眼が治ったというあの話のなかですでにその名は聞き知ってはいたが、今にしてようやくこの言い伝えのもつ意味が明らかになった。田んぼは、一二月のいまじぶんには干上がってしまっているが、六月の田植えの時期には、ふりそそぐ雨のおかげで巨きな水鏡のようになる。豊かな稔りをもたらして人の命を養うこの水は、古くから農民によって、その水源である山の山神の恵みとして、また水神である龍のすみかとして、常に尊ばれてきた。人間の不信心への戒めに自然災害を引き起こすとして畏れられたこれらの神々は、おそらく、農耕の起こったその創《はじ》めから、この地で崇められてきた。雨、山、川の水、池の水、田んぼ、稲、そして人間の生活、これらのものは、この地においても他所と同じように、年中行事と生命の循環のなかでひとつに繋がっている。そのもとには、子孫と農耕の生みの親である祖先への信仰があり、その他の神々は、この祖神の様々な面の現れでもある。稲が稔るためには水があるだけでは足りない。まずその水を制御しなくてはならない。それゆえ、『古事記』、『日本書紀』にみられるように、とりわけ、ここ奈良盆地においては、排水、水路の開設、貯水池の建設などは農業に先立つ最初の文化事業である。滝寺の龍神信仰は、こうした灌漑の歴史と、ここ村の地で稲作の成否を決める水源、池の重要性を語るものである。代々に亘《わた》ってこの池が水の主《ぬし》である龍神の住処と見なされてきたという事実が、いかに滝寺の文化と龍神信仰とが深くつながっているかを語っている。

　龍の尾の話はさらにほかのことも教えてくれる。龍神や山の神という民俗信仰の対象は、政治的宗教的権力との関係をもつ氏神にたいして、だいたいいつも陰に追いやられていく運命にある。それはまさしくこの地で起こったに違いないことであり、矢落《やおち》神社——その起源神話についてはすでにシゲノから聞いていたが——は集落全体の氏神となったのである。一方、山麓の池に隠れながらも、龍神は、伝説や農耕祭祀を通じて人々の記憶に宿り続けてきたが、ヤエの世代には、龍神を敬う心さえもないがしろにされつつあった。この忘れ去られようとしていた記憶を蘇らせたのが、ヤエとシゲノの二人である。二人のオダイは、その記憶の痕跡を拾い上げ、お告げを通して、それを蘇らせる能力を備えていたのである。これこそまさに、オダイや巫者の肝心な役目の一つと言わなければならない。シゲノの生涯は一部始終それを語る証言に他ならなかった。彼女の手によって龍神に捧げられたお塚は、弁才天龍王信仰に再び息を吹き込み、この地の昔と今とを結びつける軸となって、今日も池のほとりに立っている。

　水と滝の信仰のあるところには、全地域にわたって龍神が身を伏せ、頭、胴体、尾各々がそこに聳《そび》える峰にあると信じられていることが多い。那智の滝もその一例であり、言い伝えによれば、龍の頭が如意輪堂にあたり、胸が妙法山にあり、腹が大滝の上に横たわり、尾が東の光山の方まで曲線状に延びているといわれている。こうした表象は、しばしば現地の古い伝承によって知られている地下水脈（「龍を切ってはならない」）と照応する。それはまた、複数の山岳寺院を結ぶ信仰的なつながりを表し、その権力の及ぶ領域がどれほど広がっているかを示してもいる。つまり、この地の場合は、生駒山の南、滝寺の南西に位置し、山岳信仰が根付いた信貴山寺と、観音信仰の場であった滝寺とのつながりがそれを物語るものであろう。

その日帰る前、シゲノは私に、かつての滝寺の跡地まで足を伸ばすようにすすめた。笹の茂みを掻き分けながら、急な坂をよじ上り、お滝の上方にある磨崖仏の彫られた岩に達した。庇《ひさし》がこの岩壁を保護するように設けられていた。シゲノから聞いていたとおり、この岩壁は数多の仏像に覆われていたことがわかったけれども、それらはすでに消滅あるいは破損してしまっていた。立て札ではそれらの仏像が八世紀のものと推定されていた。この近辺は一般に「千坊《せんぼう》」と称されており、そこに見られる瓦は、八世紀に平城京の屋根を覆っていたもの（京跡の平野から発掘された瓦）と同一のものであることもわかっている。今一度、私はここでの発見にただ茫然とするばかりだった。このように、この地は少なくとも八世紀の昔から山で修行する行者を惹きつけてきたが、かれらが滝寺を建立し、山麓に住む農民の信仰を仏教と習合させた。山の神は観音菩薩とみなされ、龍神は弁才天とされたが、それはそれらの古の神々の存在を否定することではなかった。それどころか、新しい信仰を支える土台とし、またそれらに威光を与え、不滅なものにするものであった。都に近かったために、この山寺の僧や行者の法会、祈禱とその霊験に惹きつけられてやってくる信者の数も確保できた。おもうに、この行者たちが、例の皇子の失われた視力が回復したという伝説、彼ら自身の信仰に正統性と価値を与えるあの伝説を創作し流布させるのに関与した可能性がたかい。お滝の水の霊力をめぐって観音と龍とを結びつけるあの伝説の機能は今もなおたしかめられる。というのは、一〇世紀以上を経て、それはシゲノを引きつけることになったのだから。

長い年月によって完全に忘れ去られてしまったにもかかわらず、滝寺は、深閑とした山の懐に隠れつつ、それを読むことができるものにとっては歴史の一頁となっていた。滝寺の歴史は、全国各地の多くの山で起こったことを、規模は別にして、よく象徴していることが分かる。この地の複雑な歴史を証言する巨大な岩を前に、暫くの間、私は唖然として立ちすくむのであった。

また、岩壁の前に、観音の石像がひとつ立っていた。大永二（一五二二）年と刻まれたその観音像は、古都が滅びてかなり経ったのちにも、この場所に寺があったことを物語っている。シゲノが幼い頃に見たここに暮らしていた堂守たちは、この地の長い歴史の詳細を知る最後の者であった。言い伝えの奥底に埋もれていたここの山神と水神信仰が、目の見えないシゲノのおかげで、再び日の目を見るに至ったのだ。この一連の出来事はじつに意外なものといえる。

写真8　滝寺の観音岩

ところで弁才天龍王を祀るために立てられたあの塚は、対応する地形にシゲノが置いた数多くの目印のうちの一つにすぎないのだった。池のほとりを後にして、シゲノはお滝を目指して坂道を進んだ。道を上ってゆくと突如、開けた台地へ出た。そこには、神々の名を記した二〇ばかりのお塚が一列に並び、それに続いて、小祠がひとつ、見捨てられた感のある家がひとつあった。現代になってから滝寺で神を祀る別の場所があったということについて、シゲノからなにも聞いた覚えがなかったので彼女に尋ねてみると、これらは戦後まもなく外来の者たちがここに構えたものであり、彼女とも白高ともなんの関係もなく、今日では手入れする人もないまま見棄てられている、とのことであった。お塚の数から判断すれば、少なくとも一時は信者もかなりいたであろうと思われた。この新たな信仰の場が設けられた時期は、ちょうどシゲノが大阪で旺盛な活動をしていた頃に相当する。おそらく彼女はこの闖入《ちんにゅう》行為を好ましく思っていなかったであろうが、それを口に出すことはなかった。いずれにせよこれは滝寺がたえず人を惹きつける力をもつ場所であることをさらに裏付けていた。私たちは川に沿い、壁土の家屋の下を通って、お滝に辿り着いた。お滝の小屋は、かつて昭和二(一九二七)年にシゲノが一〇カ月間籠った籠り所の後に立つものであり、彼女が光を再び目にしたのもこの道の上であったという。急流には橋がひとつ架かっており、それを渡ると、お滝に張り出した狭い一角に出る。滝は、三、四メートルの高みと二メートル幅ぐらいの岩の崖縁から、そそり立つ岩壁の狭間、ほぼ円形に空《あ》いた淵へと垂直に落ちていた。稲荷山の滝と同様、一部の水は配された石の樋によって路を定められ、自然の滝壺に落ちるようになっていた。滝口の上に張り渡された注連縄《しめなわ》は、この滝が信仰の場であることを示していた。まったく天然のままでもなく、まったく人工的でもなく、お滝は滝寺の上方と下方とが収束する地点であり、滝行にもっとも相応しい中間的な場なのである。

お滝に張り出した平地には塚が四つと鳥居がひとつ立っているが、これらは今日途絶えてしまった外来の信者たちの手になるものである。シゲノは、お滝の右手に彼女が立てた不動明王の石像を指して言った。

「昭和一一年、私は、この目が治ったことへの感謝の印に、また私の死後もこのことが忘れられることのないようにと、ここと麓の方にあるもう一つの滝の傍らに、この長目《ながめ》不動像を立てたのです」。この場所で、シゲノは白高と玉姫のお告げをはじめて伝えたのだったが、これらの神々の名を記した塚は見当たらなかった。ただ岩を直《じか》に穿《うが》ってできた石の縁ばかりがあって、そこには稲荷山にも見られるような、オダイやその信者たちが来た印である、狐型や蛇型の白磁像がいくつかおかれていた。私たちは山を降り、池のすぐ近くにあるもう一方の滝へ向った。そちらはお滝よりも人目につきやすいけれども、同じように滝行のために整えられている。そこには、不動明王の石像のほかにも、脇に二匹の石狐を伴った塚が一基立っており、白高法師《ほうし》、古女郎《こじょろう》、白龍《はくりゅう》、天白龍神《てんぱくりゅうじん》、榎大神《えのきおおかみ》といった名を掲げている。

——榎大神さんを除いてこれらの神さんはみなお滝ではじめて現れ、そこでそのお姿を私が「見た」のです。ある日、白高さんは私の口を通してご自身「法師」と名乗った。ですから、ここにはその名で祀られています。古女郎さんは天狗で、他の三方はいずれも龍神さんです。白龍さんはこの滝の主であり、かの皇子の目を治すためにお椀を天皇に授けたのはこの神さんなのです。この神さんはまた、私の守り神でもありまして、あの日はじめて玉姫神社にたったとき、その御前で私の目から「出た」あのミイ（巳）さんです。大阪の白龍山でもこの神さんをお祀りしております。——

シゲノはこのように、それらのお塚が憑依を通して自分の前に現れた神々の存在を示すものであることを説明した。白高こそシゲノにとって一番大事な神であったが、その出現に続いてまもなく彼女の身に降りた初期の神々もまた滝寺の主要な神々であった。これらはここの土地を司る山の神や水の神であったが、シゲノが「見」そして語ったそれらの神々は、馴染み深く、強力で、古くから親しまれたようなさまざまな形態であった。その日、もう少したってから、シゲノは神々の序列などについて説明しながら、この点について詳しく教えてくれた。池の周りをひとまわりしてわかったのは、塚という目印によって最も多く祀られていたのは、さまざまな姿をとる水の神、龍神であった。他の九基のお塚のうち、白龍の名を掲げたのが二つ、天白の名が一つ、弁天龍王の名が二つあり、また道場の中心をなす社《やしろ》にも同じく弁天龍王が祀られていた。白高を祀る塚も一つあったが、これはシゲノがはじめて籠り所を建てた場所を見おろす小さな丘の上に、玉姫の名をもつ塚と並んで立っていた。どの塚も、シゲノが大阪に身を落ち着けてまもない頃、彼女に神々が「降りた」後で立てられたものであった。このことは、塚を立てるための元手を集めるのに充分なほどたくさんの信者が、かなり早い時期から彼女のまわりにいたことを示している。塚は下方の滝の傍らと山麓の池のほとりとに集中していた。道場の近くには、全体のうちで正式な宗教の面をもっとも代表するものが集められており、弁天龍王のお塚とお社に加えて、末広大明神と五社大神を祀る稲荷社があった。そこにはまた大きな石像が二体あったが、それについてシゲノは次のように語った。

——私の子供時代、滝寺のあの仏の彫られた岩の傍らにずっと堂守さんがいたのをよく覚えています。ふたりのお坊さんが相次いで、一人目が亡くなると二人目がやって来ました。この二人目のお坊さんも亡くなると今度はあるお婆さんがそこに住みつきました。三人とも毎月一七日に観音さんにお勤めをしていましたが、このお婆さんも亡くなると代わりにやって来る人もなく、お祀りもすべて途絶えてしまいました。ちょうどその頃、一五年も前になりましょうか（昭和四二（一九六七）年頃）、岩の彫刻が悉《ことごと》くなくなってしまったのです。そのなかでもとりわけ大きなものは、観音さんと地蔵さんの像でした。昭和五二（一九七七）年のこと、消えたそれらの像の代わりに石像をたてるようにとのお告げがありました。すでに一〇年前から、観音さんと地蔵さんの姿が私にはいつもみえたりして、夜ごとの夢にも現れるのでした。おひとりは片方の手に五輪の花——四輪は蕾で一輪花開いた——を、もうおひとりは玉を一つ手にしていました。そして私はお二人に似た像を新たに彫るようにとのお告げを受けたのです。お二人の姿は日に日に鮮明になりまして、私の方もみんなに、私の見たままになすようにと繰り返し伝えました。その年、「来春には」仕上げるようにとのお告げを受けました。私にそれを言った神さんは十一面観音で、確かに嘗ての像も十一面観音でありましたが、お言葉は、「われは十一面観音なり、然れども願わくは千手観音の形にしてここに、地蔵の方は下に、安置したまえ」と告げるのでした。私はその通りに致しまして、翌年の九月九日、池の上方の第一の籠り所跡に観音さんを、道場の脇に地蔵さんを安置しました。——

滝寺の神はシゲノによって山の神の形でよみがえったが、今度は仏教の菩薩の姿となった。「神」とシゲノが呼ぶ観音が山から池まで降ろされ、そして道場が建てられたことによって、弁天龍王とともに滝寺の信仰の中軸の位置にもどることになった。石の印を用いてシゲノが組織立てた空間は、ある秩序を反映していた。すなわち山の頂、中間に立つ滝、そして池という滝寺の三段階と、それに対応する三種の神によって構成されていたのである。さらにそれらの現地の神々に、シゲノは自分個人に、あるいは相談しにきた人々に縁のあった別の神々を付け加えていった。これらは当世の神であった。いずれの神もすべて、お塚という目印のもとにシゲノがお滝と池の間に一堂に集め、彼女はそこでこれらの神々と人々との間に立つ媒介として生きていたのである。なお、彼女が説明した理由だけでなく、おもうに、縁をもったのがほかの菩薩でなく観音と地蔵であることに関しても、単なる偶然の所産以上の、ある現れとして見てとってもよいであろう。というのは、この両菩薩は、ともに民俗仏教においては媒介役の代表と見なされているからである。つまり、観音菩薩は大慈悲によって衆生界に済度《さいど》の手を差し伸べ、地蔵菩薩は死者の霊を彼岸へと導くのである。

滝寺の印《しるし》に満ちた空間を歩くということはまたそれらの意味を見出すことでもあった。そのようにしてオダイは山々をあるき、そこに秘められた霊智を体得せんとするのである。これこそオダイのきわめて重要な役目の一つである。ここ滝寺においてシゲノが管理する空間は二つの要所の間に広がっていて、上の要《かなめ》をなすお滝から下の門にあたる道場までである。この道場は現在の活動の拠点となっているが、もともと龍の尾に根ざした土地という滝寺の力の原点に位置しているのであった。

「私の旦那、白高さん」――神という存在

道場に着いた。なかでは、村の人たちが火鉢に火を熾《おこ》していた。四、五人の者がいそいそと、まもなくお祀りの行われる大広間の準備と、その後に皆で分け合う食事の支度をしていた。まず挨拶を交わし、それから互いの近況を伝え合う。手厚いもてなしであった。シゲノは火鉢近くの座布団に腰を下ろした。私もそのそばにすわった。全員が到着するまではまだ時間があったので、シゲノは白高の話をはじめた。

――あのお滝で白高さんがどのように私にあらわれたか、すでにお話しいたしました。ほんの出だしのところでしたね。それから白高さんは、なぜあそこに居たのか、またどういうわけでこの私をオダイとしてお選びになったのか、ということを私の口を通して語りました。白高さんが自らおっしゃるには、自分はかつて稲荷山の二之峰の眷属《けんぞく》であった白狐《びゃっこ》で、そこの中《なか》の社《しゃ》で白高の名の下に修行をしていたようですけれども、ひとつ愚かな真似をなさって、というのはどこやらの農家で雌鳥を食べてしまったらしく、そのために琵琶湖の北の竹生島《ちくぶ》に流されたのです。弁天龍王さんを祀るその島でのくらしは甚だ辛いものだったようで、三年の後ようやく二之峰に帰るのを許されましたが、ばつの悪いところに戻るくらいならと、どこか他の地を求めにいった。そうして旅をつづけるなかである日大和の滝寺に辿り着いたとのことでありましたが、ちょうどそのとき私がお滝で一〇カ月間籠もりをしている最中だったのです。私の方はひたすら滝に打たれている目の見えない女でありましたが、白高さんはそんな姿に興味を示されたのでしょうか、そうかも知れません、いずれにしてもこの私をオダイに選んだのです。

こうしたことすべては、はじめて白高さんのお名前が出た後、私の口を通して語られたのです。まことに不思議なものでした。残念ながら、当時私の近くに居てその言葉を一つも洩らさず耳にした人たちは、みな今日すでに亡くなってしまいました。せめてテープレコーダーか8ミリカメラでもございましたら、それはもう夢中にならずにはおれないほどのものだったでしょうに。

こうして私たちは白高さんが白狐であり雄狐であったことを知りました。私はといえば滝寺のお滝へ参る時によく、日も暮れる頃、白高さんのお姿を目にしますが、それは何かしら不思議なものです。狐のなかには白狐もいれば明るい栗色の毛をしたのもいれば雑色のもいますが、白高さんの場合は全身純白というのではないようです。尻尾と頭は真っ白なのですが、脚やお腹のところどころに薄い褐色の小さな斑があるのです。もちろん狐は白ければ白いほど格が高いのですが、今頃は白高さんも年を重ねられて真っ白になっているに違いありません。お滝にて私は、白高さんがちょうど犬が穴掘りをするように地面を引っ掻いて頭の上やら身の回りやら至るところに砂を飛び散らしているのをしばしば見かけましたが、それは何かを乞うていらっしゃる時の仕種でした。それですぐさま私が「お待ちください、まもなく大寒のためのお供えをお配り致しますからしばしご辛抱ください」と言うと、白高さんのほうもすぐにその足の仕種をお止めになり、そうやってその心が伝わったことを示されるのでした。けれども他所でお姿を示されることもありまして、その時には身の毛も立ってしまって、といいますのもそれはなにか恐ろしいことがまもなく世の中にあるいは私の身の回りに起きるという合図なのです。どの神さんにも怖ろしい一面があるものです。

私たちはまた、白高さんが神さんのなかでも若い方で、大神ではなく下位にいるということを知りました。そのことは白高さん自ら言明しておられ、ある日「白高大明神」とお呼び申し上げましたら、御自身で正されて「白高法師」と私の口を通してお応えになったようです。つづけて「間違いございませんか」と伺えば、「間違いあらば直したまえ」との御言葉が私の口から出てくるようなのでした。

神さんにもいろいろなお年がございます。白高さんはまだ若く、人間の年齢で数えれば、五〇、六〇代になります。永遠の命をおもちの神さんもいらっしゃるようですが、白狐さんはおそらく三〇〇年くらいの寿命でしょう。ミイさんは五〇〇歳まで生きられます。私の歳と白高さんのお歳とは別々でありまして、はじめて白高さんが降りてきたとき、私は二〇代でしたが、白高さんのほうももっとお若くそれはそれは逞しく猛々しいもので怖ろしくなるほどでございました。けれども徐々に歳を重ねられるにつれて、その声もかつてのものとは変わって、今では大分穏やかになりました。老けられたなあとときに感じるくらいです。

この歳の差に応じて神さまの位《くらい》も決まるのです。そのお歳は、神さまが人間にはじめてそのお姿を現した年月日をもとに数えられます。はじめはどの神さまも修行を積まれます。そののちに、お坊さんや神主さんといった学識も深く社会的地位も高い特別な人たちによって崇められることにもなるのです。ときには神さまの御名をこうした人たちが戒名にとることさえございます。このように一歩一歩より優れた人々との交わりを長らく重ねることによって、神々もまたついには最上の位に達するのです。ですからはるかな昔から伊勢や熊野などの大社にて崇められている神々がなかんずく偉大というこことになります。一切はこの時間というものの長さに基づくのです。滝寺の池の神の弁天さんが白高さんより格が上なのも、出現した時期が随分と早かったためです。同じく玉姫さんと天白さんも白高さんより早く出ました。時の長さということを申せば、この三方の神さんは少なくとも一〇〇〇年くらい前から在《ま》します。観音さんの上方にて玉姫さんと並んでお塚を並べられている玉女《たまじょ》と白高さんは、お二人とも現れてまだ間もないので格も低いわけでございます。

こういうわけですから、同じ神さんがその長きに亘《わた》る生涯の間にオダイを乗り替えなければならないことになります。白高さんのおっしゃるには、年若いオダイを探し求めてはじめて選んだのがこの私であったけれども、ご自身は私よりもさらに長らく生きるだろうとのことであります。白高さんのためにはじめて神殿を設けて差し上げた私はこの神さんの出現を見た第一の者にございまして、それに、問題を抱えて訪れる人々を、神さんのもとへ導く仲立ち役を私が務めながら、白高さんと私とは相伴って生きてきたのです。

神さんたちの間には歳の差や位の差ばかりでなく性格の違いもございます。たとえば稲荷山には数《あま》多《た》の神さんが在《ま》しますけれども、お稲荷さんは決まって狐神だという人もいますが、「いやいやあれは尊《みこと》さんだ」という人もいます。どちらも正しいのです。稲荷山の主峰に在します末広さん、青木さん、白菊さん、権太夫さんといった神さんたちはみな尊さんです。山にはまた白狐さんもおりまして、これは先の神々の眷属、神さんの使《つかい》であって、やがては尊さんの位へ昇ろうと日々修行を積んでいるのです。おがんでいる最中、白狐さんの姿が御剣《みつるぎ》神社と末広さんの一の峰の間を瞬く間に横切るのを見たことが幾度もありますが、そんな時には「今日の修行はよかったなあ」と思えました。といいますのもそれは吉兆ですから。白狐さんばかりでなくほかの毛色の狐さんもおりますが、皆さん修行をなさっています。なかにはまた本物でもないのにその名をお塚に記しているようなおハツとかナメノコとかいう神さんもありまして、いろいろな歌や気晴らしでもって世の人々を騙す人等がこの類《たぐい》の神さんを招いたり祀ったりしております。三味線弾けば、狸だろうが蛙だろうがなんだって誘い出して歌わせることができるのです。けれども白高さんは私に、自分はその類とは一切無縁のもの、そやつらはにせの神にしていかさまもの、忌まわしいこと限りなし、と教えるのでした。しばしばこうした狸や凡俗の狐の類に人は憑かれて、祓うこともできずに病にかかってしまうのです。

実のところ、神さんとは何でございましょう。かつて功徳のあった人々はみな偉大な神さんになられたのだという人々がありますが、私個人としてもそう思います。けれども一般に誰しも死後には神さんになるのです、四十九日の間の法要によってひとたび死後の世界から魂が解き放たれたのちには。

神さんのお姿はまたその住む場所に依ります。ミイ（巳）さんなどはどの山にもどの川にもまた地中にも居ますが、滝寺にもいらっしゃって、黒、白、黄、緑、それにもう一色、あわせて五色の巳さんたちがぴったり身を寄せ合い一斉に進むのを私は見ました。けれども誰もがそのお姿を見られるというわけではなく、ミイさんはその助けを乞う時にだけそろそろとお出ましになるのです。龍神さんは池に、狐神さんは山野にいます。

それからまた神さんが人々と結ぶ関係にも違いがございます。たとえば、「守護神」と「守り神」とはまったく同じではありません。「守り神」は家および土地を守る神さんで、たとえばミイさんは滝寺の地と水の守り神ですが、村では私の生家の土地を守っていましたし、今も私の住んでいる所をお守りくださっています。玉姫さんは私の家族、つまり子供らと私の守り神でして、私たちが一家そろって一緒に暮らせるようにと、白高さんはこの玉姫さんに私の身を預けたのです。玉姫さんは大神の尊さんですが、大阪で私が百日座行《ざぎよう》をする時まずはじめに見るのは決まってこの玉姫さんでして、背まであるその長く艶つやしい髪を銀の大きな簪《かんざし》で留め、長袖の紫の着物を召した乙女の姿です。

「守護神」はもっと私的な神さんで、一般に人は誰しも守護神をもっています。オダイは自分自身の守護神と他の人々の守護神を降ろして祀りだしますが、守護神は霊感や予感や夢を通してお告げをなさいます。たとえば何日も何日も続けざまに同じ夢を見るのでそら恐ろしくなるもののその意味がわからないというようなことがございますが、そのようなときには守護神にお尋ねすればその意味がわかるようにしてくださいます。

私の守護神は白高さんで、私はその白高さんのオダイですが、これはきわめて特別な関係であります。神さんの方がご自身のオダイを探しあてられるのに対して、オダイの方は自分の死後自分に代わってその守護神のオダイとなるべき後継を見つけるというさだめになっているのですけれども、このさだめに従うことはほとんど不可能に近いのです。実際、神さんにしましてもオダイにしてもそれぞれが唯一無二のものでありまして、ひとつひとつの場合が他の場合とは多少とも必ず違ったものなのです。守護神の世話をする人がひとりもいなければ、その神さんは元の住処に、たとえば稲荷山や滝寺といったところに戻ってゆかれます。神さんの帰り着く先は、かつてオダイがその神さんをはじめてお祀りしたお塚にほかなりません。お塚とは神さんにとってまったくお墓のようなものです。

こうしたことはまた家の守り神にも言えることです。ある家で、毎日お水をお供えし、拝んでくれる人もなくなり、神さんがそこにいることを喜ぶ人もなくなれば、神さんの方もその家に留まっていてもつまらないので、そこを去り、どこか所縁《ゆかり》ある元の土地へ移って、たいていその地で誰か祀ってくれる人をまた見つけることになります。けれども当の一家の中に、次の世代あるいはまた次の世代にでも、誰か古《いにしえ》の守り神を思い出しその神さんを再びお祀りしたいという気を起こす者があれば、それならと神さんの方もその古巣に戻って来られます。

お塚に帰った神さんはそこに休みます。が、かつて守っていた家の子孫の一人がまた拝みにきたら、神さんはその家を引き続きお守りするのです。しかし、誰であれ誰かお塚にやって来た者が、とりわけ稲荷さんの信者で、「私はこのような病を患い、かくかくしかじかなわけで苦しんでおります」といって神さんの加護を求めるようであれば、そしてその人の信心が篤く、神さんの方もその人を助ける意を決されるようであれば、その時には他ならぬそ

写真 9　滝寺　白高大神のお塚の前で拝むシゲノ

の人が新たなオダイとなるでしょう。

大叔母《おばあさん》の場合は、神さんたちはみなさん稲荷山の出でしたが、守護神は金塚さんでした。彼女の死後、この神さんの信仰を引き続き支えたのは、村の一八あるなかの一六の家が組み合ってできた金塚講の皆さん方でありました。月に一度、私も彼らの求めに応じて一緒に稲荷山に詣でておりました。山には一六の家それぞれの守り神の御名を刻んだお塚もございましたから、どの家も決して欠かすことなく家族のなかから一人このお参りに参加する人を送り出していました。私たちは皆一斉に金塚さんをお祀りしていましたが、おばあさんの守護神のために特別にお参りする人は誰もありませんでした。では金塚さんは等閑《なおざり》にされたのかというと、そうとも言えませんが、金塚さんは自分がしゃべるために口をかしてくれるオダイを失ってしまわれたのです。これはたしかに不幸なことです……。

私の場合はおばあさんと違って、まずすでに申しましたように私は白高さんの初めてのオダイですし、それに白高さんが私の身に降りて来るようになってから間もなくして私の夫は亡くなりました。どうやら白高さんは私が独り身で生きることを欲しておられたようで、私に対して暴君のようでありますがまた同時に優しい心遣いに溢れてもおられます。白高さんは私の暮らしを約束してくださいましたが、子供たちの生活まで保証するほどの余力は持ち合わせておられませんでした。それゆえ自分より高い位の、さらにお力のある玉姫さんにお頼みしたのです。私が誰にも話せないような困った問題を抱えているときには、「そんなことでくじけるな」と私の口を通して言葉をかけてくださり、私がひとり道行くときは私を導き、不幸から守ってくれたり、お金に困ることのないようにしてくださいます。けれどもその反面、私にこの身すべてを捧げるよう強くお求めになり、私がほかの誰かに何か頼むとまるで嫉妬でもされるかのようなのです。こうしたことはしばしば起こりました。以前私は師匠というものを持ったためしがないと申しましたが、それはある人から何らかの教えを伝え授かったことはないという意味でございまして、私の守護神の白高さんこそ、この私に一切を教えてくださった唯一にして真の師匠だったのです。また同時にまるで私の旦那のような存在でもありまして、私をオダイとして他の神さんたちに貸してあげないのです。ある日、白高さんのおっしゃったことには、「このダイの口を借りてみたいと欲する神は少なくない。が、貸してやらない。白高のダイなのだ。白高の地に属する神ならまだしも、余所者《よそもの》とあらば許さん」とのことでありました。——

——普通守護神をお祀りするところはその神さんがはじめて降りなさったところであります。ですから私はこの地に先ほど見たあのお塚を立てたのですけれども、白高さんのふるさとの伏見稲荷山の二之峰にございます中の社《なかしゃ》にももう一つ立てました。私が大阪にやってきた昭和九（一九三四）年の九月には、神さんをお祀りするような場所はもちろんのこと一つもありませんでした。玉姫社の御前の三畳の間に住むようになってからは、朝一番のお水を白高さんにお供えし、昼間はなにか目出度《めでた》いものか珍しいものでも求めに出かけて、帰宅するやそれを神さんにお供えしておりました。お祭りをする際には必ず白高さんにもお伺いを立てておりました。昭和一一（一九三六）年の一二月、八畳の間を設け、そこに住めるようになってからは、その広間で白高さんをお祀りいたしました。それからまた天神山の玉姫社の傍らにお塚を一つ立てもしましたが、それというのも白高さんは今なおあちこちを駆け回ろうとなさいますから、どうしても外でお祀りしなくてはならないのです。白高さんは一時もこの身について離れないものといつも信じてきましたが、それでも時にはお休みになれるようなところが必要ではないかとも思われて、大阪の神殿の建立時、昭和二二（一九四七）年に、白高さんの御名を記した御霊《みたま》の木札を入れた御霊箱を神殿に安置いたしました。けれどもそれから間もないある日のこと、その扉が開かれ、壊されておりました。これは小祠、神殿など必要ないとの白高さんの御心かしらとわが心に問いかけながら、「神様、何故このようなことが。猫が壊しでもしたのでしょうか。一体誰がこんな悪さを」とお尋ねすれば、白高さんはなにもお応えにならず、代わりに夢を送ってくださり、神さんは片時も眠られることなく、私たち人間が身を動かしては休めしている間も神さんの方は絶えず私たちを見守り私たちのことを常に御心に留めてくださっている、夜を徹してもいずれは眠りに落ちる人間とは違って神さんは始終目覚めておられる、との趣旨をお告げになりました。このようにして白高さんは私に説明してくださったのです。

私の考えでは、オダイは一生涯、その身について離れない守護神と一緒に過ごし、死後はその体がどんなところへ行くにしても、その魂は守護神と結ばれたままなのです。この点でもまたおばあさんと私は違っておりまして、彼女の場合は、その晩年ご主人と縒《よ》りを戻したためにその魂は金塚さんとではなくご主人の魂と一緒に一家のお墓に眠っておりますが、私の場合は、死んだら亡骸《なきがら》のほうは夫の家のお墓に、私の夫やその家のご先祖さまの魂の眠っているあのお墓に埋められることになるでしょうけれども、私の魂のほうは白高さんと共にお滝へ向かうでしょう。私の後を継ぐ人もいないようですから白高さんも私と共にお滝へ戻られるでしょう。このことを存じていますから私はまったく安心しきっているのです。神さんと共に在ることほど私にとって大きな幸福はありませんから。

私の神さんは誰からにせよ言い負かされるのがお嫌いで、嘘が大嫌いです。私の方はなにも欲しいものはございませんし、こうなりたいとかああなりたいとかいう望みもございません。ただひとつ私の願うのは、今日の日まで神さんと共に私がしてきたことすべてが損なわれることなく、これからも誤ることなく最期までやり遂げられますように、ということだけ、それだけが将来への唯一の願いです。もっと長生きしたいなどとも思いませんから。——

シゲノは熱っぽく語った。明らかにお気に入りの話題と見えた。彼女は幾度も話を中断しては、「このようなことをお知りになりたいのなら、あなたがもう厭になるくらい話して差し上げましょう。いいえ、そんなにお喋りしてもいけませんね」と言うのだった。そのたびに私が彼女に望むだけ「お喋り」してもらいたいと答えると、彼女は喜びの笑みを浮かべるのだった。

滝寺のお祭りの時間が近づいていた。シゲノは立ち上がり、準備がすべて整ったかどうか確かめにいった。私はなお火鉢の傍で、いましがたシゲノが打ち明けた話の余韻に浸っていた。今まで会ってきたオダイたちのうち、これほど十全な説明を与えてくれた人はひとりもいなかった。シゲノは新たな要素を盛り込みつつ、私がすでにばらばらに聞き知っていたことを要約してくれた。彼女はまた、民俗信仰のなかで伝わってきた神観念を驚くほど明確かつ簡潔に描き出してみせた。序列化されながらも静的ならざる体系をなす神々の世界のなかでオダイとその守護神を位置づけるとともに、神の世と人の世の相互依存という点を明確にし、この体系内で果たすオダイの役割こそ神々の生成すなわちまた社会の生成を決める鍵となるということを示したのである。こうした世界観においては実際、あらゆる下位の神々、なかんずく祀られることのない神や神霊が現在および将来の不幸の原因と見なされている。そのため、しかるべき祭祀を果たすことによって、人間にとって神の霊力をより恩寵的なほうへ促していくことが重視されてきた。ところで、これらの神々の名や宿っているところおよび人間との関係というものは、ただオダイの口を通して伝わるお告げによってのみ知られると信じられてきた。神の霊力や神霊そのものの変成にかかわるオダイの役目はまたオダイ自身の守護神との関係の中心をなすものでもある。シゲノは、彼女自身がお滝にて滝行をしていたまさにその時に白高も同じ地に同じことをしにやって来ていた、と明言していた。私の知るほかのオダイたちも皆同様に、一生涯自分は守護神と「共に」滝行を続けるのだと言っている。この意味で、村や町の共同体にとって、オダイこそ、放っておくと危険と考えられている様々な神霊、霊的存在を自らの身にうけ変換できる依代《よりしろ》、とりわけ大事な存在と思われている。

守護神が狐の姿をとって現れるという見方は、二一世紀の今日まで神話や伝説を通して伝わってきた、自然界と神の世界の交差する関係およびその象徴的な表現の継承性を反映しているといえよう。事実、口頭伝承、縁起類などでは猪、牡鹿、白蛇、熊、猿、鳥といった動物が山の神の示現《じげん》としてみられ、その守護を願おうと、あるいは災厄、不幸を免れようとする人間はお告げや占いを通してその心を解こうとし、その託宣に自分の行動を合わせている。動物を神々の化身あるいは乗り物とみなすのは民俗宗教の基本要素のひとつであるが、これはまた仏教との習合によってさらに強調されている。仏教は六道輪廻や死者の魂が畜生に生まれ変わる理論を説き、なお禽獣を台座、乗り物にした諸仏諸尊の形象にも満ちて、霊獣、動物霊を取り入れる修法も多く存在している。なかでも狐は、僧をはじめ、修験、行者たちによって修されてきた一連の祈禱、修法の中で中心的な位置をしめている。密教の「荼吉尼天法《だきにてん》」[*2]や修験の「狐付呪大事《きつねつきしゅ》」[*3]などがその代表的なものである。

古典文学、説話、伝説においては、霊力優れた行者の使として吉凶をもたらす狐の物語が溢れている。まさしく狐こそ、蛇——龍（水ないし地の神）と一般に同一視される——とともに、今日なお神の乗り物として最も息衝《いきづ》いている動物に違いない。シゲノの話と生涯は、こうした狐の観念が、いまや効力が切れて好奇心をそそるだけの時代遅れのものではさらになく、現代の世に生きる人々に対してどれほどその生気と効力とを保ち続けているかを示している。

シゲノの話を通して、このように単なる動物ではない狐という霊獣は、自由自在に身を変じ、異界とこの世の境を飛び越える存在にして、ちょうどオダイの対をなすものであることが明らかにされている。神々の序列のなかでまったく上位にあるわけでもまったく下位にあるわけでもなく、吉ともなれば凶ともなる、比類なき仲立ち、媒介役。このような存在をこそシゲノは真の師匠とし、また夫、「旦那」として認め、オダイと一体をなしていると確信していた。ゆえにオダイにとってはどんな人間の伴侶も不要としたのである。

「白高《しらたか》」「玉姫《たまひめ》」「白龍《はくりゅう》」それぞれの神名が表現するように、この三柱の神はシゲノの一生が整えられた原動力を示していて、いずれも「白」や「玉」という「魂」を匂わす言葉を名に負っていることによってその意味が強調されていたのであろう。シゲノは己が身をひとえにこれらの神々が依り憑く単なる乗り物すなわち神々のオダイと見なしていた。彼女が自らに認めていたただひとつの値打ちは、神がその身に「降りる」時、その御言を伝え告げることができるということであった。

憑依の内と外

大同三（八〇八）年
（前略）ここに七歳男子地を去ること七尺而して託宣す。
汝等知るかな。我大和国の守護神、八幡大菩薩なり。

——『宇佐八幡宮御託宣集』（一二九〇—一三一三）

滝寺の道場ではお祈りの声が勢いづいてゆく。すでに幾度もシゲノは弁才天龍王の神殿に向かって「もうしばらくお鎮まりたまえ」と繰り返していた。シゲノの背後では畳の大広間に座した二〇人ばかりの村人や信者たちがたったいま、彼女に合わせて心経を唱え終えたところであった。皆、この一年の最後の月次祭《つきなみ》、「おしあげ祭り」のために集まってきているのであった。いまや口を噤《つぐ》んだ者たちの間になにかを待ち受ける空気が流れている。と、シゲノの口から、なにやら嗄《しわが》れた、低い音が漏れ出て、突如言葉の調子が断ち切られるや、彼女の頭は激しく揺れ、けたたましく、

「ホオオ——ホン——ホオ——ホン
弁才天龍王お世話好き白龍……ハア
はやしずまったこの貴重なこの日に、ご守護欠くことなく（意味不明の言葉）……

神より受けた無限の力……、手放さず……ハアア　重ねて祈りを捧げます、ウン
今日はよい日あがり、ウン
前半はやはり辛いものにてある、後半には笑うことがあると信じて、年を迎うべし。
何事も心砕かず、フウン　ただ一筋に一日は感謝をして暮らす、心のさとりを開くべし。
悟りと感謝……
悟りと感謝……人間の道……
神より授かった力……
なにごとがやはり悟りをひらけ
喜びは重ねてあるが心得……
誓いを忘れてはいかん
本年は十二分の年……と申しよう
十二分努力をし、八分を十分におもえて、喜び、これが……の神。
人間の力……
これに重ねてやはり十二分であるようにして努力しよう
迎う年とは良き年とあれかし　ハアア　ハン　ホオオ」

これらの言葉が口より発せられる間、シゲノは合掌した両の手を幾度となく頭上高く振りかざすのだった。ときに叫び声を上げ、ときに溜息を洩らしていた。これと、非常に低くなったその声色の変化に

よってのみ、憑依が起こっていると傍目《はため》にわかるのであった。シゲノの体は微かに揺れるだけで、祭礼の当初からこしかけた姿勢を崩すことはなかった。徐々に彼女は出だしの調子を取り戻した。参座する一人一人について、その名、その年齢および守護神の名を挙げ、神に感謝の言葉を述べた後、神々を「元のお社にお納め申します」と言って、この一二月一八日の祭祀を終えた。

お茶を飲み、支度してあった食事を分け合いながら、集まった者たちは「先生」すなわちシゲノによって告げ伝えられた言葉の意味についてあれこれと話し合った。「来年はふむ、善すぎもなく悪すぎもない」と、みな笑い合う。「十二分に八分目か、ああ、よく言ったものだ。そうだ、そうだ、そのとおりだ」。年の末に「降り」来たったのは道場の主の弁天龍王と判明され、その御言葉は「お授け」とか「お告げ」と呼ばれていた。それはとりわけ誰かに向けて発せられるものではなく、万人に対しての教えであり、そのようなものとして解釈された。何度も吐息や切れ切れの声音のために途切れ途切れとなる言葉は聞き取りにくかったが、明らかに皆は慣れているようであった。もっとも皆の言うところによると、その様子は毎回違っているのであったが。まず皆一緒にお告げの主旨を引き出し、それから各人が特に自分自身の問題あるいは他の誰かの問題を示唆するようななんらかの語や文がないかと探すのだった。シゲノもその日のお告げの共同解釈に加わっていた。「皆自分に関わることならちゃんと自分自身心得ているものです」と彼女は言った。

日暮れどき、皆はなお先生と話し続けていたが、私は滝寺を発った。

シゲノが彼女自身の憑依体験についてさらに詳しく私に語ったのは、それから暫くして、大阪でのことであった。その折、彼女はなかなかまれにしか聞くことのできない体験を打ち明けてくれたのだったが、それはいつの場合においても彼女が示していたのと同じ態度、すなわち神秘の帳《とばり》に隠れるのを潔しとせず、必ず実体験に即してなによりも実用性を重んじるあの一貫した態度をもってであった。

――私が神さんにお伺いをたてるとき、かならずしもどの神さんが降りて来られるのか前もってわかっているわけではありません。その時にお呼びした神さんであることがしばしばですけれども、ときには「誰か」他の神さんであることもあるのです。それはまた状況にもよります。ここか滝寺の月《つき》次《なみ》祭、あるいははっきりした答えを求めてここに訪ねてきた誰かの個人的な頼みのためのお伺い、また信者さんの家で行う月に一度のお祭りや、新しく設けた神殿にその家の守り神を初めて呼び込む時などなど、そのたびごとに神さんの数も気質も御言葉も違ってくるのです。どの神さんが降りて来られたのかということは私の伝える言葉やそれぞれの神さんに応じて変わる私自身の有り様によって見分けがつくのです。

たとえば白高さんはよく笑い声を上げる荒々しい神さんです。この神さんが降りてくると、何であれものを言う前に決まって豪勢な大笑いから始めるようです。逆に言えば、私が笑うときには白高さんが憑いているとわかるわけです。ですから白高さんはいつもすぐに見分けがつくのです。――

「それにまた白高さんだけがみせる他のことによってもそれとわかります」。不意にシゲノの娘が言葉を挟んだ。「ウチの神さんは眷属の神さんですが、降りてくると時折オダイの身にまったく奇矯な振舞いが生じるのです。たとえば「お神酒くれ」と神殿にお供えしたお神酒を欲しがられるといったことがかってありました。すぐに茶碗になみなみ注いで差し上げると、それを口に運んで飲むさまといったら意外なものでして、カクン、カクンと普通に飲むのではなくて、ペシャペシャ、ペシャペシャとまるで動物が飲み食いするかのような具合なのです。それから「ウワァ」と雄叫びをあげてなにか食べ物を欲しがられるのですが、その後にお口の中をきれいにして差し上げなくてはなりません、でないと怒ります。それがすんで、オダイは神さんの御言葉を告げるのです。こうした光景を目にするたびに、私は驚く以上にこれこそ「ウチの」白高さんの有り様だといつも思っておりました。

でも、たしかにオダイの様子はそれぞれの神さんによって違ってきます。玉姫さんの場合は、非常に落ち着いて少しも乱れなく堂々としていますし、権太夫さんであれば、片手だけを頭上に上げるのです。それからまたオダイの伝える言葉にも違いがありまして、このうえない敬語をもってお話しする神さんの場合には、意味は取れるのですけれども、なにぶん難しい昔の言葉を使っているのですから、その御言葉を繰り返して言うこともできないほどです。そういうのもあれば、また女言葉や男言葉を話す神さんもいらっしゃいますし、あるいは普段私たちの話すように話される神さんも、俗語を口になさる神さんもいらっしゃいます。白高さんは荒々しく乱暴な物言いをされますが、決して下品なわけではなく、普通の話し方よりもう少し丁寧な言葉遣いをなさいます」。

シゲノの娘は、六〇年以上もの間こうしたことの一切を直《じか》に見てきた、かけがえのない証人であった。この証人が、シゲノに神が「降りてくる」のを目撃した者たちみなと同じく、オダイの振舞いは「すなわち」神そのものの振舞いであると見ていることは明らかであった。さらに、シゲノが区別なく「白高」とも「私」とも言っていたのと同様に、その娘も憑依状態にあるシゲノのことを「神さん」とも「オダイ」とも呼んでいた。

口調や声の高さや言葉遣い、さらにその内容までもが変わるということこそ、その都度別の神が「降りて来る」、「下がってきた」という徴《しるし》であった。たとえばシゲノは、力強い嗄《しゃが》れ声に豪快な笑いを交えて命《めい》を下す白高の調子から、一変して「神に人が仕えることがゆるされるが、その反対ではないと、心得て生きたまえ」と諭《さと》す大叔母の守護神金塚の穏やかにしてやや勿体ぶった口調に転ずるということも、そしてさらに様変わりすることも常であった。が、傍目に映る様々な徴候は、歳を重ねるにつれて、初期に示していた激しさを幾分か失ってゆく傾向にあるとシゲノ自身もその娘も認めていた。

シゲノは話を続けた。

――けれども他にもまた、だれそれの神さんの気質にかかわらず、おつとめやお伺いがうまくいったかどうかを証だてるようなことがございます。たとえば、ある人の家に新しく設けた神殿に神さんを納めるために火護摩を焚いて呼び込みをするとき、ちょうど私の口を通してその神さんが自分の名を告げる瞬間、急に私の体が座ったまま突然一尺ほど浮き上がることが時々あるのですが、もちろん自分の体がどうやって浮き上がるのかも、それがどれくらい続くのか、一か一〇の呼吸の間なのかといったことも私には分かりません。といいますのも、始めるとすぐ私は普通の意識でなくなり、そしてその間の記憶は後ではまったくないのです。自分の体がどうやってまた地に降りるのかも分からないのです。私としては、そのように体が浮き上がるということは、たとえお供えがたったおにぎり一つしかなかったとしても、お祭りが首尾よく行われたということを、つまりこの時、神さんがちゃんと降りたこと、これを待っていたということを意味するものなのです。

体が浮き上がること、あるいは座ったままただその場で飛び上がるにしても部屋中を飛び回るにしても、そのことは、そのような状態にある者の身に神さんが本当に降りたということの徴《しるし》にほかなりません。といいますのも、そのような真似はふつうできませんし、神さんが身に降りてきているのでなければそんなことは無理ですから。私にとってそれはまさに神さんの側の謝意の徴でもあります。神さんも、ご自分の名を誰かある人によって明らかにされ、そうしてある家で祀られることになることを待ち望んでおられるのですから。

こうしたことはすべて目に見えるものですが、ともかく決して変わらず常に同じことがひとつございます。それはまさにあの時、私が神さんをお呼びして神さんがこの私に降りて来られる間におぼえる感覚です。もはや周りにあるもの一切わからなくなるのです。それからなにか音が聞こえてきます。どんな音かと問われれば、町中で銭湯のそばを通る時に湯気立つ窓から聞こえてくるような音とでも申せましょうか、まさに湯煙の立ち籠める風呂の中のむんむんした熱気越しに漏れてくるあのたくさんの声の入り混じったよく聞き取れない音のような、内にこもった響きなのです。遠くとも近くともつかない響きあう声音は聞き取れることもあれば聞き取れないこともあるような、そんな老若男女の入り混じった声の木霊《こだま》がとめどもなく、ファア、ファア、ファア、と湯気のなかから響いてくるのですが、その時、体全身が震え出すのです。大体そのように体が震えるのは年とった神さんが何事かを教えようとなさっている時でありますます。若くて力のみなぎっている神さんの場合は、この両手が一挙に天へ振りあがるや、突如大きな叫び声が、神さんご自身の御心から弾けるように噴き出して、その名前につづけて御言葉が発せられます。とは言いましても、その時私の口から出る言葉を自覚しているわけではありません。

それにまた、お呼びした神さんが降りて来られる時に、私は両肩になんともいえない重みを感じることがありました。これは大寒の頃や夏の土用あるいは特別な祈願のための百日間の修行の間など、大体長期間にわたる修行の最中に起こるのです。玉姫さんの御霊として丸い石を授かる前に百日修行をしたときなんかは二度そういうことがありました。

おつとめの間、神さんはいつもあまりにも早く降りようとしますから、私の方が準備の整うまで、祈禱も半ばをやや過ぎた頃ですが、それまで神さんを引き留めておかなければなりません。その日に唱えるお経やお祈りの文句でもう暫くお待ちくださるようお頼み申し上げるのです。

神さんが降りて来られる時に身におぼえる感じについて私が申し上げられることはこれだけでございます。――

シゲノはこのように彼女が「夢のお告げ」と称する状態を語った。これはシゲノという女性がどれほど神意の仲立ちをする存在であったかを示し、彼女をオダイと認めていた者たちが、生きてゆくうえでの指標にしていた人であったかも明らかにしていた。他の多くの女性のオダイたちと同様、彼女の特徴は、神降ろしを修得するための方法がきわめて単純だという点にある。こみいった祭祀もなく、最小限にとどまるもの以外の音楽や舞といった技芸もない。彼女にとって神の言葉を伝える資格のあることを保証するものはただ、通常の意識や自分の個性を空《から》にして空洞のような中間的ともいうべき意識状態に達し得る能力だけであった。そして、自身の内に侵入する神にのっとられても、それに流されてしまうことなく無事にもとの意識状態に戻りうるための手段としては、祭式の限られた時間内に憑依を堰《せ》き止めるほかいかなる手段もなかった。稲荷のオダイの多くも、シゲノと同様に複雑な憑依術を用いるわけではない。この意味では、現在のオダイは巫としていくつかの特徴をもっているといえよう。実際、いくつかの指標によってそれぞれの特徴を分析すると、巫女《ふじょ》や巫覡《ふげき》という広いカテゴリーのなかには複数の形態が存在していることがわかる。その幅も広い。たとえば憑依だけを中心に考えると、憑依という巫術の有り様と目的——依頼者だけの前でおこなわれる簡単なものから、音楽が奏され舞がおこなわれる数日間に亘《わた》る村共同体の大祭礼まで——、憑依の主体——神、神霊、死者の霊——、また巫術形態——単独巫儀あるいは複数巫儀——などなどの指標のもとで定められる憑依現象の差によってそれぞれの巫者、巫覡のタイプが区別される。そのなかでは、現在のオダイはそれぞれの諸要素をもっとも簡略な形にとどめた巫の一形態であるといえる。しかしながら、いかにオダイの巫術が簡略で即座のものであれ、それが次の二つのことを請け合っていなければ、オダイを名乗りその職能を果たすことはありえない。すなわち、いつでも誰しも納得のできる「神を降ろす」もしくは「神に憑かれる」という憑依の能力を発揮することと、一方その憑依を制御するという能力の両方を同時に要求されているのがオダイである。一見、奇矯な振舞いに見えるオダイの巫術が受け入れられるためには、その外観のもたらす印象とは別に、確実な意味付けが承認されなければならない。これは、神おろしを願った人々が求める情報の確かさ、あるいは有用性の確認にほかならない。なお常軌を逸した憑依の有り様はまた、オダイの平常時における品行方正、秩序に対する自分の厳格な態度によって埋め合わせられる必要がある。以上のことを満たしてはじめて、オダイが憑依状態において呈するあらゆる異様さがまさに神がその身に降りた証と見なされ、権威を授けられることになる。逆の場合には憑物という負の評価の対象になる。このようにオダイは自身を取り巻く社会と結び付いているのである。

シゲノが故郷の村を発つ決心をしたのにもこの社会的な背景がある。彼女が正真正銘のオダイという地位を得たのはまず大阪である。その段階で、オダイとなった彼女は村に帰り、滝寺という信仰の場を整え、「車があつまってくる」というお告げのあったとおりに、昭和一一（一九三六）年からそこに多くの信者たちを迎えることができた。彼女にとってそれは二重の公的な認知を得ることであり、それによって社会の周縁に生きていたかつての状態から抜け出すに至ったのである。これによって彼女は仲立役を二重にはたした。つまり一方では、村社会がもつ文化と宗教的基盤を生かしながら人間と神との間にたってその交流を可能にし、他方では、日本社会全体が近代化の局面に臨んでいたまさしくその時に、シゲノが都市と農村の橋渡しをつとめたのである。

＊1　奈良県生駒山南部にある寺。
＊2　荼吉尼天法と荼吉尼天については、五来重「稲荷信仰と仏教——荼吉尼天を中心として」（一九八五）参照。
＊3　この呪法とそれに類した他の狐憑呪法は、「修験深秘行法符呪集」巻七、第二四四から第二五〇まで（『修

験道章疏』二、所収)、「法流伝授切紙類集」第一(修験聖典編纂会編『修験聖典』歴史図書社、一九七七年、所収)など参照。

6 崩壊と繁栄の渦巻きのなかで

今六万体とよべる地より、天王寺《てんのうじ》寺町《てらまち》に出る処に、東へ通ずる狭き道路あり。是を明治以前にはみこまちと呼び、梓みこの数軒住ける地なり。（中略）此に俗人死せるものの口寄せと云へる事を、往いて依頼すれば、巫出て座し、前に小き箱をおき、弓を手にもち、箱をたたき、先づ神おろしといへる事を為し、次に亡者の来りて、言葉を発すことをなすに、さも哀れにいひ、其謝儀を請ふものより受くるなり。

――『浪華百事談』巻九（一九世紀末）

天神山と天王寺地区の歴史

――私がはじめてここにやってきた時の昭和九（一九三四）年九月一〇日には玉姫さんのお社《やしろ》は天神山にございましたが、その同じ月の二一日に室戸台風が上陸しまして、そのお社もなぎ倒されてしまいました。台風の嵐は天神山をも襲い、見事に立っていた八柱の松の大木が根こそぎなぎ倒されてしまいました。そのようなわけで一切を一からやり直さなければならなかったのです。玉姫社を天神山の東に再建し、また山の上にお塚をひとつ立てて白龍さんを、私がこの地に着いた当日にその姿を示された私の守護神をお祀りし、それからミイ（巳）さんの抜け殻を箱にしまってそのお塚の下に埋めました。それで、この天神山のことを「白龍山《はくりゅう》」と私たちは呼んでおりますが、まさしく白龍さんこそこの土地の真の守り神なのです。

それから、この山に在《ま》しますすべての神さんが次から次へと私に降りて来られました。前に申しましたように、いつも私のお呼びした神さんがお降りになってお告げをなさるわけではありません。お呼びした神さまがここに集った人々にご自身ではなく他の神さまを出会わせようとなさる場合もありますし、あるいはまたお祭りの日でしたら、お呼びした神さまが他の神さまを連れてくることもございます。この山に祀られる神さまは大体いつかのお祭りの際に降りて来たのです。それで、この白龍さんのほかに、一二の龍神さんがこの山にある大木の榎の下に住んでいることがわかりました。みな別々の名前をおもちなのですけれども、なにぶんよく間違えたり忘れてしまったりするものですから、結局宿っておられるその木の名にちなんで「榎さん」と呼ぶようになりました。同じように樟《くすのき》は樟姫《くすひめ》さんのお住まいですし、それにまた山に薄紫の藤が花穂を垂れ、これから三年以内に真っ白な花を咲かせると言っていた神さんが降りてきて、二年もすると山にはその藤の白花が咲き乱れたものですから、これは白藤の神さんがここにいらっしゃる徴にちがいないと誰しも思い、それで白藤神を祀りはじめたのです。

それから源八《げんぱつ》さんもいらっしゃいます。源八さんははじめはどちら様かわからず、ただお名前からすると眷属の神さんの中でも一段低い狸さんだろうと思われましたゆえ、狸のお初《はつ》さんとお福さんと一緒のお塚にお祀りしておりました。ところが、ある日のこと「源八は狸ではありません」とおっしゃるのでした。源八さんが降りてきたのは長野の木曾御嶽山と戸隠山へお詣りした後のことでしたから、もしかするとそこの人の霊なのだろうかと思うようになりました。源八さんはここに集う人々が事故に遭わぬよう護ってくださるのです。お初さんにお福さんは、戦前に恵比寿二丁目で飲食店を営んでいた女の方がお祀りしていた狸さんでして、今は山の上の左に見えます小さなお社《やしろ》でお初さんを祀っております。ただし、私にはこのおふたりの眷属さんは人を誑《たぶら》かす狸と思われるのです。と申しますのもお二人は、結った髪に大きな櫛やピンを挿した女の姿で現れましたが、上半身はきらびやかに着飾っているのに下の方は目を覆いたくなる有り様で、着物の丈があまりに短いものですから。この狸たちは誰も世話をしてくれる人がなくなって山を荒らしはじめましたが、あのお塚を立ててからはそのような悪さもしなくなり、今ではお願いしますと、飲食店の客寄せをしてくれます。

白高さんのお塚の隣に、村の夫の家の守り神の白髭《しらひげ》さんのお塚を立てました。それからまた滝寺の、勝負事や博打の神さんでおられる古女郎《こじょろう》さんのお塚もございますが、この神さんは株屋の人たちが拝んでおります。下方にあります三基のお塚はそれぞれ伏見稲荷山の大岩さん、小岩さん、お咳さんですが、なかでもお咳さんは胸の病を治す「胸の病の神」と称されています。それからほかのお塚より少し高いところにもう一つ、安居天神の境内にいる他のすべての神さんを代表する「総名代」を祀るために立てましたが、お祀りするのは年に一度、大晦日の夜でございます。

山にはまた融通《ゆうずう》さんという神さんもいらっしゃいます。この神さんは白髭さんのお傍に居るのです

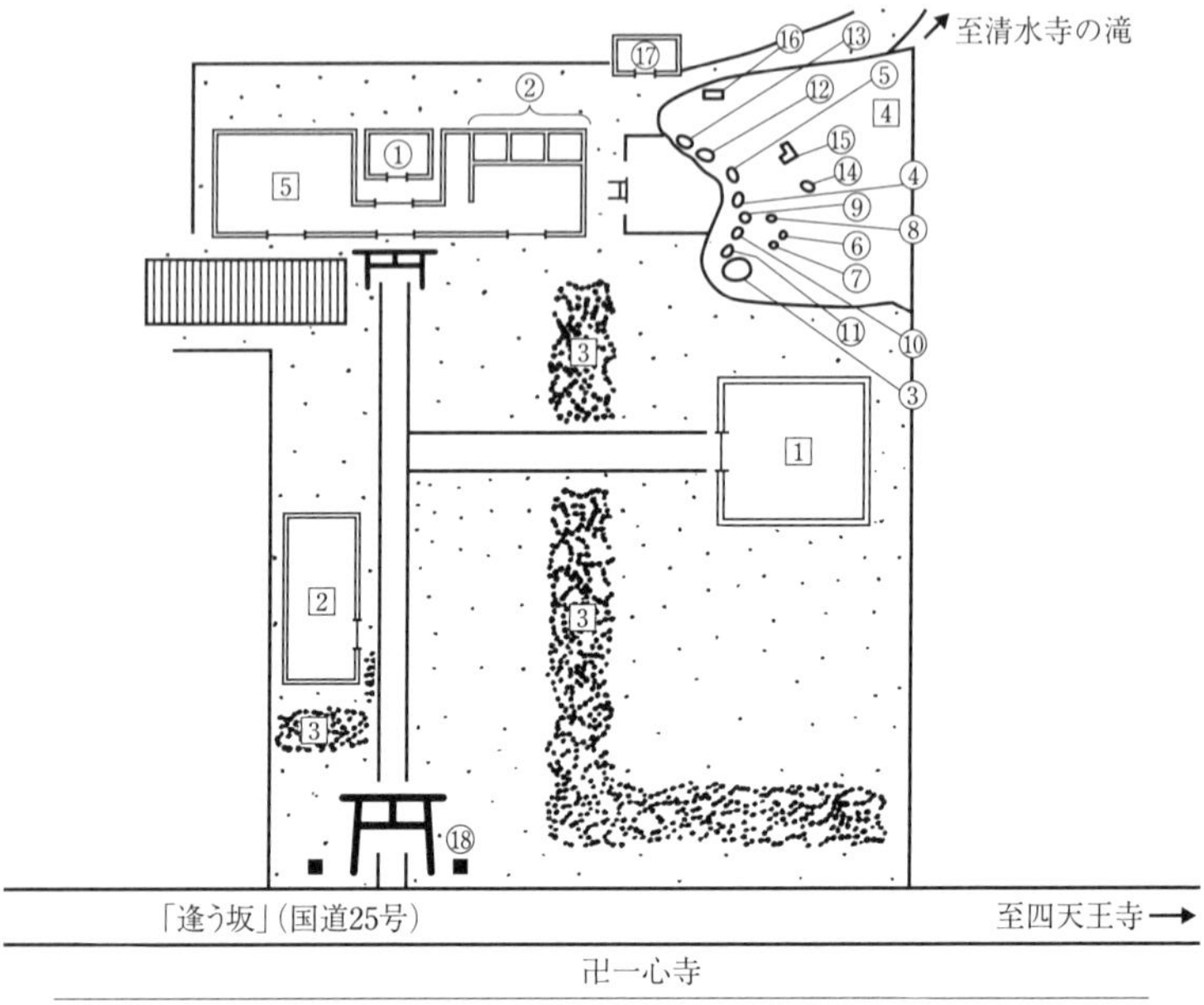

1 安居天満宮
2 社務所
3 樟並木
4 天神山・白竜山
5 中井シゲノ住宅

① 玉姫大神社
② 教会道場と神殿
- ア、白高大神
- イ、豊受命
- ウ、三輪大明神
- 大黒天

③ 樟姫大明神(樟)
⑮ お初大明神小祠
⑯ 子育て地蔵
⑰ 淡島大神
- 金山彦大神社

(この二社安居神社末社)

⑱ 大鳥居

お塚

④ 白龍大明神
⑤ 白藤大明神
⑥ 白高大神
⑦ 白滝大神
⑧ 白髪大明神
⑨ 古女郎大神
⑩ 大岩明神
⑪ 小岩明神
⑫ 試み(心見)大明神
⑬ 原八大明神
- お初大明神
- お福大神

⑭ 総名代

地図 6　大阪市天王寺区安居天満宮境内・玉姫稲荷社(1983 年の配置状態)

同境内は 1991 年以後改造，玉姫教会・道場，住宅とお塚すべて 1995 年に撤去.

が、とくにお塚を捧げられているわけではなく、ただ月次《つきなみ》祭の日にこの神さんの名前を記した灯籠を釣り下げます。おそらく古女郎さんと同じ天狗の神さんではないかと思われます。橋のないところに橋を架けよとおっしゃり、道のないところに道を開けとおっしゃり、財のありあまっているところにはこれこれに貸し与えるよう、貧しいところにはしかじかに借りるようお言いつけになるこの神さんは、まことにお名前の示す通り、「融通する」神さんであられます。

このようなわけで、玉姫さんは山に在します神さんのうちのおひとりにすぎませんものの、最も位の高い神さんです。これらの山の神さんは随分前から忘れられておりまして、私がここへ来たとき、すでに誰も祀る人はありませんでした。それに、この白龍山は妙なところでして、いたるところに穴があるのです。私がこの地に来たその翌年（昭和一〇（一九三五）年）の一月のある日のこと、お巡《まわ》りさんが来まして、山の麓のちょうど白龍山のお塚の下の方にぽっかり空いた穴のあるのを見て、これは何だと問われました。まだここへ来て間もなく、お祈りや祝詞を挙げるのに精一杯で、宮司さんにそんな事を尋ねる暇も今までなかったとお答えしました。するとお巡りさんは長い竹竿を手にとって穴の深さを測ろうとしましたが、三メートル以上あるその竹竿も空を切るばかりで、穴はまだまだ深いようでした。私の方はその穴の手前に立っておりましたが、不意に私の口からこのような言葉が出て来たのです。「この穴のことを詳しくききたくば、またあらためてその正体をみせてやろう」。それ以後お巡りさんの来ることもなく、それ以上穴を探る人もありませんでした。あの時私はまるで神が下がってくる時のように、唐突に口を利《き》いておりまして、何かが急に身に降りたような感じだったのですが、それが誰なのかも何なのかも私自身は知る由もありませんでした。その穴は真田《さなだ》山の方から続いているトンネルの出口だという人もあれば、それは茶臼山の丘につながっているのだという意見もありましたが、ひとつ確かなことは地下がかなり空洞になっているということです。ある日、まだ幼い末の娘が山に面した家の前で遊んでいたところ、突然姿が見えなくなりまして、あちこち探し回った挙句見つければ、なんとぱっくり口を開いた穴の底に座りこんで遊んでおったのです。けれども、それが一体何の穴なのか、誰にもわかりませんでした。――

シゲノが足を踏み入れ歩き回った山々のなかで、白龍山はもっとも小さな山に違いなかった。しかしながらこの「山」こそ、そしてそこに潜んでいる様々なものこそ、シゲノの足をこの土地に惹きつけたものであった。それは大阪でオダイとして生きるシゲノの出発点であった。まさしくこの山に宿っている神々の言葉を伝えることによって、彼女はここで生計を立てていたのである。この「山」についての理解を深めることはまたシゲノの生き方を貫く内的必然性をより深く把握することでもある。この土地の背負っている歴史は、シゲノによってよみがえらせられたかのようにみえて、それはまたシゲノの到来の意義を照らすものでもあった。

今日、白龍山はシゲノによって手を加えられ、一般に稲荷のオダイが神を祀る場にみられるのと同じ様相を呈している。それは大阪のど真ん中に生き残ったひときれの自然、しかも多くの印に覆い尽くされ様変りした自然の姿である。安居天神の境内奥に位置し、本殿の北側に位置する白龍山は、一見森の如く、楠、榊《さかき》のほか雑木が林立し、榎と棕櫚《しゅろ》の木が一本ずつある木立であり、その前方は黒い上部をもつ朱塗りの木柵によって三方を仕切られている。入口には「白龍大神」の額を冠した朱の鳥居が立っている。この鳥居をくぐると「山」に面し、囲われた空間の中に立ち入ることになる。山の麓には丸い石の石垣があるが、その真中、ちょうど中央の白龍のお塚の下に、一箇所丸い穴が空いており――話にでた深さの測れなかったあの穴――、この山の主《ぬし》たる白龍、ミイ（巳）さんの通り路といわれている。そこに群をなす石塚、白磁の狐や蛇、小型の赤鳥居などは、それらが充満する稲荷山の風景を思い起こさせるものである。

一見この山は独立しているように見えるが、北側から眺めれば実際は四天王寺を東の上部とする一続きの丘の最西端であることに気づく。この地帯はいわゆる上町《うえまち》台地の中心に位置している。上町台地は幅二、三キロメートル、長さ約一〇キロメートルにわたって今の大阪市内の中央部を南から北へ帯状に伸びている。もとは半島であったこの台地は、最も古く大阪に居住した人々が根を下ろした地点の一つである。台地の西側は大阪湾へ向かって急斜面をなしている。古代、現在の白龍山麓にあたるところは台地に沿って南北に長く浜が伸びていて、そこは四、五世紀以降、中国大陸や朝鮮半島との交易の港がひらかれ、続いて難波《なにわ》宮が建造され、文化と政治の中心地として栄えた。上町台地に散在する五世紀の古墳群は、とりわけ四天王寺の辺りとおそらくは安居天神の南の茶臼山に集中していることが遺跡発掘によってわかっている。当時の権力者たちはその巨大な墳墓のなかに埋葬され、墳墓の地であったこの辺りはまた死者供養を修する数々の寺院が建てられた地でもあった。なかでも最も名高く代表的な寺院は、聖徳太子の建立した四天王寺である。四天王寺は永らく信仰を集め、平安時代末には春秋の彼岸会に各地から参詣する人が絶えなかった。四天王寺の西門は阿弥陀如来の西方浄土の東の門に通ずるから、この西門ごしに海に没する太陽（「日相観《にっそうかん》」）*1を目にした者は弥陀の極楽に往生できると信じられていた。

　この界隈はあの世に通ずる場であるばかりでなく、現世の生活のまさしく中心地でもあった。現在、国道二五号線が大都市の大動脈として安居天神ならびに四天王寺の前を通っている。ここ「逢《あ》う坂《さか》」は、関西の交通路の合流点であり、南は熊野に那智、北は京都、東は奈良に通じており、あるいは商売のためあるいは巡礼のために行き交う人の流れの絶えないところであった。こうして四天王寺の付近には市が立ち、近郊の畑でとれた農作物、牛などの肉類、苗木、酒、加工品などが売買された。墓に参り寺に詣でる人々、市に集まる人々と物、こうした絶え間ない往来のなか、この地域は（天王寺の「町村」として）急速な都市化を遂げた。商人と行商人、職人、飲み屋や宿屋、さらには寺町の僧侶のほか放浪する山伏、願人坊《がんにんぼう》、陰陽師、熊野比丘尼、口寄せ巫女《みこ》、占い師等の民間宗教者たち、また賭博、軽業師、娼婦。こうした色とりどりの人の群れが丘の上の路地にかわるがわる居住したり、通ったりした。交通上のこの要地は、中世には幾度となく戦場と化したものの、それ以降さらに発展した。人口は増加の一途をたどり多様化していった。江戸時代の幕開けに起きた最後の戦《いくさ》、大坂冬の陣（一六一四年）夏の陣（一六一五年）は、四天王寺周辺、茶臼山、安居天神の境内を舞台に繰り広げられた。この戦は、最終的に徳川の勝利と権力を決定づけたものであったが、また大阪の地に無数の死体と血を撒き散らしたものでもあった。豊臣軍きっての名将、真田幸村も安居天神にて討死したと伝えられる。

　少彦名神《すくなひこのかみ》と菅原道真を祭神とする安居神社の創建ははっきりしないが、九〇一年、太宰権帥に左遷された道真は、都を追われ九州に流されるに際して、この社にて今生の別れに水杯を妻と交わしたといわれる。今日天神信仰といえば一般に、当代一流の詩人・学者であった道真にあやかろうと、この文教の神に参拝し合格祈願をする受験生の群れが思い浮かぶが、かつては必ずしもそうだったわけではない。左遷の二年後、悲嘆の末にその地で没した道真の霊はまず雷神として崇められた。道真の仇敵を襲った不幸の数々に加えて宮中落雷事件など、たび重なる禍の根はほかならぬ道真公の怨霊なりという託宣が相次いで出た。人々は様々な供養と祭祀によって、祟りをなすと信じられたその怨霊を鎮めようとした。安居天神は道真の霊を祀る無数の神社のうちの一つであるが、この地に鎮座するゆえに、なんらかの形で有名無名を問わず死者の霊ととりわけ深い結びつきをもった社のようである。

神社境内にはこれまで発掘の手は入れられていないが、シゲノの見つけた大地に穿たれた穴が幾多あること、古墳や多くの墳墓がこの近くにあること、なお白龍山の形状そのものから、ここもまた地下に古墓の遺跡が眠っているであろうと推測される。ところで墳墓や墓穴は一般にあの世への通り道と見なされている。それゆえそのような場所が巫女やオダイなど、神霊や死者の霊と交流できる諸宗教職能者たちを惹きつけるというのも当然である。実際に大小の神社が、古墳やかつて墓地であったと伝えられる場所に建てられているのを目にする。とりわけ稲荷の諸社によく見受けられるものである。伏見の稲荷山自体、その主《おも》だった三峰に古墳群を戴いている。日本全国においても、「稲荷古墳」「稲荷山古墳」「稲荷森古墳」といった名を持つ古墳は数多い。このような稲荷山にある稲荷小祠は、あるいは古墳の上に、あるいはその前に、あるいは旧古墳の内部に建てられたものもある。これはさらにオダイ自身の言によって裏付けられ、シゲノと同様にオダイは皆、神とはもともと死者の霊であり、それが生者のなす供養と祭祀により時の流れにつれて神に変わってゆくのだと言う。私の出会ったオダイのなかにも、彼らの言によればかつて現に生きていた、ある人の名をもつ神を自分の守護神としている者がいた。こうしたオダイたちのなかのある女性は、彼女が守護神として祀っていた男の葬られた場所をお告げによって言い当てたものだった。そこから出てきた頭蓋骨を、彼女はその神を祀る神殿の下に納めた。シゲノもある日、玉姫はもとはある女人の霊であり、その方は白河天皇の側近であったと私に打ち明けたことがあった。宗教民俗学が明らかにし、縁起や説話、口頭伝承が物語っているように、墓と神社の重層関係の土台となったのは祖霊信仰、先祖祭祀であり、子孫は先祖の墓前で巫女や巫覡《ふげき》の口を通して祖霊、祖神の託宣を承ったものと思われる。これがまた日本社会における宗教的基盤の一つとなっている。

かくして、シゲノが天神山に辿り着いたということは、タクシーで大阪中を走り回り玉姫大神の鎮座地を探し求めたという単なる一身上の奇譚をはるかに上回る出来事なのである。「夢のお告げ」を原動力として玉姫探求の旅に乗り出したシゲノが、それまで「一切知らなかった」という白龍山の前で立ち止まったのは、まさしく巫女たちがもっている、時間と空間との関係を問題にし、そして自分の感受性に基づいてどんな状況と出来事に対しても意味付けできる能力を示すものである。ともあれ、まず社会史の視点から以上の出来事を位置付けてみると、彼女が天王寺区の安居天神境内に住み着いたことは、以前和歌山から来た松本藤熊が「偶然に」天神山にて玉姫神社を納めたのと同様、この土地に連綿と続いてきた信仰の長きにわたる歴史における現代の一挿話にほかならなかった。

けれども昭和九（一九三四）年には、天神山はただ旧玉姫稲荷神社の名残をとどめているに過ぎなかった。シゲノが住み着いたその頃の天王寺区は、様々な生業や絶え間ない往来でにぎやかなところであった。天王寺へ春秋の彼岸参りをする風習が変わらず息づいており、口寄せ巫女は、明治新政府がその活躍を禁ずる禁止令を出したにもかかわらず、公の場からは姿を隠しながらも相変らず存続していた。茶臼山の延長線上に、明治三六（一九〇三）年に開催された大阪博覧会の地[*2]には遊技場が設けられており、その周囲には映画館や食堂や小劇場や飲み屋がたちならび、人々を呼び寄せていた。父権の強い時代に故郷の村を去るというシゲノの振舞いはまったく現代的な壮挙であった。シゲノは逆説的にも、大阪のきわめて遠い過去に所縁ある土地に己が根を下ろしながら、また同時にこの都市の現代的な最前線を歩もうともしていたのだった。昭和六（一九三一）年以来、日本は長期のアジア・太平洋戦争に没入しており、戦時体制は太平洋戦争終戦の昭和二〇（一九四五）年まで続いた。日中戦争の勃発した昭和一二（一九三七）年頃から、日本全国、とりわけ都市における生活は次第に苦しくなっていった。年々、生活状況は悪化の一途をたどり、配給制、徴兵、種々の病気、いやます困苦欠乏などが日常茶飯事になってくる。一方、奈良県の農村社会から大都市の大阪へ越したシゲノは、オダイとして宗教職能者の機能を拡げていった。村の諸問題の内に閉じ込められたままの状態から離れ、都市の問題、そこに住む人々の抱える様々な問題に直面したのである。それによりシゲノは外の世界の激変を二重に体験することになった。つまり、激変する社会の渦に自分自身巻き込まれつつ、戦時の困窮を最も被ったような人々を迎え入れなければならなかったのである。

玉姫を取り巻く株屋、芸者、政治家、そして戦禍を被る人々

——安居天神の宮司さんに三畳の間をお借りして暮らしておりました頃（昭和一〇（一九三五）年一二月から昭和一一（一九三六）年一二月まで）のことですけれども、天神さんの信者さんたちがお参り

にいらっしゃる時など、白装束を身にまとって掃除している私の姿をよくみていました。なかには、神さんに仕えるオダイともあろう人がそんな風に掃除ばかりしていてはなあ、自分たちも私のために何かしなければ、とおっしゃってくださる方がいらっしゃいまして、寝食に困ることなくちゃんとした暮らしを営めるほどの適当な場所さえ用意できれば、あとは私一人でも何とかやってゆけるだろうと計らってくださいました。そのようにして五人の方が手を差し伸べてくださったのです。そしてまさにこの方々から寄進していただいたお金でもって、私はこの八畳の間を建てることができたのでした。

昭和一一（一九三六）年の九月一五日、工事に取りかかる前の地鎮祭が執り行われました。一二月八日には工事を終えた後のお祭りがありまして、翌々日の一〇日、私はその新しい住まいに身を落ち着けました。宮司さんには大変親切にしていただき、この八畳の間を建てることも無条件で聞き入れてくださいました。ええ、本当に、ひとえに宮司さんのおかげです。ここの土地は安居天神のものですから私にはなんの所有権もございません。ですから宮司さんと話し合って、私の方は一〇〇円の家賃を支払い、宮司さんの方は領収書に署名して、それをもって安居天神の境内での私の居住権の証明書とすることに決まりました。翌年から、水道の使用契約も私の名義ですることになり、私がここに住んでいることが公に認められるようになりました。昭和二三（一九四八）年まで私は家賃を払っておりましたが、その翌年、今後はもう何も納めなくてよろしいですから、と宮司さんに言われました。とはいえもちろん、玉姫社のお賽銭箱の中身はかわらず納めておりましたし、お祭りの日の寄進物に関する取り決めもずっとそのまま続いておりました。そのうえ、玉姫さんにお参りにいらっしゃった人たちは皆、必ず安居天神にもお賽銭をあげてゆかれましたから、私がここに居ることがお宮にもなんとかお役にたつようになったのです。のちの昭和二九（一九五四）年には、玉姫社の鍵と賽銭箱の鍵が玉姫教会の会長さんの手に渡されまして、それから数年後に私の住まいも建て増しされました。まあそのような状態がずっと続いていたのですが、今から数年前（一九八〇年）、安居天神社とその信者さん方と合意に達しまして、安居天神の土地に玉姫社および私自身が居を構える権利が公的に認められ、私はその土地を借りるわけでも所有するわけでもなく、お宮の境内の一画をオダイの活動の場として無償かつ無制限に貸し与えられたのでした。

言うまでもありませんが、こうしたことはすべて私一人の力ではとても叶えられなかったでしょう。八畳の間が建てられてからは、すっかり大阪で暮らすようになりまして、その頃から玉姫の信者さんたちも大勢集まるようになりました。すでにその前の年から私が玉姫さんを拝んでいると、私の後ろに誰かが必ず来ていました。なかには、私の終えるのを待って、自分がここへ来た理由を述べる人もいれば、何も言わない人もいました。いずれにしても私は彼らに代わっていつも神さんにお伺いを立ててました。やって来る人々というのは普通、なにか自分自身の問題か、あるいは近しい人の問題を抱えてやって来るわけですが、そうした類いの事柄については誰しも触れたくないものです。ところが私の口を通して神さんが彼らのやって来た当の問題を言い当ててしまい、その解決法も教えてくれるので、みなびっくり仰天して、時には恐怖の念にさえ駆られていました。そうして皆は後日にまたやって来るのでした。そのたびに神さんは一人ひとりが内に秘めるほんとうのことを告げていました。仕舞いには大勢の人が毎日、「今日は、神さんはなんとおっしゃったか」と尋ねに来るようになりました。そのようにして玉姫さんの信者の数はますます増えていったのです。信者さんは大阪中から集まって来ましたが、なかには私の噂を聞いてやって来たという人々もいて、今度はその人々がまた知り合いに伝えるというようにして口コミで広まってゆきました。

信者さんのなかでも一番古くから来たのは、現在の会長さんのお父さんでして、昭和九（一九三四）年九月一五日に玉姫社の御前で私がはじめてお祭りを挙げたあの日にその場に居られました。もう亡くなりましたけれども、息子さんをはじめ家族の皆さんとは今もとても親しい仲でございます。ここ大阪での私の行状については、あの人たちが最もよく御存知です。彼は北浜の証券市場でも評判の株屋さんでして、ここに来られた同業者の皆さんのなかで一番最初に来ました。さまざまな人が来られますけれども、なかでも株屋さんが芸子さん（ここ大阪では芸者さんのことをふつう芸子さんと呼びます）に次いで最も大勢見えました。彼は大変熱心で、月初めの玉姫さんのお祭りには欠かさず来ていましたので、明くる二日は「この人のお祭り」と決まっておりました。その日、私は彼の家で鳴《なり》護摩《ごま》をすることになっていたのです。[*3] お祭りが始まる前に、彼は何枚かの紙にそれぞれの株券の名前と、それにお勤めの間に私がいつも同じ順番で唱える祝詞や唱えごとを書き入れるのでした。それから鳴護摩の鳴る音の強さや高さに応じて、それらの名前に鉛筆で印を付けてゆくのです。彼はそうして出来た表に基づいて、どの株券をどれくらい売り払うべきか、あるいは、五日ごとないし一週間ごとにそれらを勘定すべきかどうか判断していたのです。お祭りが済むやいなや、「北浜に行ってくる。何日までは下落だ、何日から何日までは上がる……」と言って出てゆきました。と、家族の皆さんは、「お父さんが決めるんじゃないのよ、決めるのは神さんなのよ」と言うのでした。それがほんとうによくあたりましてね、ある時などは大儲けして、それはそれはとても面白かったですよ。とは言いましても、皆がみな彼のように上手くいったわけではありませんでした。戦前戦後の頃はお金の動きが激しくて、一儲けする者もあれば大損する者もありました。なかには破産の憂き目に遭うような人もありまして、たとえばここへも来られた和歌山の仕手株をやっていた株屋さんなどは、家も土地も抵当に入れなければならなくなり、なにもかも失って、乞食の身になった挙句、奥さんに先立たれました。それから仲仕《なかし》という荷車引きをしたりして……そしてまた株にもどりました。株屋さんたちは皆めいめい、私が玉姫さんを拝んでいる間に私の口から出て来る言葉をもとに、自分たちで判断をしておりましたが、それがいつもうまくいったわけではありません。

私がここにやって来て（昭和九（一九三四）年）からまもなく、真っ先に玉姫さんの御前に大勢でお参りにいらっしゃったのは芸子さんたちでした。大阪の名だたる色町の芸子さんたちでして、新町や堀江、のちには今里の芸子さんたちも見えました。当初から優に一五人はいらっしゃいました。正月には決まって華やかな晴れ姿で見えて、おひとりおひとりもちろんたった一つだけ願《がん》をかけるのですけれども、いい旦那さんとめぐりあえますようにとか、あるいは悪い旦那と縁が切れますようにとか祈願なさっていました。そうした花柳界には大阪中の権勢あるお偉方や大商人がひっきりなしに出入りしていて、交渉や商談をしたり、芸子さんの歌舞を酒の肴にしながら御得意様にご馳走をふるまったりしておりました。戦前というのはほんと豪奢な暮らしをする人たちがいた時代でしたから、芸子さんたちにも望みがあったのです。けれどもときにはそうしたことが、彼女たちの知る由もなく、もの笑いの種になることもございました。と申しますのも、二人の芸子さんが「同じ」旦那さんと縁が結ばれるように玉姫さんに願をかけに来ることが一度ならずございましたものですから。私はといえば、もちろん頼まれたこと、つまり玉姫さんへのお祈りを捧げておりました。あとはなるようになるのでした。芸子さんのなかには、旦那さんをひとりも見つけられずに、毎日のようにここへ来ては泣き崩れ、半ば狂ったように、なんとかしてくれと私にせがむようなひともありました。どうにも宥《なだ》めようもなかったのですが、ひとつ気を紛らわせる方便を思いつきました。それというのは蛇の抜け殻を差し出して、この皮のひときれを小袋にでも入れて、それを好きな旦那さんの着物のどこかに掛けておくようにと言うのです。ほんの誤魔化しの痛み止めにすぎないものでしたが、それで落ち着いて帰ってゆきました。なかには抜け殻を丸々欲しがる人もあったくらいでして。ほかにも悪い旦那に出くわしてしまって何とか厄介払いしようとなさっている人たちもありました。そんなときはたいしたことは出来ませんでしたけれども、それでもなにかしないとまた同じことを何遍も何遍もこぼしに来られて仕方なかったものですから、気休めに、紙の人形をつくって、そして毎日、体の一部に思いを凝らせばその部分が悪くなるだろうとすすめることにしていました。けれどもそれと同時に警告しておきました。こうしたことは逆にわが身に降り懸かってくるかもしれませんよ、嫉妬や悪意というのは概してそうした恨みを抱いている人自身に降り懸かるものですから。それにつまるところ、旦那の良し悪しはあなた方自身のありようにかかっているのです、とちゃんと釘を刺しておきました。また反対に恵まれた芸子さんたちももちろんいらっしゃって、ここにお見えになったある芸子さんなどは有名人の一流の旦那さんとめぐりあわれまして、のちには私たちも大変お世話になりました。彼女はずっと玉姫さんへの深い感謝の念を忘れることなく、またそれを形に表す人でもありました。彼女は山村舞踊学校に通っておられまして、時々そこの師範をお連れになって見えましたが、その方もまた同じく玉姫の信者さんになられたのでした。

月次祭《つきなみ》には料亭、お茶屋や待ち合いの女将さんが見えていましたが、皆さんたいへん上品な方ばかりでいらっしゃいました。時には、私が帰ってくると、すでに私を待っておられることがございまして、私の姿を見るやいそいそと迎えてくださるのでした。いつも場の空気を敏感に読み取られ、手際よく事を運びなさり、気品があって優雅な言葉遣いをされる方たちでして、大阪中の出来事の裏表に通じ、尽きせぬ話にいつも花が咲いていました。ここは常にたいへん賑やかでしたが、花街は戦時中に破壊されてしまって再建されることはありませんでした。それで芸子さんたちもすっかり見えなくなりましたけれども、玉姫さんのもとには相変らず近辺の芝居小屋や娯楽業の方々が集まって来られました。

それから中国人も大勢いらっしゃいました。最初の方は、私がここへ身を落ち着けた頃（昭和一一（一九三六）年）、毎朝のように玉姫さんの御前にお参りに来ていらっしゃいました。はじめは、ちょうど私がお祈りの文句を唱えておりました折に、その声の鳴り渡るのが聞こえたものでとおっしゃってお見えになりました。それから毎日、何もおっしゃらずにいらっしゃっては、お賽銭のお盆に必ず五銭置いてゆかれるのでした。「ああ、五銭のおひとが今日もまたいらっしゃった」、私は心中そう思っておりました。暫く経ってからようやく彼は口を開いてくれました。当時天理教の信者さんでしたが、いつしか彼も玉姫さんにお伺いを立ててもらいたいと頼みに来るようになりました。そしてどの答えも見事にあたっていたものですから、彼は玉姫さんにまったき信頼を置くようになったのです。

彼は製鉄所を経営していましたが、いつもなにか問題を抱えていました。ある日などは、慌ててやって来るなり、妹の乳房がひどく腫れて大変だと言うので、一緒に滝寺のお滝へ行きました。私は滝に打たれつつ、今にできものは潰れ、膿も出尽くし、まもなく治る、安心して帰られよ、と言いました。その通りでした。彼は家に神殿を設《しつら》え、白高さんと玉姫さんをお祀りしました。私がどこかへお参りに出かける時には近くでも遠くでも必ずついて来ましたし、なにかにつけていつでも手を貸してくれる人で、お祭りに事業にあらゆる行事に参加してくれました。戦時中は、彼が晩に来て、消灯時刻の前に窓に毛布の覆いをかけてくれたものでした。

戦後、台湾や香港や上海出身の人たちが大阪にどっと流れ込んできました。彼らにはひとりの家族もなく、なんの支援もありませんでした。大方は散髪屋になるか料理屋を開くかでした。そのうちの一人で、中華料理店の店長になった人と縁故ができてからは、他の中華料理店からもよく呼ばれるようになって人脈が広がりました。彼らの人数も仕舞いには五三人にまでなりました。今日、ある人たちは亡くなられ、ある人たちは中国に帰られ、また他の人たちは名古屋へ行かれましたが、なおも玉姫の信者さんでおられる方が——皆さん料理店を経営されていますが——、二五人いらっしゃいます。彼らはみなゼロから出発したのでしたが、皆さん見事に成功されまして、彼らのお子さんたちも大学に入学されました。私にとっては彼らのほうが大阪の人々よりも楽でした。彼らはややこしいことなどは一切なにも尋ねず、ただ神さんにお祈りを捧げて、あとは自分自身の力を恃《たの》むだけです。大阪の人々はといえば、「これこれの取引で得をするだろうか」とか「息子は試験に合格するだろうか」などと尋ねに来るのです。心の持ちかたが違うのです。反対に、家族の誰かが病んでいる時などは大変でして、夜中でも構わず私を起こしにやって来て、自分のところへつれていって、今すぐ神さんに祈ってくれと頼むのです。

次に、私がここへ来てから大勢駆けつけていらっしゃったまた別の人たちは、病に苦しむ人々や、戦地へ赴いた夫や息子や父親や兄弟を心待ちにする女の人たちでした。白高さんは自ら「病気の神」と名乗られて、私がこの地へやって来ましたときに、八〇〇人の病を治すよう命じられました。私はそれをはるかに上回る人々を癒しました。と申しますのも、終戦の日が訪れるまで、日ごとにますます病人が殺到しておりましたから。職工の暮らしぶりはぞっとするほど酷《ひど》いもので、若い娘たちは結核に罹り、幼い子供たちはいよいよ栄養失調に苦しみ腸炎を患ってゆく有り様でした。命を落とす子供の数も増える一方でした。そのようななかで白高さんのお恵みを借りて癒したすべての人たち、どの薬を飲むべきかを教えたすべての人たちは、家族ともども、玉姫さんと白高さんの信者になられました。

昭和一二（一九三七）年からは、何もかも女の人がやらなくてはならなくなりました。男の人たちは次から次へ各地の戦線に送られていましたから。便りもなく、気が気でない女の人たちはざらにいました。そんな時、彼女たちは玉姫さんにお願いに来ました。彼女たちのなかには、つい先ほどまでここに来ていた人のように、その後もつづけて玉姫社にお越しになった方もおられます。その方のご主人は東南アジアに送られていたのですが、まもなく彼が山中にて転落し両手を失ったという知らせが家族に届きまして、その方のお母さんがここへいらして涙ながらに事情を語り、息子はただ手を失っただけなのでしょうか、命までも落としてしまったのでは……と声をつまらせ涙にくれるのでした。

私は神さんにお伺いを立てました。すると、無事、達者にしておる、とお応えになりました。事実彼はひどく転げ落ちたのでしたが、うまいこと身を隠して、無事であるばかりか、ただ指一本に傷を負っただけでした。また別のある人は――彼もまた大陸に赴いたのでしたが――、音沙汰がなくなってから随分久しいとのことでした。家族の方は生死も定かでない彼の身を危ぶみ心騒いでおられました。神さんにお伺いを立てると、無事生きておる、まもなく帰国せむ、とありました。ある朝、彼のお父さんになるおじいさんが木綿の着物姿で門を叩くかと思うと、「ああ、先生、わしの息子は戦争で死んでもうた、まちがいねえ」と涙声をからしてやまないのでした。私は、「まさか、死んでなんぞいません、帰ってきたのです、帰ってくるのです」と言いました。単なる「夢」とはいえ、それこそが夢のお告げだったのです。おじいさんは家に帰ったとき、ほんのしばしここへ来ていた間に病院から電話があり、息子さんが帰還されましたという報のあったことを知らされたのでした。

この種の不思議な出来事は沢山ございました。ええ、こうした信じられないことが実際にあるのです。

女の方たちのなかには必ず、家事のうえになお働かれ、職業を持つ方々がいらっしゃいました。お茶屋や料理屋の女将さんや、お茶やお花や踊りやその他さまざまな芸事の先生をしておられました。それからご主人が玉姫さんの信者さんだったという奥様方も見えました。「奥様連中」と私が呼んでいるこうした方々は上流社会の方々でご職業もないのでしたが、家庭内のさまざまな問題やご主人の仕事上のいざこざや、あるいは彼女たち自身のどうしようもない悩みを抱えているのでしょう、皆さんずっといらっしゃっていましたし、今もなおいらっしゃいます。社会的な身分に関わりなく、どなたも神さんにおっしゃられたことをまるまる信じてそのまま受け入れなさいます。この「奥様連中」のおひとりとは昭和一八（一九四三）年の八月に知り合いましたが、当時、山口県の高級官僚でいらした彼女のご主人がちょうど大阪に転勤してきたところだったのです。ご主人の方はもう亡くなられましたが、彼女の方は今日までずっと、毎月、月次祭《つきなみ》に東京からお見えになります。戦後あちらへ引っ越されたのです。

高級官僚、大阪大学の教授、お医者さん、株式会社の取締役といった方々がここへいらしては商人やたいそう貧しい人々と接しておられました。あらゆる職業の人々、あらゆる身の上の、とはいえいずれ劣らぬ危うい身の上の人々が訪ねに来るのを私は見てきました。そして神さんは人々の期待を裏切りませんでした。けれども人の道を誤ったような不誠実な人々は即座に化けの皮を現しました。そのような人々がここに長居することは決してありえませんでした。といいますのは、神さんが皆の前で彼らの本音を明かしておしまいになりましたから。ときには言い争いになることもございました。自分の誤ちを償おうと涙ながらにここへ戻ってくる者もあれば、怖気づいて息巻きながら逃げてゆく者もありました。

それにまた政治家の方々も幾人か見えました。代議士や大阪の市会議員や府会議員といったお偉方でしたけれども、皆さん前置きもなにもなく出し抜けにこう尋ねなさるのです。「で、今回はどうです、当選できますでしょうか」。この種の人々は自分たちのために神さんに拝んでてくれるよう頼むことはありませんでした。そうしたことが本当に何かを変えるとは信じていないのです。彼らがここへ来るのはただ、「なにが起こるかわかったもんじゃないから……」でした。私はどなたにも、どんなに偉いお方であろうとも、こう言うのです。ご本心を打ち明ける必要はございません、「私の目にはよく見えておりますから」と。私はただ名刺に記された名前と住所、それに生年月日を聞くだけです。結局のところ、どちら様であろうと、ここではみな酒屋の息子やこの近くの料理屋の配達小僧と同じような扱いを受けるのです。私は分け隔てなくみな同じようにもてなします。ある人が他の人より偉いなんて考えてみたこともございません。私にはどなたも同じです、どなたも偉いのです。人間はいつも一から十まで何事においても自分こそ一番偉くて、称賛に値すると思っていますけれども、それがいけないのです。もっと感謝すべきでしょう。本当に偉いのは、子供が誤ったとき、その子供をどのように叱ったらよいか、ちゃんと心得ている親御さんだけであります。——

七年半の嵐——炎と灰の雨

——昭和一二（一九三七）年の二月三日の節分、年越しのお祭りのために私は火護摩を焚きましたが、ちょうどその時、雷鳴が轟き大雨が降ってきました。おつとめの最中でしたから皆じっとしていましたが、まさにその時、神さんが私の口を通しておっしゃいました。

「東にことおきる。国が浴びる七年半の嵐がくる。とりどりの家庭に用意せんならん。もの数ある中にも、よく心得てするがよい」。

一体何のことなのか、そのときは誰も分かりませんでした。「東」というのは奈良県の私の故郷のことだろうという声もあり、ともかく不安でなりませんでした。ところで同じ年の七月七日に盧溝橋で事件が起こり、それを契機に日中戦争が始まりました。そして実際、この戦争は、昭和二〇（一九四五）年八月の敗戦の日まで、七年半つづくことになったのです。そのころ息子はよく私に気をつけるように言いましたが、それといいますのも、当時そのようなことを言うのはひとつ間違うと危険だったからでした。

とは申しましても、私たちにとりましては、その七年半の間、何が変わるということなく生活しておりました。一日も欠かさずに、私は自分の仕事を果たしておりました。また何人かで一緒に暮しておりました。助けの手が要ったものですから。

最終的に大阪に住むようになってから、私は長女を呼んで一緒に暮らしておりましたが、その長女が裁縫を習い始めました。それで誰か他に手引きとなってくれる人を見つけなければなりませんでした。信者さんたちがここへいらっしゃることもありましたが、私の方から彼らの家に出向いて、彼らの神さんをお祭りしなければならないこともありましたから。皆がみな働き口を探していましたから難しいことではありませんでした。ミサコという娘がまず手引きをしてくれました。ミサコはこのあたりで下宿していたのですが、ここへ移って私と暮らしました。それからご両親が亡くなられたというので兄弟姉妹の面倒を見るためにやむなく帰ってゆきました。しばらくの間は末の娘がやってくれました。戦後はマツノブという子がいましたが、そのあとしばらくは私ひとりでした。それからまた姪っ子のアキヨが一〇年以上。そして次の女の人が今日までずっと私の手を引いてくれています。私はまた二五年の間、もうひとり別の女の人を家に泊めておりました。戦争のために失業した彼女は針仕事と料理をしに来てくれました。毎月のお参りや遠出の際には男の人たちも私たちに加わりました。そのうちの一人、いつも同じ人が荷物を持ってくれました。大阪の人で、空襲にやられて何もかも失ってしまわれました。ある日、行くあても無いといって滝寺に見えましたので、私は彼と奥さんのために玉姫さんの近くの住まいを手配しました。日中彼は玉姫さんの外側の掃除をしてくれましたから、私の方も彼に毎月必要なお米を与えることができました。晩は病人たちの床へ行き、石を熱して加持をしていました。私が彼に教えたのでしたが、それというのも神さんが、彼は無償の奉仕をすべきだとおっしゃっていたからです。他にも、玉姫さんの信者さんで写真家の方がおられましたが、この方は、私たちの行くところならどこでも、いつも奥さんと一緒にいらっしゃいまして、私がここへ住みはじめた当初から九三歳で亡くなるまで、私たちを助けてくださいました。この方もすぐ隣に住んでいらっしゃいました。私の長女は昭和一九（一九四四）年に結婚しましたが、結婚してまもない頃は夫婦そろって私と共にここで暮していました。それから息子がお嫁さんを連れてきて彼女らの居たところに住みまして、長女夫婦は近所の家を見つけました。今日もそのようなかたちで私たちは暮らしております。

みな玉姫さんのお恵みを享けて暮らしてきました。信者さんたちはいつも何かしら持って来てくださって私たちのために尽くしてくださいました。お米は娘が村へ求めに行っておりました。私たちは食べるものに困ることはどうにかこうにかございませんでした。——

シゲノと初めて顔を合わせてから一〇年以上も後、私はシゲノの長女から、母親の話を補足するような形で、彼女自身のその頃の思い出を打ち明けてもらった。

――初めの頃は、私たちが後にしてきた村でも、またやって来た先の大阪でさえ、みな貧乏暮らしに追われていました。けれども皆さん、母の仕事を有り難がっていました。ときには晩の八時ごろに一銭、一〇銭貸してもらえませんかと母に頼みに来ることもありました。そんなわずかなお金で一体何ができるのかしらと不思議でしたけれど、とにかく明日必ず返しに来ますからと約束していました。それからまたお米を一升いただけないでしょうかと頼みに来る人もありました。母は、頼みに来る人誰に対しても、決して助けを拒むことはありませんでした。けれども人々がとりわけうれしく思っていたのは、母の人助けをするそのやり方でした。母はお金のほとんどない人たちに自分の食糧を分け与えていましたが、「ただで」あげていたのではありません。ひとりひとりの人に、その人にもできる、その人に適した仕事を割り当てるのでした。ですから誰も自分が乞食であるとか養ってもらっているとかいうような気にはなりませんでした。それにまた母はまさにそのために沢山の人を行く先々に連れて行っていました。皆さんひとりひとりなにかしら持ち寄って、食事代と交通費は母が持つのでした。戦争中、月次祭《つきなみ》のために私たちが村へ行っていたときなど、母は、そこに持っている玉姫さんの田に人を集めて、田植えから手入れから刈入れまで皆にやらせたあと、収穫したその稲を手伝ってくれた人たちみんなに分け与えていました。田舎の親戚誰ひとりからも養ってもらえない人たちには、そのリュックサックにお餅をぎっしり詰めてやっていました。お餅が切れたときには薩摩芋をやっていました。誰一人こうしたことは忘れられません。人々は、母に、ひとりの人間としての尊厳を認められて心から喜び、何もかも失ってしまった時にもそれを取り戻すことができたのでした。とはいいましても、こっぴどくやられることもしばしばありまして、私をはじめ、間違いを犯した人はみな必ず母に手厳しく改めさせられました。来客のある時にお茶を出さなくてはならないのがほんと嫌でしたが、それといいますのも、何かまずいことでもあろうものなら皆の前でひどく叱られたものだったからです。それに私もすでに一七か一八でしたから。母のもとには、年齢や性別や職業に関係なくあらゆる人々が、次から次に絶え間なく、助言を求めに来たり病気を治してもらいに来たりしていました。皆さんの抱える悩みはいつも神さんが明かしてしまっていたから、皆さん吃驚《びっくり》仰天して、通い詰めるようになるのでした。それから母や他の人たちとも親しくなって、お互いに助け合ったりしていました。母は、よこしまな人たちは容赦なく追い払いました。母に腹を立てる人々もいれば、母を怖がる人々もいましたが、それははっきりしない関係にけじめをつけようとしない人たち、なにか疚《やま》しいところがあって、まったく耳を貸そうとしない人たちでした。けれどもここではそうしたよこしまな人たちは必ずその仮面を剥ぎ取られました。

皆さん懸命に神さんを拝んでいましたけれども、またそれと同時に、止したほうがいいようなことも懸命にしてやまないのでした。母の口にしたことは必ず現実に起こるということは、みな身をもってわかっていました。母にかかるといつも単純で、ただ母の勧めることをしさえすればよいのでしたが、まさにそれが難しいのです。疑ったり、異を唱えたり、別のことをしようとしたりした挙句、結局どれも上手くゆかずに母の言ったとおりになるのでした。けれどそうなるまでに、なんと無駄な時間がかかったことでしょう、なんと面倒なことが、それにまたなんという苦しみがあったことでしょう。皆さんが母のもとに集まっていたのは、母に、他の先生方には見られないような人を導く能力、人を導いて「見える」ようにさせる能力を認めていたためです。オダイは、自分に近寄ってきた人々に極端に嫌われるか、恐れられるか、でなければ極端に好かれるか、そのどちらかなのでした。――

シゲノもまた戦争末期の思い出を語った。

――昭和二〇（一九四五）年の節分の日に、神さんはまたなにやら謎めいたことをおっしゃいました。「この夏には、正月と夏は一緒やから、ご苦労」と。けれども八月になるまで何のことやらさっぱり分かりませんでした。

米軍による空襲はその年の一月三日から始まっておりまして、政府当局はすでに大阪の一部の人々を田舎へ疎開させせようとしていました。とはいいましてもその頃まではまだ爆撃も小規模でした。けれども三月一三日の深夜、消灯時刻のため真っ暗ななか私は横になっていたのですが、その時、かつて聞いたこともないような爆撃音がしました。今回は只事《ただごと》ではないと感じた私はさっと着替えて、皆を起こしました。娘夫婦は外に出て西の空を見ていました。西方から来ていたのです。空は真昼のように明るく、見渡すかぎり火の帯がたなびいていまして、耳を聾さんばかりの爆音を立てながらB29（戦闘機）が空を覆い、一〇機単位で絶え間なくやってきました。火の波は私たちのところにまで打ち寄せ、突如安居天神のお宮の屋根が燃え上がり、宮司さんの家に燃え移り、忽《たちま》ちのうちに一切は炎と煙に包まれました。あちこちで悲鳴が上がっておりました。私は家から一歩も出るつもりはありませんでした。けれども娘は、ここもそのうち火の海だ、一番役立つものを残しておかなくてはと考え、私の意に反してでも、備蓄しておいた非常食や防火のための敷布団などを外へ出しておいたのでした。

外へ出てみると、家から出されてあった物はひとつ残らず藁のように燃え尽き、お宮の境内にあったものもろとも、焼けてしまいました。幸い焼失を免れたのは、玉姫社に白龍山、それに私たちの住まいだけでした……延々と三時間続いた空襲の止んだ後、私たちは再びそこに戻るしかありませんでした……もう食べるものもなにもなく。

明け方、宮司さん一家と私たち全員、灰の雨の降る戸外に集まりました。お宮の柱はなおも燃えていました。上本町、阿倍野辺りから濃い煙が立ち昇っていました。この界隈ではちょうど天神山の麓にある西の下町だけが被害を免れました。私たちの家はなんとか無事でしたから、そこでまた普段の生活に戻ろうとしていました。かなたこなたから信者さんたちが一人また一人と私たちの安否を気遣ってやって来られましたが、天神山の上からは、湾に面する大阪西部一帯がなおも煙っているのが見えたそうです。皆さん少しずつ食糧を持って来てくださいまして、伏見のある方からは酒糟を少し頂戴しました。寒いときにはよくそれで糟汁を作りますが、ほんと体の芯から温まるのです。すぐに娘が作りまして、そこにいらした皆さんにもけっこう好評でした。焼野原の真ん中で、皆さん、熱々のお椀を手に、「へえ、今日ここでこうして糟汁を分け合うことになるなんて、ほんとそんなこと思ってもみなかったよなあ」などとおっしゃるのでした。阪南町の、焼けずにすんだあるお家は、私たちが無一物になったのではと心配して、急いでお手伝いに来ていた女性を遣わして敷布団やら食事やらを届けてくださいました。それも皆で分け合いました。

それは、大阪の町を焼野原と化した八大空襲のうちの一番目のものでした。空襲は八月一四日、日本降伏の前夜までつづき、同じ八月の六日と九日には広島と長崎に原爆が投下されました。それでやっと、神さんのおっしゃっていたことの意味がわかったのでした。つまり、炎と寒さが一遍にやって来て私たちを試練にさらしたわけです。

八月一五日以後、生きながらえた人々は、ある人は呆然とさまよい歩き、またある人は片隅に腑抜けたようにしゃがみ込んでいました。みんな泣いていました。大阪では死者が一万人以上、被災者は一〇〇万人以上にのぼりました。大阪全土はもはや漠々たる焼野原となり灰となりました。そのど真ん中に立つと、東西南北の地平線から西の果ての海まで見渡せました。家々は跡形もなく煙になり、コンクリート建てのビルは潰されていました。水道もガスも電気も全部止まっていました。交通機関も工場も商店ももうありませんでした。配給制度が解除されはじめ、復興の兆しが感じられだしたのはようやく二年後のことでした。昭和二三（一九四八）年ごろに、大阪ではまがりなりにも暮らしを立ててゆけるようになりましたが、私たちの住んでいた付近はまだ罹災地域でした。――

――敗戦とともに、玉姫さんの信者の方々は皆、一握りの熱烈な信奉者を除いて、にわかに見えなくなりました。戦時中その方たちはずっとわが国の勝利と御主人や息子さんの無事を神さんに祈願しておられたのですが、結局なにもかも失ってしまわれたのでした。もはや何も信じなさいませんでした。最初に玉姫さんのもとへ来られた方々のなかで、中国からいらした方たちが見えまして、彼らの家に神さんを招き寄せてほしいと私に頼みました。昭和二一（一九四六）年の一〇月五日のことでしたが、買い物へ出かけた娘が、中華料理店の御主人の依頼をてんぷら屋さんから伝え聞いたといって帰って来ました。その店主さんは伏見稲荷社から神さんの御霊《みたま》を持ち帰ってきてしまったそうで、というのも普段大阪の商人がそうするのを見たものだからということでした。けれどまもなく彼は、他の商店の神さんはみなゴンベンさんとかおハッさんとかいう名前をおもちなのに自分の神さんにはないことに気づきました。そこで、てんぷら屋さんに、誰か神さんを下げてもらえる「一番偉い」人を知らないかと尋ねたそうです。たまたま、てんぷら屋さんがささやかな神殿に祀ってらした神さんはこの私が降ろしたという経緯もございまして、てんぷら屋さんは、「一番偉いかどうかは知らんが、ともかくわしもずっと前からここで働いておるが、あんなに体のでっかい女はこれまで見たためしがねえ。ですからご主人、きっと気に入りますよ」なんて、そんな風に答えなさったということでした。はじめは気乗りがしませんでした。どうすれば理解しあえるものかと思案いたしました。けれども、翌日の六日、彼らの方から私を訪ねに来まして、結局彼の家へ行きました。着くや、梯子《はしご》で二階に上らされました。家はまだ半分しか建っていませんでしたし、それに一部屋も仕上がっていませんでした。けれども御霊は杉の棚板の上にちゃんと置かれてありました。

ですから私はその御霊の前に座って、神さんが降りてきますよう拝みだしました――これは普通「稲荷降ろし」とか「神のおさがり」といいますが、私は「ヨビコミ」といっています――。すると突然、私の体が一尺ばかり浮きました。体はそこで浮いたままなかなか降りてきませんでした。そんな風に、神さまが確かに伏見からお越しになってここでお待ちになっていることを私の体自体が示していたのです。その時、私の口を通して、神さんが「一之峰の末広」と告げられました。私が浮いていたのは一、二分のことでしたが、皆さん吃驚仰天されまして、「ああ、ほんまに神さんをおろしとる」と口々におっしゃって。その後、中華料理店の御主人と家族の皆さんは熱心な信者さんになられ

写真 10　伏見稲荷大社前の中井シゲノ，教会世話人と信者，大社神官たち
（1948 年，玉姫教会は伏見稲荷大社の天王寺支部となる）

て、付近の中華料理店仲間の方々を沢山連れて来られました。そのようにして、この日、昭和二一（一九四六）年一〇月六日から明くる年（一九四七年）の正月までの間に、毎月お勤めを挙げに回ることになっていた家々に、さらに五〇軒ばかりも中華料理屋さんたちの家が付け加わったのでした。

　終戦直後、大阪の人々はすっかり見違えてしまっておりました。そうした未だ建設半ばのささやかな料理屋にお勤めに行くたびに、そこには必ず女の人たちが来ていて、「はい、どうぞ、おかみさん、たんとおあがり」という声を掛けられていました。一家の母親のようでしたけれど、そんなところで何をしていたのでしょう。キャベツなどの野菜少量に麺をちょっと盛っただけの、いかにも貧しそうなお皿でしたが、それで一皿五〇銭するのでした。たいてい皆さん一円出して二皿注文していました。「一体この人たちには家がないのかしら。家族もいないのかしら。一円払ってそんなわずかな食事をするくらいなら、お米を買って家で料理したほうがよっぽど安上がりで栄養もあろうに――当時お米一斗二〇円でしたから――なんと日本も惨めになってしまったことか」、私は独りごちて、ほんとさびしくなるのでした。

やがて商業も以前の活気を取り戻し、人々の生活も安定してくると、信者さんたちも再び玉姫さんのもとに戻って来ました。パチンコ屋の店主さんなど、新しい顔の信者さんたちも見えました。なかには二度と戻ってみえない方たちもいらっしゃいましたが、それはお医者さんや大学の先生方でした。全てが少しずつ変わって、また別の問題を抱えた別の人々がやって来ました。公害病に苦しむ人たち、家族崩壊の悲劇に引き裂かれた人たち、あるいはまた大型業者に負けて、小売りのお店を潰された人たちなどがいらっしゃったのです。

昭和二三（一九四八）年には玉姫さんの膝元に数百名の信者さんが集まりました。すでに昭和一四（一九三九）年のころから信者さんも相当な人数になっておりましたから、私は伏見稲荷大社へ詣でて、私たちの一団を正式に認めていただけるよう申し出まして、その結果私たちは「玉姫教会・伏見稲荷大社講特別会員」となりました。そしてその年、私たちの肩書は変わりまして、玉姫教会は「伏見稲荷大社天王寺支部」となりました。翌年、信者の皆さんが集まって、一年の諸会合のために道場を建てようということになりました。今私たちの居るこの部屋がそれでして、そちらに白高さんをお祀りする大神殿もございます。この道場は昭和二四（一九四九）年三月一五日に完成いたしました。信者さんの数は増える一方でしたので、昭和三九（一九六四）年には玉姫教会は「伏見稲荷大社講務本庁南大阪支部」という名称を戴きました。それが現在の私たちの肩書でございます。――伏見稲荷大社は、日本各地の稲荷講社の活動に関する広報誌『稲荷講志』を刊行している。『講志』の一九四八年号には、三月一二日の項に、玉姫神社を拠点とする天王寺支部の設置が記されている。そこには支部長一名、副長三名、世話人八名の名前が列挙され、その左に中井シゲノの簡単な伝記が載っている。玉姫教会には特別に覚書が付されており、会長（支部長）の樫山正雄および副会長の岡崎佐吉は、大阪ならびに東京の大実業家であること、彼らは共に自分たちの成功が稲荷の神のおかげだと感謝していること、また稲荷大社の方も彼ら両人から多大な寄進を受けた恩義のあること等々が言明されている。さらに、玉姫教会の「講員中に中国人並に台湾人七名の名があって混然一体となって均しく稲荷大神に神恩報賽の誠を捧げつつあるのは他の支部に見られぬ点で中井シゲノ女のひたむきなる信仰心によるものと思はれる。（後略）」とある。

中井シゲノは、彼女と同じ頃に神の言葉を告げ伝える身となった多くの男女と同様、新宗教の開祖となることも可能であっただろう。一九世紀にはそうした者たちが頻りに出現した。一尊如来きの、中山みき、出口ナオといった女たちがそれぞれ如来教、天理教、大本教を興した一方、時を同じくして黒住宗忠、川手文治郎、伊藤六郎兵衛といった男たちは黒住教、金光教、丸山教を創立したのだった。さらに二〇世紀に入ると、岡田茂吉と北村サヨの二人が現れ、前者は世界メシヤ教（世界救世教）の開祖となり、後者は、俗に「踊る宗教」と呼ばれる天照皇大神宮教を開くが、その活動時期はちょうどシゲノのそれと重なっている。以上の開祖たちは、神の依代《よりしろ》ないし生神《いきがみ》と認められ、現在活発に活動している新宗教団体の礎を築いた者のうち最も有名な幾人かにすぎない。*4

中井シゲノ本人にせよ、周囲の環境にせよ、新宗教を興すという試みが成功を収めるための十分な条件は出揃っていたのである。しかし、シゲノには自分の活動範囲をそこまで拡大したいという野心もなければその必要もなかったと断言していた。シゲノ自身がたえず私に繰り返し語ったように、彼女には神の事に専心しながら自分の子供たちに囲まれて生きるという願いしかなかったのである。それこそまさに玉姫の契りでもあった。そしてそれは叶ったのだった。それゆえ彼女は、これまで一心に続けてきた一事、神を拝むことを、引き続き全うすることの外は一切目もくれなかったのである。何人もの人が彼女に、玉姫教会の信者の輪がさらに広がるべく、外界との接触や経済活動などその他の事すべては自分が世話するから、シゲノ自身はこれまでのように専ら神のことに携わってくれればよいと提案した。これに対してシゲノは、皆をおののかせるほど荒々しい語気で、必ず断固たる否を突き返した。彼女は、玉姫教会が、伏見稲荷大社を総本社とし是《これ》に全国の稲荷講が属するこの壮大な組織の中の一支部であることに満足した。それだけで彼女にとっては充分な公的認知であった。他のオダイや巫覡《ふげき》すべてがこの無欲の態度をとっているわけではなかったが、彼女は権力を振るおうともしなければ、贅沢な暮らしを望みもしなかった。とりわけシゲノは、自分の本分を逸脱すること、自分の活動を他人まかせにすること、そして玉姫の信者たちとの個人的な繋がりを失うことをつねに頑なに拒んだ。シゲノにとっては、神を拝み、神を降ろし、神の言葉を告げるということ、ただこのことによってのみ、信者ひとりひとりとの繋がりを保つことができたのだった。それはまた、私が彼女と初めて知り合った時にも、彼女が毎日欠かさずし続けていたことであった。

＊1　平安末期から鎌倉時代にかけて、末法思想と浄土信仰の発展とともに、当時西海に近かった四天王寺の西の門は、阿弥陀の浄土の東の門とされていた。この西の門越しに沈んでいく夕日を眺めることが、日想観という『観無量寿経』に説かれている一六の観法のひとつと考えられ、それによって浄土への再生（往生）が約束されると信じられていた。

＊2　第五回内国勧業博覧会。東京と京都で行われた前四回よりはるかに規模の大きいものであった。開催地主会場は天王寺今宮（現天王寺公園と浪速区恵比寿東）。

＊3　この祭祀の詳細は後出（7章）。鳴護摩は、湯を沸かした釜の上に甑《こしき》を据え、米を煮立たせる蒸気の振動や釜の鳴る音を神の言葉に見立てる祭祀。釜鳴り、釜占いともいう。

＊4　新宗教、新興宗教について、井上順孝ほか編『新宗教事典』（弘文堂、一九九〇年）、島薗進『現代救済宗教論』（一九九二）等参照。

7　神と人の間の交換手

今日《けふ》今日《こんにち》の三だいさんぎく（三台三極）、かみとはくうげくぎやう
つき（月）日の守りは日の守護神
空には梵天帝釈
下《しも》には四大天王五どう（道）のめうずい（冥神）
八万四千のなる（鳴る）いかづち（雷）
八万四千はほうしょの位の神の守護神一社ものこらず
おりゐておゆ（湯）めす（召）ときは
み（見）るかげ（影）ゆ（湯）もと（本）へのぼ（上）る霞ととま（留）る（中略）
再拝々々と敬って此御所で八百万の神様を拝み開き殿附け勧請申也（中略）
謹請《きんぜい》東方大神太郎の御神
謹請南方大神次郎の御神
謹請西方大神三郎の御神
謹請北方大神四郎の御神
謹請中央大神五郎の姫宮
かみの守護神一社もゝらさずかの御所で拝み開き殿附け勧請申也（後略）
——花祭、神下し祭文（振草系）『早川孝太郎全集一　民俗芸能一』（未來社、一九七一、原著一九三〇）

昭和五九（一九八四）年春、大阪の玉姫道場で終わったばかりの月次祭の後で、私は中井シゲノに、オダイの役目をどのように考えているかを問うた。彼女の応答は至極明快であった。

――私は途方に暮れてやって来る人たちに対して、神さんとの仲立ちを務めます。かれらのひとりひとりの訴えを神様にお伝えします。病気に苦しむ人、金儲けが下手で悩む人、財産が有りすぎて問題をかかえている人などなど、そしてかれらの懊悩に対して神様が私に教える解決法を伝えます。まるで神と人間の間の電話の交換手、それがオダイです。――

――昔からなんと多くのことを私が見て、この耳できいたものでしょうか。まったく信じられないのです。私のような無知な女が、こうしてここに身を置き、何にも役立たないようなことをしているのです。それでも私の口から出た言葉によって多くの人たちが助けられ、励まされ、生き続けていこうとしました。普通の考えでは、不思議で、説明できないとしか言えないたくさんのことがあったのです。しかし今ではこのような不思議なことを証言してくれる人が誰もいません。ほとんどいないのです。私自身がその話を持ち出したところで、眉唾物《まゆつばもの》に思われるだけでしょう。自分自身がやってきたことについては、褒められるべきものは何もありません。

私には師匠はおりませんでした。知っていること、言っていることはすべて、神さまが私に教えることです。お祈りとか、祝詞、お祓の文句としては、伏見稲荷大社のものがありますが、私は字が読めません。ですから、私が使っているのは米つきするときに大伯母《おばあさん》といっしょに歌って覚えたお祈りの言葉だけなのです。伏見大社の講習会を受けにいく人たちは、大社ではここで使っている祝詞も祓も用いていないよと言います。ですが、これだけが私の知って使える文句なのです。たしかなのは、私が子供の頃から伏見稲荷と関わりがあるということです。御籤を三銭で買えた時代から稲荷大社を知っています。五、六歳のときから、私にとって伏見はお詣りする場所で、守ってくれる神さんにお供えするところでありました。そうおもって毎日を暮らしてきました。玉姫教会は伏見大社の支部なので、毎年三月一五日には、大社の神官のかたが春の大祭日にここに来られます。普通は毎年ちがう先生ですが、私は毎年同じ先生にしてもらえないかと要請しました。というのは、ほんとうのことを理解せずに私の行為を判断し、南大阪支部長の私が勝手気儘に仕切っていると大社側に報告してほしくはなかったからです。そんなことにでもなれば、とても恥ずかしくて仕方なかったでしょう。ですから、そのかたにこう言いました。「先生、私は伏見稲荷大社が定めている作法どうりに祭典を行っておりません。私は神様の召し出しによって田舎からこの地に来ました。口にすべき言葉が神意に添うものかどうか、それすら私にはわからないのです。私の言葉と行為は、心の中にあるもの、私自身の内奥から浮かんできたもので、それを心いっぱいやっています。目の見えない私のやりかたはたしかに我流で、唱えている言葉は子供の頃に覚えたものなのです。このことをもって私を悪く思わないで下さい」。それからは、毎年その同じ先生が派遣されるように決められました。――

鳴護摩と紙天

――私の日常生活といえば、道場の神殿あるいは白龍山での月次祭があるからここにおりますか、あるいは「外回《そとまわ》り」つまり信者さんたちの神さんを祀るのにそれぞれのお宅を回って歩くかです。朔日《ついたち》、一五日、一八日、二三日は「オダイの日」でして、その日私はここに過ごし、神さんを拝みます。それ以外の日は、遠方近隣のお詣りの日だとか、恒例の祭礼日でなければ、私は朝の九時までに家を発ち「外回り」に出かけます。

朔日、一五日はたいてい神さんをお祀りする日ですが、大阪の人たちはその日、昔から月二度の休暇日をとる日に当たり、習慣として、あちらこちらの神社仏閣に参拝に出かけます。で、熊野からお迎えした玉姫さんは朔日に、そして稲荷五社大明神は一五日にそれぞれのお祭日を決めました。普通は、オダイの守護神を祀るのに、初めて守護神が降りた日にします。白高さんは一七日でしたが、その日は滝寺の観音さんのお祭りの日ですから、同じ日にするのは失礼なので、一八日に日を変更しました。その日に滝寺のお滝に行きます。二三日はここの山の白龍さんとここでの白高さんのお祭りです。ほんとうは二五日にしたかったのですが、その日は天神さんの祝祭日に当たるため、日どりを繰り上げました。なお、毎月旧暦初巳の日に、白龍さんのお祭りがあります。昔は、すべての祭祀は朝にとり行われ、一〇時までに終わって、その後お詣りしたみなさんと一緒に食事をここで分け合っていました。しかし、私が歳をとって、手引きする人がいなくなってからは、台所は全て嫁さんに任せてあるので、お勤めは午後に行います。大勢の人たちがお詣りにきます。少なくとも五〇人あるいはそれ以上の人数になるときもあって、身の置きどころもありませんでした。活気と歓声に溢れ、吟唱、音曲が流れ、賑やかなお祭り気分に浸って大勢の人々が祭祀に参集することを神さんは喜ばれます。でなければ、神さんはどこかにいってしまうのです。

火護摩をほしがる白高さんのお祭り以外、どのお祭りでも鳴護摩《なりごま》をしています。その日、お勤めが始まるときから一時間の間に、神さんが自由に姿を見せ、私を「しゃべらしてくれる」ことのできる特別な時があるようにおもいます。その間に、神さんを拝んで、「おさずけ」の言葉を下されるようにお願いいたします。そのかわり、これが終わったら、私は自分の言ったことを憶えていません。しかしこのことは、特定の日時にだけ神さんが私に降りて語らせるということではありません。神さんに何かをお頼みしたいとき、私自身頭が冴えて、心にこだわりがないかぎり、必要なこと、たとえ依頼の用件が、東京やその他の遠方の地のことであっても、すべてを教えてくれるのです。——

ある日、シゲノの招きで大阪の道場におもむき、正午過ぎに到着した。白龍山の前はにぎわっていた。その日の奉仕者の面々が道場と山下の石畳との間を忙しく往き来して、次々と私に挨拶を送った。食堂の経営者夫人、花屋の女将、菓子会社の女社長、専業主婦たち、そこにいたのは一一月の初巳の日にあつまる長年の女性信者だけであった。暖かい曇日で、地味な和服の女性もいれば、スーツか軽装の女性もいた。彼女たちは鳴護摩の準備に大童《おおわらわ》だった。

何枚も茣蓙《ござ》が地面に敷き並べてあり、それぞれのお塚の前の白木の三方には、酒、米、季節の野菜と果物、菓子、天麩羅《てんぷら》などの供物が載せられ、灯された蠟燭が供えられていた。「融通大神」と記されている大きな二つの赤い提灯がお祝いの意を表していた。するとシゲノの娘が小さな炭火鉢を運び、白龍大神のお塚の前に据え置いた。この火鉢の上に釜が置かれ、その中では熱湯が煮立っていた。釜の上に米を蒸すための甑《こしき》が据えられ、そしてそれを密閉する厚い木蓋の上に清めの塩が少量盛られていた。甑を巻いている注連縄《しめなわ》には紙幣が多数吊るされており、蓋上には榊の枝葉が一本立てられ、この料理道具を祭器と化していた。女性全員が座った後、シゲノはすべてが整えられているかを自分の手で触れて確認した。彼女は白衣上に祭儀用の黒袴をはき、山吹色の唐草模様と丸形雀の絵柄が描かれている絹織の長袖羽織を着ていた。顔は真剣であった。背後の女性たちは茣蓙に正座し、いまや全員が沈黙を守っていた。

シゲノが手で二拍すると、全員が木霊《こだま》のようにそれにならい、彼女は笏《しゃく》を両手にした。すると、低いかすれた声が彼女の口から発せられ、長く尾を引く掛け声が起こった。やがてゆっくりとしたリズムの唱え言が聞こえはじめた。ひとつひとつの音節が奇妙に引き伸ばされていたが、徐々にその速度は増していった。それは神降ろしの言葉（「呼び出し」）であった。「……アマツカミ、クニツカミ、ヤオヨロズノカミ、謹んで敬い畏み、畏みこ申さく……」その後で『禊大祓《みそぎのおおはらい》』と『天地一切清めの祓い』をあげ、この場の清めを願った。

往来の自動車の騒音や、すぐ隣にある安居天神境内に満ちていた群れ遊ぶ子供たちの喚声が、気合いのこもったシゲノの声に遮られて少しずつかすんでいった。彼女に合わせて同じ文句を唱えていた女性たちの一層低い声が背景に響いていた。シゲノは立って御幣《ごへい》で四方を隈なく打ち掃い、清めの言葉を唱えた。そして、山のすべての神々、玉姫大神、白高大神、女性信者たちの守護神、今あるすべての神々に、供物を納め、彼女の言葉を聞き入れてくれるように、と懇願したうえ、「オーッ、エー、オーッ」と胸に響く掛声で締めくくった。

そして甑の蓋を取りのけると、すぐに蒸気が白い雲となって吹き出し、彼女を包み込んだ。蒸し器の中に、笊《ざる》に準備してあった洗い米をそそぎいれながら、この供物が捧げられる神々の名前を声を低くして繰り返した。そのとき、腹の底から極めて低い音声を出し始めたが、それと同時に、同じように低く深い調子をおびた音が甑から吹き出し、次第に膨張していった。数分間で、シゲノの声と釜の鳴る音とが、ときに融合し、ときに行き交い、あるいは反響し合って、あまりにも強い音量に達したので、我々の鼓膜そして体全体までが振動しだした。ゆっくりと出てくる一語一語は、一音節ごとに区切られて文を形成し、それを彼女は何度もくり返した。「シューゴースールーカーミーサーマー、ウーツーラーセーターマーエーコーノーカーマーノーシーキーニー」、「フルエ、ユラユル、フルエ、ユラユル」。背後の女性たちは、全員が目を閉じ、合掌していた。彼女は「ホーホー」という掛声を発して神々を鎮座させ、息を入れることもなく、『稲荷五社大神祓』と『大祓詞』とを唱え続けた。シゲノの言葉は、明瞭、不明瞭交々であったが、その間に鳴護摩の音が膨張したり、下がったりして波をなしていた。祭場は清められ、神が降りて来るのを妨げるものは何もないと、シゲノは何度も言った。諸神の名を一つ一つ唱え上げて、長々と感謝の言葉が捧げられた。

シゲノが再び立ち上り、四方に鈴を振り、凜と冴えわたる音色をあたりに響かせた。また座して、前の唱え言をかぎりなく朗々と唱え、その調子はますます速く、より荒々しく、より嗄れた声になった。

写真 11　鳴護摩　神がかりの瞬間に手をあげる中井シゲノ
(大阪の玉姫社，白龍山前)

「オー、ハイ、ハイ」「そう、そう」という頷きと溜息が、身震いとともに朗唱に混入し始めた。そして、「ハ、ハ、ハ、ハ、ハ」という大笑いと大きな叫びが発せられると、両手を組み、両人指し指を伸し、天に向って力強く突き上げた。

これは単なる最初の段階だった。鳴護摩は『稲荷大神秘文』で続いた。「天狐、地狐、空狐、赤狐、白狐。稲荷の八霊。五狐の神の光の玉なれば……」。その後彼女は、鳴護摩の音とともに、『般若心経』を参加者一同と三度唱えた。シゲノは再び気合いを込め、諸神の名を呼び、限りない感謝を延べた。諸神の名ごとに「アウ、アウフ」を付けながら、次から次へと言い連ね、次第にテンポが激しさを増し、頭を振り乱し、手を差し上げたりした。シゲノも他の女性たちも緊張が頂点に達したとき、釜の鳴る音もまた同様であった。その雷鳴のような轟音で、彼女の声はすっかりかき消され、たどたどしい言葉が聞こえてきた。

「〇〇さん、社長、七〇歳、はい、ありがとう存じます、病気は治った。白高大神さま、ア、ア、ア、ア」、「稲荷山から、中の社から、白高大神様、白滝大神様、白髭明神、もろもろの神様、この御前に……」、「聞かせたいことあと二つ。またアーのちに教えてあげる。守護を願いせよー」。これが数分間続いた。

彼女の背後の女性たちはみな直立不動の姿勢をとり、彼女の一語一句に一心に注意を集中していた。この日のお告げであった。

調子がさらに速まると、緊張が低下した。「ご苦労ご苦労。もとのお社にお納め申します、オー、オー」。このとき、彼女の両手は指を交互に組み合せ、各神の名を呼び上げる声に合わせて上げ下げし、降りてきた神々を「送った」。鳴護摩の音声も、その調子に合せて高く低く変化し始め、シゲノが木蓋を上に被せてその音を完全に消してしまうまで続いた。

彼女は「結構でございます」と言って手を拍《う》ち、これを機に参加者たちは「ありがとうございました」と応えた。それから火鉢の上の釜をとりはずして傍に置くと、両手で挟むように甑を摑んだ。女性たちはひとりひとりやって来て地面に跪き、甑樽の下の開口部に頭か額あるいは顔を当てた。シゲノは、他方の開口部から、女性ひとりひとりに何か個別的なことを言った。女性はみなお礼の言葉を述べた。鳴護摩は終わりを告げ、その間、小一時間ばかりの時が経過していた。

それに続く軽い食事時に、彼女たちはその日のお告げを自分なりに解釈してみた。話がはずみ、皆は一緒にすごすこの和やかな一時を楽しんでいた。女性たちが帰った後、私は鳴護摩についてシゲノと話し合った。

――「ナリゴマ」――「カマナリ」ともいいますが――を私が教わったのは、昭和一〇（一九三五）年一月のことで、これは神さんを呼んで、お下がりしていただく、「ヨビコミ」するものです。月次祭あるいは信者さんのお宅ではじめて家の守護神を降ろす時、家内安全をお願いして、この鳴護摩をつかいます。お供えを供えて、釜を火にかけて、米八合を甑に入れた後、このように唱えます。「鳴護摩の準備が調いまして、御釜の声高々とつたえらけく、いさんで下さいませ」、そして声を大きくして「オー」と長くあげますと、鳴護摩が鳴りだします。大伯母《おばあさん》の場合、数分しか鳴りませんでしたが、私がやると、一、二時間も鳴らせます。長く続けばそれだけ御利益があります。鳴護摩は不思議で難しいのです。もしも鳴っている間に誰かが「あ、あの人には腹が立つ。嫌な奴だ」と心の中で思ったりすると、すぐに止まってしまいます。鳴り具合の強度と音調によって知りたい事柄がわかってきます。あの株屋さんがやっていたように図表を書くところまでしなくとも、鳴っている間、直面する問題に一心に集中する人は、鳴りかたを判断して自分の期待する答えを発見します。それから後、私の口から出てくる言葉の中に神さんの教えがあります。これがあなたの考えと一致しているのなら、神さんは「御苦労」と言います。最後に、ひとりひとりが甑の下に頭をあてます。これはお祓いの方法です。このとき「清め掃い給え」とだけ言うか、何か他のお告げを言います。もし当人にその意味が分からないなら、たいていその人は後で夢をみてその意味が明らかにされます。このようなことが出来る人は、私のほかには、誰も知りません。

この他、祝詞、お祓、お祈りの言葉などは、私が行うどの祭祀にも、いつも同じものを使っているのです。まず神様を呼び出します。最初は玉姫さん、白高さんとか白龍さんではなく、「昔の神々」、タカミムスビオオカミ、イザナギオオカミ、イザナミオオカミ、アマテラスオオミカミなどなど、それぞれの名をあげてお呼びいたします。その後に私の守護神が下がってくるのです。おさまっていただいてから、今度は『禊の大祓』、『天地一切清浄祓』を唱えて、お供物をお供えしましたと申します。それから、ここは伏見稲荷支部なので、『稲荷五社大神祓』を唱えます。三輪山にいるのなら、三輪大神の祝詞をあげることにします。日々の守護とお助けとを神に感謝します。そして大祓によってここにおられるすべての神々にお礼をあげました後、鈴を振り鳴らします。これは神楽といって、昔、おばあさんの許で習い覚えた舞いです。『稲荷大神秘文』を唱えて、いつ何時、どこであれ、ここにいる人たちの守護をお願いします。そして『六根清浄』を唱え、皆に代わって、奉仕の怠慢や不注意などの落ち度を、神々にお詫びを申し上げます。続いて、その日の祭典に合わせて、ここで当日の祈願をいいます。一般に、これは言葉で表現されますが、私はそれをしっかりと心に留めておくだけで、祈願の祝詞を変えることなく唱えます。

『般若心経』は、場合に応じて、人々の依頼に応じて、三回、一〇回、一三回、あるいはそれ以上、唱えます。一年の祈願を依頼されると一三回（各月に一回唱え、それに一回加える）唱えます。毎月来る人のためなら、その人の名において一回唱えます。

すると、神の言葉がその間に挿し入れられるようになります。神様に対して出席者たちの心の奥にあると感じた心配事、感謝の気持、安堵の事などなどを申し上げますと、その答えが私の口を通して出て来ます。でも私は、教養も特別な才能もないから、日常用語でしかそれを言えません。神さんに適しい言葉ではありませんが、それにもかかわらず、つづいて皆が来てくれるし、神さんが降りてくださるので、ほんとうに神さんは偉いのです。

神さんはこんなことをおっしゃいます。「今日来ている人の中に病人がいます。その方は心配しなくてもよい。大丈夫です。けれども、いいところに就職したとおもっている人がいますが、それは良い仕事ではありません」。あるいは、「ある人を信頼して商売が好転すると思っている人がいますが、相手の人はおろそかにしている」などなどです。

このようにして、神さんは教えてくれます。来ている人数がどれほど多くても、私がひとりひとりの名前をいって、その都度神は降りて来られます。「まもなく、これこれのことが起こります、とか、今年はこんな事件がある、とか、誰それは何々のことに注意をしなければならない、とか、株が上がります、下がります」など、とりわけ神さんは、株式相場にとても精通していますよ！

最後になると、神さんたちに普段祀られているところ、つまり元のお社へお帰り下さるように申し上げます。鳴護摩が鳴るかぎり、神々はこちらにおられます。しかし、蓋をして鳴らなくなると、すぐに神々に引き退がられるようにお願いして、お戻りになります。――

――「火護摩《ひごま》」、つまり釜と甑をつかわずにただ鍋に護摩の火を燃やすだけですが、これは白高さんを祀るときと、火で清めなければならないときにいたします。たとえば、以前人の住んでいた家に別の人が転居するとか、長期の病気患いの場合などです。この場合には、家の各柱の根もとに灰を置きます。昔はいつでも信者の家でこれをしたものですが、今日では煙や灰が家を汚すと言うので、かわりに鳴護摩をしてほしいと頼まれ、火護摩をあまりおこなわなくなりました。

火護摩には、白木の小さな護摩木と紙天《してん》が用いられます。紙天というのは一枚の紙を切り折った御幣で、その作り方は寒行ひとつと土用ふたつの修行中に、白高さんから教えていただきました。その正確な寸法は私の頭の中にあります。たいてい他の先生方は、紙を木の台座に載せ、小刀で切りますが、私は目が見えないので、それが出来ません。それで鋏を使います。紙天は、火護摩の火の真上に吊るされます。長さ二尺二寸（六六・六六センチメートル）で、火との間隔は三尺二寸の距離しかおかないのです。準備が整うと神にお供物を捧げますが、その場合「オー」は発しません。護摩木に火をつけると瞬時に炎は紙天に向かって立ち昇り、紙天は天井にまで舞い上ります。順調だと、紙天は燃えることはありません。しかし、燃える理由があれば、なにをしても燃えてしまいます。紙天に火がついたら、火護摩の行われている家は、穢れた状態にあるという意味です。何度かその経験をしましたが、ここでさえ起こったことがあります。

これは、月次祭の日のことで、いつもとちがって、私は日中に外出せねばなりませんでしたので、その日の護摩を夕方六時頃に行うようにしました。帰ってきて、私は新しい紙天を切って折り、それを吊り下げて火をつけました。ところが、まだ小さな炎が立っていただけなのに、火は一瞬にして紙天にまで延び、紙は一気に燃えてしまいました。その上の梁にも火が燃えうつりました。そのときまで、玉姫さんの前でこのような事が起こったことは一度もありませんでした。先週に切った紙天が一枚残っていたので、それを使うように言いました。なお護摩木も先週から残っていた榊の護摩木と取り替えました。再度私は火をつけました。新たに小さな火花がひとつ飛び散り、取り替えたばかりの紙天に移り、これもまた燃え尽きました。そのとき神さまは、私の口を通して言いました。「何度やり直しても、結果は同じ。よく調べるがよい。ここで忌まわしい事が行われた、オダイは欺けるかもしれないが、オダイが知らなくても、神さんは知っている」。ちょうどその時、何人かの信者を引き連れた支部長が到着しました。全部で一五人ぐらいいました。火護摩を断念した私は、この出来事が何を意味しているのかを懸念していました。全員がそろってその日のお供えの菓子を分けあっている最中、ある男性が涙を流し始め、申し訳のないことをしたと言ってお詫びして帰りました。しばらくすると、別の信者がやって来て、支部長に面会を求めました。かれは、今しがた退去した男の家からやって来て、その人からの告白を伝えに来ていました。そのとき、すべてが氷解したのです。「もともと自分はそれが好きなので行者さんたちの世話をしているものですが、このように、神さんと言葉を交わして真実を知る先生にいままで会ったことがない」と、その日の過失を恥じ入り後悔し、いまひとたび、戻ってみなと共に神さんに祈ることを許してほしいと願っていたのでした。彼は、「いい年をして、このようにことの明暗、ものの表裏を一息に透視してしまう能力のある先生を前にしてまことに怖いです」と最後に言いました。

結局この道場を祓い清めねばなりませんでした。

どんな場合でも、間違いなく、神さんは火の護摩を喜んでくれます。私が護摩を焚くと、ここの神殿と白龍山に祀られているすべての神さんと伏見稲荷山中の社の神さんがかならず降りて来られます。

時折、外からきた他の神さんが来られることもあります。ある日、住吉大社の初辰《はったつ》さんが来られて、「私の世話をしてくれる人がいて、献身的で何ひとつ非難するところもないが、ただ護摩をあげてくれません。そこで私は、火護摩を焚いてくれないか、と頼みに来ました」とおっしゃったのです。また、ある稲荷の神さんがやって来て、同じように頼みました。「正直に言えば、私のオダイは、あなた以上にしっかりと私に仕えてくれますが、火護摩も鳴護摩もしてくれません」。

神さんはまったく人間と変わらないのです。

お供物を供えることもまたとても大事なのです。とくに、大寒のときは重要でして、これはヤマセンギョウ（山施行）と呼ばれています。この時にも神さんは降りて来られますが、普段とは違います。私たちは一度も欠かさず、食料が不足した戦争中でも、ヤマセンギョウをずっとやってきました。皆で滝寺へいって、村では大量の赤飯を炊き、それで握り飯を作り、お揚げといっしょに弁当箱に詰め、夕方六時近く暗くなりだしたとき、大人も子供も出かけます。皆が紅白の衣装を纏って、男の人たちは供物箱と提灯を持ち、山までの道のりの間、全員が声のかぎりに「センギョウ、センギョウ、カンセンギョウ、山のセンギョウ、お稲荷さんのカンセンギョウ」と叫んでいきます。山に着くと、おしゃべりしないように、誰もが榊の葉一枚を口唇の間にくわえます。完全な沈黙の中で行なわなければならないからです。決まった場所に、八個から一〇個、一五個の握り飯を供えます。三個しか食べない神さんもいれば、二〇個、二五個の握り飯を要求する神さんもいます。これらの握り飯は、神さんを拝んでいる間に消えてなくなります。一緒に歩く人たちのなかにも、このことに疑いをかける人がいますが。私たちは夜明け前の三時頃に家に帰ってくるのでした。

戦争中、だれもが茶碗一杯のご飯にも苦労していたとき、私たちはお供えに必要とされるだけの米一斗三升（二四リットル）をなんとか調達しました。すべてが供えられる前に誰かが一粒でも飯粒を口にすることは、許されないことでした。これは神さんがちゃんと教えました。なお、センギョウは厳格な祀りかたであって、握り飯は音を立てずに握らねばなりません。大釜も小釜も洗わずに、早々に山に向かって出発します――今日では、人々は、楽しんだりおしゃべりするためにやって来て、静寂というものに敬意を払いません。あるいは、食べようとして釜底をこそげたりします。何もかも変わりました。昔私たちが神々の住んでいるところとして見ていた山々でさえ、今日では、誰もかれもが、なりふりかまわずに山に入っていきます。

戦時中のある時のヤマセンギョウの翌日、村のお寺の和尚がやって来て、言葉のかぎりに私たちを称讃しました。米が人々の目から姿を消し、それに代わってさつまいもを口にせねばならなかった時代であるにもかかわらず、これだけの人を集め、これだけの米を探し出して、しかるべき供物をなし得て、「ほんとうに稲荷さんは偉い神様です。そのおかげで他では考えられないことがなされたのですから」と申しました。そして彼は、残りの米は、全員に分配できるのかどうか訊ねました。それはもちろん問題のないことでした。センギョウが終わった後、もし米が残ったのであれば、神さんはみなで分けて食べられるように望んでいたからです。

しかし、ノセンギョウ（野施行）の供物は決して口にしてはなりません。山に供えられる前あるいは後であっても。それは、毎日守護してくれる神さんと私たちの間の決まりなのです。

ある日、私の弟がまだ幼いころ、村の子といっしょに二上山（奈良県当麻町と大阪府太子町をまたがる山）に出かけました。山中でかれらは供物の餅を見つけました。子供たちは、もし食べでもしたら罰が当たるとよく分かっていたのですが、それでも相手の年下の子は、我慢できずに食べてしまいました。翌日、翌々日、三日目、四日目、その子は家族全員の御飯を自分一人で食べてしまいました。何をしても、そうなるのでした。かれは御飯以外には何も欲しがらず、他の人たち全員の御飯まで食べてしまいました。その子の母親が私のところにやって来て、事のいきさつを話し、何かできることがあるかと尋ねました。五・六升（一〇リットル）の米を炊いて握り飯を用意し、家族そろって食べてしまった餅の置かれていた場所へ持ってゆき、お供えとしてあげるように言いました。家族全員と親族一同が、その子の悪戯を謝罪して、それを山に持っていきました。すると、その子はすぐに元通りになりました。ほんとうに神さまはどんなことでも見ておられます。あの子に憑いて、たらふく食わせることによって、やったことを自分自身の仕業で暴いてしまうようにさせたのです。それは神に捧げられた供物を略奪したことに対する報復でした。――

信者宅での神降ろし

――これまでお話しした護摩やセンギョウのことは、一年の流れのなかで、神様と人間とが、ここの神殿前あるいは白龍山や滝寺で出会い、私の仲介によって対話や、交流ができるもっとも大事な恒例の時です。これに対して、家の守り神と家人との個人的交流もあって、それらの神さんへの定期的なお勤めもあります。玉姫教会の信者宅廻り、すなわち「外回り」はこれにあてられています。

今日までに私が外回りで廻ってきた家の総数は六〇〇軒くらいにのぼります。しかし、この六〇〇軒のなかには、戦時中に破壊されてしまった家もあり、所有者が九州や京都などの故郷へ帰ってしまったところもあります。大阪に戻って来た人のうち、戦前に住んでいた場所に再び居を構えることのできなかったものもいます。遊郭や出会茶屋の家主たちがそうでした。彼らは再建を望んでも不可能でしたので郊外に進出し、集会場や他の施設を開設しました。ところで、彼らは昔祀っていた神さんを持って出て行ったので、再建した家で依然として私はその神さんを祀りに行きます。場所が変わっても、神と祀り方は同じです。今日では、毎月、五〇軒から六〇軒の家を廻ります。二〇〇軒から三〇〇軒ほどの時期もありました。一カ月ですべての家を廻りきれないので、そのうち何軒かは、私に代わって、当時手伝っていた娘を代わりにおくりました。お祭りは一カ月も怠らないようにしたかったからです。そこで「今回はこれでけっこうですが、来月は是非とも先生に来てほしい」と申し出た人がいたので、私は、「毎回このようになるわけではないので、ご安心下さい」と返答しました。そして彼らに、二カ月に一度、私を手伝っている女性をお家にいかせますからお許し下さいと頼みました。一カ月に二〇〇軒もの家を私一人で廻るのはとうてい不可能でしたから。

毎月一軒一軒はお祓いだけにしてもよかったのですが、それでは神さんに対して失礼だと思っていました。私が廻るときには、ちゃんとはじめからおわりまでお勤めしたかったので、その次は娘の簡単なお祈りで承諾してもらいたかったのです。皆さんが納得して下さいました。

何よりもまず、その家の守護神を降ろさなければなりません。誰かが商売を始めたいと思って私のところにやって来て、伏見稲荷大社で御霊をいただいたが、日々、昼夜、子に対する親の愛情でもって見守る神さんがいてほしいと依頼するとき、私はこの神殿前にその人の神様を降ろすことができます。すると神さんがその依頼者に下がってきて、その人の口を借りて名乗り、その日から彼の守り神となります。あるいは、私がその人の家に赴き、神のために設けられた神殿の前で、神さんが全員そろった家族の誰かあるいは私かのどちらかに降りてきて、自分の名を表明します。

戦後、信者の大多数は、自分自身、あるいは自分の家族のため依頼する人と、いろんな商売をする人たちです。ところで神さんは、それぞれの職種と場所によって通じることと通じないことがあります。だいたいそのことはよく知られているので、同じ業種の商人は皆稲荷山の同じ神さん、つまり自分の職業と縁をもつ神を祀ります。私の知っている信者の家で祀られている神は、そのほとんどが飲食業、商店、酒場、接待業を営む人たちの神さまです。恵美須橋や心斎橋地区に店を構えているレストラン、カフェ、酒場など、飲食店はそのほとんどが末広大神を祀っています。衣料品店、雑貨屋、金物商店は白菊大神で、鍛冶屋、金属業は御剣《みつるぎ》さんです。そのため、各家の守り神をヨビコミするとき、その家にすでに祀られている大神の「庭」におられる神さん、つまり稲荷山にあるこの大神のお塚の周囲におられる神々のどなたかがつねに降りてきます。百千を超える神々がおられるので、神の名はそれぞれの家によって異なります、玉さんとか、高倉さんだとか、お花さんなどなど、神の名が神御自身から出て、私の頭上で轟音《ごうおん》を立てて噴出し、私の口から発せられます。ですから、各々の神さんは祀られている家に実に相応しい神なのです。なお、神さんは皆違った名を持っていますが、どの神も稲荷神で、たいてい狐さんです。その名の書かれている木札は、すでに末広大神の御霊《みたま》か他の御霊、そしてたいてい稲荷五大明神の御霊と何世代も前からこの家で祀られてきたすべての御霊も祀られている神棚の上か、神殿の中に安置されています。

これは、商売のお家でのことですが、土地あるいは人間を守ってくれる守り神を降ろしてほしいと依頼されました。この場合には、たいていミイ（巳）さんが出て来ます。北海道で何年も暮した後、ある男性は、何世代も前から先祖が耕作し、住んできた土地に帰って来ました。彼は家を新築する予定だったので、その土地の守り神さんが誰であるのか知りたかった。そこで神さんを呼んでヨビコミしますと、私の口から「リュウジンゲンジロー」（龍神源次郎）という名が出てきました。私たちはみな「源次郎」という名になんだか驚きました。「ミイさんの名前としてヘンです。この奇妙な名は一体どこから来たのでしょう」。私がこの神さんはミイさんではないのだろうかと考えだしたところ、突然、「ああ、そうだ、源次郎は、昔この土地を開拓したわしの祖父か、四代前の先祖の名ですよ」と、この男性は叫びました。そこで私は、この土地が曾祖父の土地だったので、土地を守ってくれるミイさんの姿でその曾祖父が出現して、これは曾祖父へ感謝してほしいという意味だと説明しました。この名が出てきたのも、誰もが曾祖父をすっかり忘却していたためです。曾祖父がこの土地の守り神なんて、実にすばらしいことです。「ああ、分かりました。地神さんとして祀ってほしいと言いたいのですね」と男性は言いました。それがミイさんであるかどうかは、目で確かめられないかぎり、確信できませんでしたが、神さんは翌年の春に自分の姿をみせてあげられると約束しました。翌年五月、男性はミイさんを確かに見たと言ってきたのです。

神さんが祀られるべき場所については、その神の性格によります。何世代も前からの家の守り神なら——一〇代、一一代前から同じ家を守護する神さんがいますが——、家の中に祀ります。地の神、屋外におられる神なら、屋内の神殿のほかに、神が出入りのできる家の外にも小祠か祀られる場所を設けなければなりません。——

——神さんをはじめて降ろし、その家の神殿、神棚に安置することを「ヨビコミ」と私は呼んでいますが、おばあさんは、「稲荷サゲ」とよんでいて、また「稲荷降ろし」と言う人もいます。火護摩から開始し、「この神殿は調《ととの》っております。神さま、どうかお願い申し上げます、そこにお下がりになって下さい」と言います。その瞬間から、私は全身全霊でもって遠くから響いてくる声に意識を集中して、そのなかから神さんの名が発せられます。時によって、ここで私の体が浮き上がることがありますが、これは神さんがちゃんと降りられたという印です。

それから、毎月、神さんを祀らねばなりません。各家を廻り、大祓などの祝詞を唱え、神さんを拝みにいって、玉姫さんでいつも行っていることと同じです。毎回大祓を唱える先生はほとんどいませんが、私はそれをかならずしています。それに加えて、信者宅にお伺いしているときには、たいてい彼らの気持ちが和むようなことを行います。たとえば、あなたが末広さんをお祀りしているのなら「末広大神さま」に、商店か家名を言い、あなたの名、あなたの年齢を述べ、「これまでの御おさずけならびに今後も下されたまう御お言葉に対し、また日々の御守護に対し、御礼申し上げます」と言います。それらすべてを不具合のないように言わねばなりません。というのも、三〇年、四〇年前にこの人たちに起こったことを私は知らないのですが、これを言うことで、おばあさんの時代からこの諸神と信者さんとの間に築き上げてきた縁を、彼らの名を呼ぶことによって、私は維持していくのです。その後、各々の神に加護を祈願し、お祓いが唱えられるなら、それはなお一層の御利益があります。その後、この人たちが払うべき注意を御指示下さるようにお願いします。

足を骨折した時とか、病気で寝込んだ信者に呼ばれて、こんなことをいわれます。「他の先生に二度も来ていただいて神さんに平癒祈願をお願いしましたが、三度目はお断りしました」「一体どうしてですか」「私だけでなく誰もが言うことなのですが、他の先生ですと、お祈りはシャカシャカと大急ぎで唱えるので、終わった後でも燃えきれない蠟燭がまだ残っているのです。先生が拝んでくれると、蠟燭はきれいに燃えてしまうのです」。彼らは、ながい時間をかけて拝む方が御利益があると考えているのですが、ほんとうはそうではありません。普段、皆は自分自身で神さんにお祈りをあげていないので、この私が詳細に語り、彼らの代わりに感謝を捧げ、無知が許されるように願い、彼らに不幸が訪れないように、無病息災で生きていけるように、商売が繁昌するように、息子夫婦が円満であるように、家族みなが仲睦まじく暮らしていけるように、老いても健康を損なわないように、なにもかもこのように私が願えば、それがより有効であるだろうと皆考えています。彼らが聞きたいと思っていることとすべてを私が言えば、それで満足するのです。

「ある心配事で悶々としており、今日は玉姫さんに来ていただいて、玉姫さんに我が家にしばらくお留まりいただき、お力添えをお願いしたいのです」と信者さん宅に行ったとき頼まれることがあります。あるいは「私の息子、私の妻が体調すぐれず、白高さんの助けをお頼みしたい」。そのときには私の守護神を呼び出しますが、状況の切迫度に応じてそのほかにも、権太夫さんとか、白菊大神、奥村大神、あるいは子供の視力回復をお祈りするのなら眼力《がんりき》大神なども呼びます。その家の人はこのことを知りません。彼らは自分の神さんである大杉か他の神さんだけを崇めていると思っています。

しかし、事情に応じて、私は各人の依頼を持ち込み、それに応じて助力して下さる神さんに降りて来ていただくのです。――

――拝んでいるたびごとに、大祓を唱えることが大切です。というのは、信者さん一人ひとりの名前を口に出したすぐ後、その人のためのお告げが神さんから下されるからです。たとえば、老人の名を言うと、「しかじかのことに注意するがよい」とか、すっと言ってしまいます。言われたことに関わりのある人が聞きとって、終った後に私に伝えます。「今日、神さんはこんなことを言われました」「ああ、神さんがそんなことを言いましたか。ではあなた、体のどこかが痛くないですか」。質問はつねに的中します。「ええ、私は今日、とても足が痛い。無茶苦茶痛くて、かなん」「足が痛いですか。手当ての方法を教えましょう。バケツの中に風呂の湯と一摘まみの塩を入れて、風呂から上がったら、全身まだ熱いとき、両足が他の体部分よりも二倍熱くなるまでバケツの中に浸けておいて下さい。それを二回か三回やってみて下さい」。数日後、その人が「治ったわ」と言いにきます。

この治療法は、その人がまたあとで何度でも使用できます。直接この治療法を指示したのは神さんではありませんが、お告げの後、私たちが話し、足の痛みを訴えられたので、私が治療法を教え、その結果、その人が治癒したのです。別の問題をかかえる者でも同じです。このようにして、どんなに深刻で悲劇的な問題も、その当人自身を通して、その当人自身によって解決法が見出されます。

私は、神さんが私の口を借りて言われることを意識しなかったのですが、後でその言葉を聞いた人が言ってくれると、その言葉と当人との関係が私にははっきりと見えてきます。神さんが私の口を借りて話している間、私は霧のなかにいて、自分自身を意識しない状態に入っています。何かが「見える」ということも言えませんが……なんと言いましょうか、線がある、後光《ごこう》が射したように感じます……。

たとえば、製鉄所や、料理屋、パチンコ店に行くと、神さんが「今月、仕事はそれほどない。来月にはたくさんある。今年はしばらく活気ないが、来年の初めに初仕事ぎょうさんある」と言っている間、目の前から光線のように、線香の火の線をひいたかのようなものが幾条もパッとたちます。この火の燃える様子が、力なく短い線であったり、長く尾を引いたりします。この瞬間だけが私の「見える」ときです。これが終って神さんがお退りになると、店長や社長に言います。「今日のは良いオシラセと違いますか。光の線がとても長かったからです」「ええ、今年は仕事がありませんが、神さんは、来年景気がよくなる、と言いました」。反対に、光の線がそれほど長くなくて、低いところにとどまっていたら、「今日はあわい色でした」と言います。すると社長が「あ、それではあの人が頼むと約束した仕事はほんとうに来るのだろうか」などと言います。ですから、私が見たとおりに説明すると、現実生活のなかでそれに対応して思い当たることが、人々の脳裏に浮かびます。

家々の守り神を拝むとき、言葉では何ひとつ特別なことはお願いしません。一年一二カ月、毎月決められた日に、決められた場所を訪問するので、そのたびごとに同じ事案が問題にされます。ですからこの人たちの守護神は、彼らの事案だけをお話しになります。

たとえば、今年五月二二日、ある信者さんの家では、真っ暗で、真っ暗で、闇夜のようでした、私がそう言うと、彼は「お先真っ暗、仕事の依頼が一つもないのです」と答えました。

この光の線は、あたかも眼前上方に噴き出すかのようです。時折、私の頭をシャーッと握って、フラ、フラ、フラ、フラと揺らします。それは停滞を意味しています。そういう時に「あなたの訪問販売交渉が十分ではありません。一層、販売交渉に精を出して下さい」、あるいは「あなたの経営手腕が駄目です。あなたの状況が皆目わかりません」。すると必ずこんな返答がきます。「実は、訪問販売の責任者がもう二〇日も姿を見せていません。彼の居場所が皆目わからないでいます」。神様は何もかもご存知です……。

「私の息子夫婦がどこへ行ってしまったのか分からなくて」「彼らは明日戻って来ます」と神さんが応えて言うと、彼らは翌日戻って来ます。「ある人がそこに行くことになっていましたが」それに対して「そこへは行っていない」と神さんが応じると、それは本当です。

ですから、「神さんは恐い。何でも知っている。言うこととすることが違うとその都度神さんは暴露する」とよく言われます。「酒一杯飲もうと、わずかな時間嫁さんの目を盗んだたびごとに、神さんがわしの居場所を言い当ててしまったら、ほんとうにこまりますね」と折にふれ、苦笑まじりに言われることがありました。神さんはそのようなことは言われませんが、実際には、ごく些細なことでも、神さんは知っています。そして私もすべてよくわかっていますが、決して他言はいたしません。しかし同じ状況が長引いて、まずいことにでもなりそうなら、その時に何か指摘するようにしています。しかし私が黙っていてもわかっている人には何も言いません。――

――ご存知だとは思いますが、ただ神さんにお加護を祈り、神さんのことにのみ真剣に心を傾けるだけで、人間の平凡な人生の営みに思慮を欠くとすれば、こうしたことも長続きはしないのです。そうです、ほんとうに。白高さんが初めて降りて来られた日から、とりわけ三〇歳から六〇歳までの間、神さんはいろんなことを私に言わせました。とくに白高さんは、いつ雨が降るかをよくご存知でした。ほら、今日の天気予報、それよりもずっとよく当たりました。いまだに予報することがあります。これは、私が現にあるがままの生活全般にわたって話すことを神さんが是認されているということなのです。

したがって、人それぞれの願望、問題――個々人の状況と同じだけの願望がある――は、私が各人それぞれの神さんを拝んでいる間、自分の内奥に深く留め置かれ、たいてい、神さんは毎月何らかの指示を下されます。もちろん私の口から出る語は簡単ですが。もしある人が心斎橋、恵美須橋、梅田に一軒ずつ、計三軒の店を所有しているとしましょう。斯《か》く斯く云々のことに注意せよと指示を出す場合、場所を指すのにつかうのは地名ではなくて、たとえば「北」「中」「南」という語です。またときには、神さんが何度も繰返し指示内容を直接当人かその近親者の誰かに伝えたい場合があります。するとその人はその日か翌日の夜に夢を見ます。それから私のところに来るか電話をするかして、「先生、私はこんな夢を見ました。どういう意味なのでしょうか」と聞きます。そこでその翌日の夜を待つように言います。当人かその家族の誰かがそれと同じかそれに似た夢を見たなら、神さんから送られた夢だと分かります。そして夢の意味を解明するため一緒に話し合って、神さんが教えたことを出発点として、なにをすべきかを判断します。

何ごとも心いっぱい、真剣に捉えたら、そう、不思議で面白いことがたくさんおこります。しかし、人間はますます軽薄になりつつあります。戦前、信者宅で神さんを拝みに行ったときには、それが続く三〇分か四〇分の間、家人の誰もが静かにするように心得ていまた。戦後になってから、この点について少しずつ皆が横着になってきました。たとえば、テレビをつけたままにしています。でも神さんは、私の口を借りて、お告げの真最中に「うるさい。テレビを切りなさい」と叫びます。するとみなが「玉姫さんは恐い」と言います。——

——私は神さんのことしかしません、死者の霊には関与しません。霊を降ろすのは、巫女《みこ》*1が行います。それは巫女《みこ》寄《よ》せあるいは口寄《くちよ》せと呼ばれています。巫女には巫女だけの伝統的秘儀があります。ある日のこと、私の娘と妹と、信者であった夫を亡くしたばかりの奥さんの三人が、死去した夫の心境を知りたいと思って、ある寺に出かけて行きました。ここに戻ってきて「出てきた」のは、二五年間私たちの家でお手伝いをした老女でしたと語りました。私は「出てきた」その老女が何と言ったのかと訊ねました。「彼女はへ、へ、へっと言って咳込みました」と答えました。巫女に仕える仲介者がいて、その人が巫女の咳声を聞いて、家に喘息の老女がいなかったかと彼女らに訊ねました。「いました。そのお手伝いさんは確かに咳をしていました」。すると仲介者は、「出て来たのはその老女にちがいない」と言いました。すると妹が聞きました。「あなたですか、天神山のおばあさん。ほんとうに久しくご無沙汰しております」。すると巫女は「エ、エ、……そう、そう……」と答えました。この老女は八五歳まで生きていました。巫女が男のような声を出さなかったなら、少し違っていたでしょうが、三人は不審に思い、半信半疑の様子でした。

この種の奇譚には、納得のできるものもあれば、信じられないものもあります。それなのに、この三人は、いつともなくそんなところに足を運び、三〇〇円か五〇〇円払って巫女に「みてもらい」にいっているようです。

白高さんは生きている人の生活を支援し、その安寧を守ってくれます。けれども、私が死者の霊に携わることを拒みますので、死期にある人の家には決して行きません。安居天神の宮司さんの母が病に倒れたとき、白高さんは、某日朝一一時までは生命を維持できるが、それ以降は無理です、と言いました。あるいは、ある弁護士の奥さんが買物に出かけたいと思って、その間、彼女の母の生命に別状ないかを訊ねました。すると白高さんは、「何時までは生命に危険はないが、その後は何も保証できない」と答えました。

それでも一度、ある死者の霊がまったく偶然に私に降りたことがあります。そのため私はほぼ二〇日間、すっかり憔悴してしまい、白高さんは激怒して、出て行ったきり、その間戻って来ませんでした。白高さんには確かに人間のような一面があり、気を悪くするのです。それはかつて市会議員だった人の家で、毎月のように稲荷さんとミイさんを祀るために出かけた日のことでした。お勤めが終った後、帰る前に少し休息をとるように薦められ、客間に通されました。ところが、客間に入るには、仏壇が置いてあった中央の部屋を通らねばなりませんでした。仏壇の前を通るとき、私は横向けざまにばったり倒れ伏してしまい、右手はシュンと伸ばし、左脚はピンとこんな具合に立てて、よくない恰好でした。その部屋には他には何もなかったにもかかわらず、誰もが私のハンカチの片隅に付いている血に気づきました。それはあたかも酒杯を二つ逆さにしたような形でした。意識が戻ってきてハンカチを手で触れて調べて見ると、汚れているように感じたので驚きました。というのも、清潔なハンカチを持って出て来たからです。すると、その家の奥さんと息子さんが、すべてを私に語ってくれました。彼女の夫は数年前に死去しましたが、奇妙にも血を吐き、車道中央で倒れていました。彼は停車場で市電を待っていたところで、脳溢血と診断されました。が、彼の妻は、それが殴られたのでなければ、どうしてこのようなことになったのか不審で仕方がありませんでした。彼女は常々、このことを神さんに聞きたいと思っていました。そこで倒れた私を見て、彼女は願いが叶えられたと理解し、そして、夫の死は全くの自然死であって、第三者の加害によるものではないと納得しました。事実、この霊が下がったときに私が取ったその奇怪な姿勢は、まさしくそれは、この男性が倒れた状態で発見されたときの姿勢だったのです。彼女はまた、私のハンカチに血が付着していたのをみて、夫が自ら吐血したということも理解しました。どこからその血がでてきたのか。血痕は、円錐状の二つ、ええ、逆さにした二つの小さな酒杯のようでした……。彼女と息子は、私にたいへん感謝してくれました。彼ら二人は、その日まで、心から平安を味わえなかったからです、そして、これを明白にするために巫女を呼んで巫女寄せをしてもらう必要がなくなり、とても喜んでいました。

しかし私の方は、それから二〇日間、すっかり疲れ切ってしまいました。普段私の大好物である魚も食べる気がしませんでした。欲しい物を問われても何も欲しくありませんでした。まったく何も。ただ水か茶だけ。——

諸祈願、病気平癒、憑物落しのさまざまな祈禱

折にふれてシゲノは、日々の活動における他の重要な局面についても話してくれた。日時を問わずに来訪してくる人たち――彼らは問題に直面し、万策尽きて途方に暮れているか、精神的にも極めて大きな動揺を受け、暗澹とした状態にある――、その彼らの多種多様な要求に、どのように応えているのかを説明した。彼女自身もそれに似た時期をいくつも経験し、その出口を見出してここまできたので、彼らは窮地から脱出する道を見出すための助力をシゲノに求めて来訪するのである。

――個人的な依頼をもって誰かが訪ねてくるとき、神様にお伺いを立てにくるといいます。私は神さんの前に座して、いつもと同じ祝詞やお祓の文を唱えます。ただ、大祓の間、依頼者の頼みごとに精神を集中します。そのすぐ後にお答えが下されるからです。依頼要件は言語にせずに、一つの全体として心の中にとめておいて、神さんはそれを分別されるようです。依頼者が言葉を把握して、その意味が理解できるのであれば、お告げは私の口から出て来ます。でなければ、神さんが私に教え、その後、神さんの指示通りに指導します。

これらの依頼は多種多様です。運命の曲り角でふいに浮かぶ疑問があります。「夫はほんとうに今取沙汰されているように、職務降格になるのでしょうか」。これは戦後間もなく大阪財務局高官の妻が言った質問です。彼女は昭和一八（一九四三）年からの知人でした。まもなく東京に転勤となりましたが、彼より年輩の人が上の職にいたから地位が降格になるらしいという噂でした。ところが神さ

んは、「そうはならん。銀行でしょう」と告げました。事実、彼は、死ぬまで勤めることになるある銀行の支店長になりました。彼が問題に出会うと、妻はきまって神さんにお伺いを立てに来て、彼の運命はすべてここで告げられました。彼女は、月次祭のために毎月欠かさず東京から通って来ます。先日、孫息子の一人が大学入試に合格するかどうかを知りたがったのですが、「一のは駄目。二は確実」といわれました。するとほんとうに二つ目の大学に合格しました。

場合によっては、神さんは依頼表明がなくても話します。時にはそれが予期せぬ喜劇的な様相を呈します。今年大学出立ての親類の息子が母親に連れて来られました。近々、どこかの鍼医に採用される予定でした。さて、私がいつものように座ると、いきなり切り出しました。「その髭を剃り落しなさい。でないと非難の的になって成功の妨げになります……」。誰も私に彼が髭をたくわえていると言わなかったし、私がその髭を目にしたことがあるということもあり得ませんでした。「これで腹を立てても、骨折り損ですよ」とさらに言い添えました。彼は不満ではありませんでしたが――それでもその後、しぶしぶ髭を剃りました――母親は喜色満面。じつは、母親が息子をここに連れてきたのは、まさにこのためだったのです。彼女はどうしてもそれが言えないでいたので、私が彼を従わせる唯一の権威だと考えていたのです。

しかし、ときには悲劇です。ある女がここに来ると、神さんはいつも「悲しい、悲しい」と言っていました。それなのに、彼女はその原因が自分では分からないと答えるばかりでした。後になって、息子がその間、母親の家が建っている土地を次々と切り売りしていたことがわかりました。

結婚についての助言もあれば、行方不明の家出人の生存安否の助言、病気平癒についての助言もあります。ある人は、神さんの姿が見たいと頼みます。たいていそのときは、狐かミイさんにお願いします。たとえば、ある人は城のような大屋敷を所有していましたが、金銭上の苦境に陥って妻を私のところへ遣わしました。彼女は滝寺にやって来てその問題が解決するように信頼のできる神さんにお願いしてほしいと頼みました。そこで私は、お滝で夜明けに二時間のあいだ神さんを拝みました。私に付き添っていた彼女は、ミイさんを見て、安心して帰りました。列車に乗って帰ってみると、すべて順調におさまっていますと、駅に迎えに来た息子がつげたのです。

このようなことは、ここでは昔から日常茶飯事です。明日まででも話せますが、それでも終らないでしょう。——

——それにまた、病人のことがあります。白高さんは、自ら「病気の神」と名乗っています。人間の身体の構造やその機能がどのようになっているかを私に教えたのは白高さんです。夏のことで、まだ村に住んでいました。お滝に行って滝をいただいていて、自分の体はここにあるのですが、この目で見ることはできません。ところがそのとき、突然、周りに鏡が一〇枚出現しました。その一枚の鏡の中には、「男」の字が映っていました。その隣の鏡に、頭から膝までの男の人体の姿があり、両脚は別にその横にある鏡に映っていました。そのまた隣の鏡には、心という字があって、その次の鏡には胸部が映っていました。まず、正面から各部分が現われて、そして私は大声で、「胃、食道、肺、脾臓、肝臓、膵臓……」などと繰り返して言って、ちょうど教課学習のようでした。次に背中があって、「腎臓……」など、このようにして体の諸部位、骨格、器官、それらの機能へと続きました。何もかも鏡に記入されていて、それら全てを私は「夢」に見ました。

それから、私の口を借りて、白高さんは「このダイは病人八〇〇人を治療せねばならん」と告げ、その治療法を教えました。それ以来、私は病気治療の「オカジ」（お加持）をし始めました。それは指圧の手法によく似ています。たいてい目の見えない人はこれを生業とし、私もまた薦められたことがあったのですが、それまで、私は按摩も指圧術も習い覚えませんでした。しかし、白高さんが教えたのは、いわゆる按摩というものではありません。私に降りて来て、神さんが病気を治すのです。そのため、奈良の方で村人にお加持をやりだした頃、ある日、私の口から、「ダイはよう寝ている」と白高さんは言いました。誰の目にも、私が普通の精神状態ではなく、自発的にはなんにもしていないのだと分かりました。それはほんとうに、お加持という神事であって按摩ではありません。私は両手を病人の体の上に置いて軽く触れます。すると両手が病巣患部の上にあたるとパタパタパタパタと震え出します。手の震えかたで、心臓か、肺か、どの臓器がいたんでいるかが分かります。このように、病人の体を手で触れている間、その体は私には「明るく」見え、病巣だけは「不透明な」、「暗い」ところとして見えてきます。妊婦が男の子か女の子かを知りたくてやって来ると、彼女に両手を当てて、動きが活発なら男の子、しっとりとして静かなら女の子です。

病人が来訪すると、白高さんはその病人を治療するよう命令します。そしてその通りにするといつも成功します。この命令は「せよ、やれ」といった言葉か声をきくのではなくて、ただ頭の中で意識する何かです。神さんが私に何かを「言う」というのは大変稀ですが、そのときにはことは重大です。たいていそれは、朝方、その日のうちに起こる出来事とともに頭の中に思い浮かびます。今日、六名の人が訪れ、二人は治療を願う病人、他の四人は転居か結婚相談です、といったことを私は突然「知る」のです。こんな調子で神さんは私に今日起こる出来事を、六時頃、朝の起床時に、お勤めをする前に教えます。

実際、いろんな病気をかかえた八〇〇人もの人たちが私のもとにやってきました。そして全員を治癒しました。でも実際はそれ以上の人数でした。歯痛と肩こりで来た人たちは数から除いています。とくに大阪に来てからは、行列が絶えませんでした。配給制度、戦争による困窮、衛生環境の悪化により、大人も子供も病気になりました。場合に応じて、私が手当てし、それ以外は、神さんがすべきことを指示しました。大勢の人たちが、オカジを一度か数度受けるだけで治りました。ときおり、オカジだけでは足りなかったこともありました。その場合には、その病を私の体にもらい受けました。たとえば、ある日、お乳に腫物がある女性がやって来ました。両手を彼女の体の上にやってみると、何も変化が起こりませんでした。それで白高さんに、彼女の病気が私の体に移るようにお願いしました。私の咽喉が腫れ出し、その状態が一週間続きました。八日目に入ると、腫物が破れて膿を出すかのように、筋状の白い液がそこから出ました。その同じ日、女性が訪ねて来て、治りましたと言いました。

また、神さんは病気の進行についても言います。ある女性が、小学生の娘をここに連れて来ました。その娘は、いつも頭痛を訴えていました。医者は原因が特定できず、なおらないと宣告しました……。白高さんは、「一週間後、歯茎から血がでて、なおる」と告げました。歯の状態は良好なので母親は驚いたのですが、現実には、歯茎から黒い血が茶碗一杯分になるほどの出血があって、その娘は回復しました。今では母親になって、自分の子供たちをここに連れて来ています。

もし病人がオカジによって治癒しないのなら、白高さんは、訪ねるべき医師を指示するか、服用すべき薬を指示します。「某町にいる医者を訪ねるがよい」とか、あるいは薬を指示するときには、詳細に、生薬の名、成分とその分量とを教え、漢方医や薬剤師が調合できるようにします。でなければ、「薬用ゼラニウムか庭常《にわとこ》の葉などを、これこれの分量の水で煎じ薬を作るがよい」などと告げます。

ときには、ここに保管しているお薬を使います。昭和二八（一九五三）年一〇月か一一月の二三日だったと思いますが、ともかく寒い日にある女性が来ました。私のことを知人から聞き知った本屋の薦めによるものでした。彼女の息子は手術を受けたばかりで、二、三週間も排泄できなくて、腸が機能しなくなっているとのことでした。しかし、治療の手立てもなく、医者たちも絶望視して彼を見離して、二人の息子に財産分けを薦めるような有り様でした。それならと、息子は村に帰る決心を固めました。しかし彼の母は、本屋から安居天神の奥に祀られている稲荷さんの話を耳にし、ほんとうに手遅れかどうか尋ねに来たのです。ちょうどそのとき横浜の病院から腸の治療薬を入手したばかりでした。箱の中に薬包があり、それぞれの包みの中に四〇粒の丸薬が入っていました。一袋差出して「今夜にでも病人に一〇粒飲ませなさい。あなたの息子が飲む前にあなたも六粒、あなたの孫にも一〇粒飲ませなさい。そうでもしなければ、病人は、きっと自分を殺そうとしているにちがいない、と言うからです」と言いました。さらに、彼ら全員は翌日五時か六時頃、お腹がゴロゴロ鳴って液状の便が出ますが、それが止まったとき、病人は回復しますと、言い加えました。なお、「仕事に出かけねばならない場合、この状態では困るのなら、熱い風呂に入って、温かい食事を摂れば、それですべていつもどおりの状態に戻るでしょう」とも告げました。ですから彼女は、翌日の朝風呂の準備をしておかなくてはなりませんでした。息子は不満気に「こんな鼠の糞みたいなものを飲んでよくなることないでしょう」と文句を言いましたが、それでも私の言う通りにしました。明け方、孫が最初に便所に駆け込み、熱い風呂に入ってから仕事に出かけました。母親は食後でした。病人は夕方、仕事から帰宅すると、何かを強く感じ始めました。彼もまた急いで便所に駆け込むと、大声で叫びました。「出たわー」。そのときまで、一度として神の前でも先祖の前でも手を合わせたことのない彼が、ぞっとするような悪臭が漂うその場所で、感謝の合掌を捧げていました。彼の衣服はもう捨てるほかありませんでしたが、母親はとても喜びました。そんなことはどうでもよかったのです。彼は現在、八〇歳になって、元気で暮らしていますね。——

と、シゲノは私の側に座っている男性に言った。彼はその言葉に頷《うなず》いて、九死に一生を得た自身の過去を思い起こし、静かに笑っていました。

「先生は病気を治す力があります。しかし手遅れであれば、そのことも告げます。病気が治ってから私はここに通っていますが、このような話やさまざまな病人はここ三〇年来、確かに数え切れないほど多く聞き、見てきました」。

シゲノの娘も続けて言った。「オダイはほんとうに数えられないくらい病人の体に触れました。重病人には、老若問わず、毎日オカジをします。それでみなさん元気に回復されます。オダイは病人の体に両手を当ててゆっくり移動させます。それをすることで、病巣を感知しているようです。その患部に長くゆっくりと息を三回吹きかけて、カー、カー、カー、と音を立てて「食べて」います。これは白高さんが病気を食べているのです。少女時代の私は、そのことに驚きはありませんでした。ここに来たとき、私は一七歳でした。当時、全身に湿疹の出ている嬰児を連れて来る女性たちがここにきて、自分の身に神様が降りていた母は、その赤子を舐めていました。当時の私はびっくりして汚く感じられましたが、赤ん坊は、皆助かりました……」。

「私が口を開けると、そこに神さんがおられます。舐めているのは神さんです」。シゲノは訂正した。「でも、彼女自身がほんとうに舐めているのです」と娘は再び言った。「戦争直前には、毎日このようなことがすごくたくさんありました。これで私たちにはみな、白高さんの力が分かりました」。

シゲノが言葉を続けた。「白高さんは、その人に合うことをします。たとえば、お婆さんたちの場合はまた違います。彼女たちはオカジを受けに来るのですが、「白高さん、私の寿命はどれくらいですか。人のお世話になるのでしょうか」と言うのです。彼女らの最大の心配事は、寝たきりになって手足が動かなくなることだからです。そのとき白高さんは、「あなたは八〇歳まで、あなたは八四歳まで、あなたは九三歳まで生きます」と私に言わせます。今日でも、生死が問題になると、あるいは手術すべきか否かを知らねばならないときなど、私が両手を当てると、手は震えます。しかし、極端に症状が進んでいる場合には心臓にかなりの負担になりますから、それはしません」。

――ところで、体に異常は見られないのに、奇妙な行動に及んで周囲の人たちと共に生活できない人がいます。ある時期、キャバレーや歓楽街からこの種の人たちが多数やって来ました。キツネツキ、あるいはタヌキツキとされていたようです。この場合には、狐や狸の好物を供物としてお供えします。たとえば、お揚げをどっさりと皿に盛った供物の前方数メートルの位置に、供物を背にして当人を座らせます。九字を切ります。その後、体全体に両手を当てて擦り、一三回、もしくは三〇回の『般若心経』を唱えます。それから話しかけると、その人は震え始めます。それは憑いた狐か狸が背後に供えた供物を欲しがるからで、私がその憑物を降ろしはじめたことを示しています。その人が無闇に動き出すと、私は「ウェエー」と怒鳴り、本人にも同じように怒鳴るように頼みます。でもその人はその怒鳴り声を決して出すことができず、それが治ったことになるのです。この吼《ほ》え声で狐か狸、憑いている憑物をすべて追い落とします。憑いていたものは逃げ出して、供物の食物を食べに行きます。これなどは易しい問題で、このような狐落としの手によって早々に決着が着きます。幽霊の場合でも同様に行います。

何よりも恐いのは、ミイさんの憑きものです。これが憑くと、その人の毛髪は逆立ち、夜は座ったまま眠れないのです。たいていこれはミイさんの仕業で、憑かれた人の庭か家にあるミイさんの棲家が、工事か何かで破壊されたからです。この場合は、その棲家を修復し、家族全員で祀らねばなりません。ミイさんを落とすには、狐や狸のときと同じようにして、さらに、憑いた理由を訊ねます。これで被害が修復され、憑きものはすっかり治ります。——

——しかし、その憑いたものがとり憑いた人を自分のオダイにしようと意図している場合がありま す。この場合、非常に力のある「方」であって、自分の存在をこの世に知らしめたいと思っているのです――というのも、この点では、人間界とまったく変わらないのです。そうであれば、狐落としの法は効果なしで、憑きもの状態が続きます。その時憑いた方は、その人の口を借りて、オダイになることを承諾するなら、自分の霊力をその人にも与えると言います。たいていそのお告げは、若者や娘たちが、今後一緒になりたい好きな相手に対して使っているような言葉で表現されます。そこでまた、憑いた方が自らの名を明らかにします。その後、私がその人に、某神さんがこれから先あなたに降りてくるので、オダイとしてその神に仕え、祀らねばなりません、と伝えると、その神様は大変喜ばれます。神さんは誰かが好きになりますと、いつまでもその人から離れずに、その守護神になってしまうのです。

オダイとして選ばれた人は、初めて神さんが降りてきた日から祀らなくてはならないわけではなく、一〇日後あるいは翌年になってもかまいません。神さんはすべてを知っているので、自分のオダイになってくれることを本人が決心したとさえわかれば、神さんはその人の生活事情を考慮されますし、その人も必ずしも即座に対処できるわけではないことをよく心得ています。ところが、選ばれた方の人としては、どこまで、またどのように神さんが自分を支えてくれる覚悟でいるのか疑問に思います。このことで昔、こんなことがありました。ある人がお揚げといなり寿司を買って、それを戸外で供物として捧げ、神さんがほんとうのことを言っているのかどうか、それが嘘であって、騙されているのかどうかを見ようとしました。そして、「今日は誰も来ないだろう、誰も来ないだろう」と思っていたところ、突然、遠くで三味線と太鼓の音が聞こえてきたので、それが何であるのかを私に尋ねにやって来ました。それは、彼に守護神が憑いて、それで神さんたちがこぞって歓声をあげ、お祭り騒ぎをしているのが聞こえてきたのでした。ですから、「供物を見に行って下さい」と答えました。彼が戻ってくると、「ほんとうです。お握りを取りに来ていました。お握り何個かがなくなっていました」と言いました。しかしこれは昔の話です。今ではすっかりかわって、どのようにそれが起こっているのか、私には分かりません。

それでも、どのような場合であれ、共通していることがひとつあります。憑きものの原因と、その憑きもの自身とが明らかにされないかぎり、憑かれた人はこの奇妙な行動をとりつづけ、普段の生活が出来なくなります。これは病気なのです。

オダイはこのように憑かれた状態によって自分の守護神に出会うのですが、憑かれた人が、皆が皆、オダイになるというわけではありません。憑物の段階を経て、その後必要に応じてちゃんと神を降ろしたり返したりすることができるようになったら、もう病人でなく、オダイという役割を果たせるものとして認められるようになります。それには、条件として、決意と堅信が要求されます。ここに通っている三人の女性は、守護神が降りた後にオダイになりましたが、彼女たちは、神さんと信者さんたちへの奉仕ができず、五軒、一〇軒の家すら廻れません。たとえ一年に一度であれ、神さん、お稲荷さんを喜ばせるように、五人か一〇人の信者すら集めてお祭りをあげることができないのです。私がこのようなことをするようになってから、私のようになりたくて、そうなれるように手伝ってほしいと頼みに来る人をたくさん見てきました。今日でも、まだ五、六人はいます。しかし、誰一人そのために必要とされることをしないのです。彼らはただ、それについて話すだけです。外国に、インドに行ったと言う人もいますが、私から質問したら、なんでもないことだとよく分かります。

私たちはこのようなことに従事していますが、とりわけ私がしていることと言えば、滝をいただき、食を断ち、厳しい修行をするだけで、たいしたことではありません、けれども、心いっぱい、全身全霊でやってきました。若い先生方も、おそらく全力で取り組んでおられるのでしょうが、私のようにしている人を一人として知りません。――

新しいオダイの誕生について話を発展させた中井シゲノは、私たちの対話の流れを、永遠に廻りながら進んでいく螺旋に形づくっていくようであった。

私が出会った多くのオダイたちのなかで、彼女はその活動領域が最も広く、最も多面性のあるオダイであった。その原因は、彼女の人柄と同時に、オダイとしての活動において証明してみせたその稀有な能力とに起因していたが、加えて、大阪という巨大で多様な人口を擁する都会での多種多様な要求にも起因していた。疑いもなく、もっとも好条件が重なり合った状況であった。シゲノの「交換手」としての活動には、その多面性の各部分がいかにお互いに関係し、全体をつねに強く結合し、一体を成していたかがよくあらわれていた。この一体の絆こそ、彼女を信頼する人々の共有する世界観であり、これはまさしく、守護すると同時に畏敬される神の実在とそれとの交流の必要性を基礎とする世界観である。

玉姫の信者たちとの出会いとシゲノの体験談から判断して、シゲノに会いに来る人たちのなかには、疑念を持つ人から、「とにかく分からないから」と当惑しながら来る人、そして絶対の信心を堅持する人まで、その信頼度は扇状に分布すると推察される。ところがすべての人が彼女の真剣さにつよくうたれ、彼女が与えてくれるものの真価をはっきりと認知していた。

シゲノの体験談のおかげで、私は、オダイだけにしか寄せられない依頼事の極めて多彩な姿を垣間見ることができた。それらの事案は、とうてい他では知ることのできないものである。それぞれの依頼は、最も内密な生活や各人の最も直接的な体験と結びついた欲求の表出である。その点では、現代の大都会でのオダイの役割は、農村社会においてオダイが果たしていた役割と異ならない。しかし、複雑多様な社会と急激な経済発展、そのことから生ずる錯綜した問題をかかえる都市という場所で、今日におけるオダイの機能も、最も現実に即した形で有効に働いているということがわかる。この意味で、奈良県の農村から大阪へのシゲノの移転は、現代社会の動きに即しているといえよう。大阪に出たシゲノは、自分の活動が最も要求されるところへ行ったことになる。そのように考えると、現在、稲荷神のオダイやその他の巫者や行者たちが、田舎ではなく、東京、名古屋、大阪、その他の大都市に集まっている理由がわかる。この宗教職能者たちはやはり、人間の諸問題が最も集中する現場に身を置いているからである。

シゲノは種々の祭祀での降神・憑依体験の内実を明らかにすることによって、通常全く得ることのできない、あるいは稀にしか明かされない知識を伝えてくれた。しかし、それればかりでなく、今日、宗教上の公的な機関ではなく、オダイという巫者、とりわけシゲノへ人々の依頼が殺到する理由も照らし出してくれた。これはまず、彼女自身も話しているように、大きな神社、あるいは寺院から期待できるものと、オダイから期待できるものとの間には、質的相違があるからである。前者へは祭祀の物質的祭具(お札、御霊など)や形式的な祭儀と指導などが求められるが、後者からは、各個人に応じた託宣が得られる。前者は成立宗教の権威を代表し、後者は実体験のメカニズムへの接近手段を与えてくれる。次に、シゲノの場合でわかるように、オダイのつかっている祭祀形態は基本的には自分の体験に基づいており、簡略で、最小限の技法しか利用していないことである。出会った他のオダイ、とくに男性のオダイのなかには、体得した憑依経験の上に、仏教や神道、修験から借用した教義や儀法を、上部構造として重ね合わせていた人も確かにいた。しかし今日、大多数のオダイが行う巫儀《ふぎ》、祭祀において、複雑な形態より簡単なもののほうがよく行われているということは偶然ではない。それは、ますますめまぐるしく変わっていく現代社会の諸状況において、つねに臨機応変に対応できるからであろう。

この点について、シゲノの辿ってきた変遷の道は、巫者たちの適応能力をよく反映している。彼女が自分の最初の変身の原動力とした、農村社会の世界観に深く根を下ろしていた最初の守護神、白高の次に、もっと普遍性を帯びた第二の守護神、玉姫がくわわる。様々な打撃を受けたシゲノが生きながらえるために、白高は、「夢のお告げ」によって自分の力は足りないと明かしたうえで、白高が農耕と稲作の象徴体系と世界観に位置する神であるのに対して、それほど特異な属性をもたない玉姫大神に「オダイを許す」ということになった。ここで、いったんシゲノの回復を可能にした後、白高の霊力と理解された役割は完遂し、その限度に達したようにみえる。

奇妙な行動が「狐の仕業」と見られることもあった時代や社会にあって、周縁的位置に置かれた人たちには、三つの解決法があった。第一は、何もしないで病人として、あるいは保護されるべき人としてとどまる、つまり、いわゆる「狐憑き」としてあつかわれること。第二は、心理的社会的状況を回復すること。これは、オダイか行者に頼んで、憑物の狐の姿で、当の問題の原因をあらわし、公認させて、外へ追い出してもらうか、場合によっては落としてもらったうえで、それを信仰の対象にすることによって共同体への復帰が認められるようにすること。第三は、自らの憑依状態を自由に操作できるようになったうえで、自己の周縁性を負から正へと逆転させることによって正当化し、広く認識されている社会的宗教的機能を果たすオダイとして公認してもらうこと。シゲノは、伝統的に提供されている選択肢のうち、第三の道を選んだ。それは彼女の気質に最も合致していたし、個人として為し得る最大の自己投企の道、最大の自立の道でもあった。そのうえ、精神的社会的安定を回復する過程でもっとも重要な存在であった狐の守護神白高が、大阪でとりわけ病気の神として崇められるようになったのは、意義深いことである。第一の守護神のこの変身過程は、農村社会との縁が緩んで、そのかわりに都市世界に適応できるような面が強調されたことを意味する。実際、狐憑きは「過去のもの」であり今日では「違う」と、シゲノはたびたび言った。大阪ではシゲノは、その時々の依頼に応じて「玉姫さん」とも「白高さん」とも呼ばれていた。こうした両守護神の存在がともに認められるということが重要だった。彼女にとってこの両神は、自分の社会的通念に反する態度の正式な自己正当化の表明だった。というのは、神の言葉として彼女はどんな相手にも、権力者であれ、下町の庶民であれ、皆に対して同じく、不正行為を暴き、偽りに反問し、誰憚ることなく、真理を語り通した。しかし、彼女の守護神の相貌の特に親しみにくい面は、それを暈《ぼか》すか、胸の奥深く秘めたままにしておいた。彼女自身は一種の周縁的な存在として生き続け、住む場所の土地さえ所有せず、資本主義に走る社会にあって、決して資本主義化することはなかった。しかしその周縁的な性格は、人を恐れさせるものではなく、反対に、人生の一時期、自らを「浮草」のように感じた人々の求心的な拠りどころになることができた。

中井シゲノは基本的なことを守り抜いた人であった。それは、彼女が毎日、単純で人間味豊かな形で繰り返し行っていた、錬磨された神降ろしの巫儀、憑依祭祀であった。自分自身が陥った危機から脱出するのに自分で用いたこの手段が他の人々にも役立つように彼女は一生勤めた。これは、時代を超えて現在まで生きてきた巫覡《ふげき》の継承に連なる鎖の環のひとつであった。彼女の活動は、現代社会のなかで生き生きとした形で行われている巫術の意味とその現実的機能とを今なお認識させることに寄与していたからである。オダイ、巫女《みこ》、神子《みこ》、巫覡という、自分の心身を媒介にこの世と異次元との交流を可能にする人々は、時代を通じて、物事に潜む面を表に現す役割を果たしてきた。まさに彼らは、神、先祖、子孫を結ぶ時間の縦軸と、現在の空間において個人、家族、地域共同体、諸社会集団を結ぶ横軸とが交差する要に位置する。自分たちの媒介役がもっとも発揮できる祈禱、祭祀、巫儀などによって、諸次元が交流できるようこの縦と横の両軸を自分自身を通じて結合させている。

ところで、オダイと名乗らず、小祠やお塚をも祀らず、狐や狸という語を用いない新世代の巫が東京や大阪などにすでに出現し、話題になっている。彼らは山も森もない大都市に生きる人々の要請によりいっそう順応した巫覡の新しい形態であり、巫者の今後の鎖の環に連なる人たちであるにちがいない。

＊1　関西では現在、もっぱら死者の霊を降ろす（死に口する）専業の女性巫者が巫女《みこ》と呼ばれている。

8　オダイはあと三年

「シュンー、シュンー、アー
白高、ウンー、眷属
オダイが年とった、悔しい　（強い悔しがる声で）

オー、オ、オー
白高
白高のオダイが年とった
白高悔しいオー、オー
サー、ウンー、あるである　（しずかな声で尻上がりの語調）

心配するな、心配するな、ウンー
ウアー
ウンー、ウンー、ウンー

努力しよう、努力せ
健康は一だから
利口はいかにしてやはりサ、ウンー
よく見聞きしてしとくはいかに
やがて、サー、ウンー
のちは我かれのたまの光なる

続いて守護しよう
あのね
教えてあげることがある
聞かせたいことも数ある
ウンー
またアーッタ
アー、アー、アー、アー　（強い激しい笑い声）」

昭和六三（一九八八）年三月一八日、滝寺で中井シゲノが述べたこの託宣のこの部分を、白高は豪快に笑って締めくくった。中井シゲノに話しかけた白高のこの言葉には、粗暴と柔和が交錯し、悲嘆と激励とが入り乱れていた。白高が話すいつものときのように、シゲノの声は完全に変わって、低音で、男っぽい荒々しい声であった。しかし、今回は、落胆した恐ろしい叫び声を発すると、いつもにはない、思いもかけないやさしい声が聞こえてきた。白高は、自分のオダイが老境を迎えたことに対して、自らの気持ちを宥《なだ》め、またシゲノにも慰めの言葉をかけたのである。

シゲノは八五歳であった。

私は以前、昭和五九（一九八四）年に、シゲノはつねに人生の肯定的側面を見ているようだと言ったことがあった。すると彼女は私に内心を打ち明けて、「いいえ、いいえ、この世の中が変わってしまいました。そして、私は目が見えない。そのうえ、人として当たり前の教養がないのは嘆かわしく、恥ずかしいです。いやですね、これ以上長生きはしたくない」と言った。

以上の託宣の昭和六三（一九八八）年に、滝寺のお滝で、白高は、「オダイはあと三年。それ以上命は保証できない」と告げた。

そのとき、シゲノの娘は、その日が来るまでは、望みどおりにどこへでも母を連れて行こうと決心したが、それからあとの事態はどうなるのだろうかと不安に思った。母娘がそろって伏見稲荷山へのお詣りに出かけたある日、シゲノが娘の前に立って神を拝んでいた時、娘は心のなかに、「よい時期が来たら、連れて行く」という声が聞こえたと私に語った。帰途、娘にはそれが白高だとわかった。というのは、シゲノの守護神の特徴であるあの磊落《らいらく》な笑い声が心中に立ち昇ってくるのが感じられたからであった。

平成三（一九九一）年一一月一八日、滝寺での月次祭の日、私は生駒線奈良行きの電車に乗り、道場に向かった。長い間、シゲノには会っていなかった。私は三年間日本を留守にした後、戻って来たところであった。そのいっぽう、同年の春、シゲノを主題にした本をフランスで書く企画をし、七月初め、私は最初の頁に取りかかって、その後執筆が進んでいた。

すでにその頃、シゲノの体調が良くないとは知っていたが、とくに消息もなかったので、滝寺に直行することにした。秋晴れの暑い日だった。低く連なる丘陵の線が、赤や黄色に炎え立つように紅葉していた。藁色の田んぼには水がなく、稲刈もすんで、あたりの田畑では、秋植えの野菜の作付がすでに完了していた。弁天龍王の池の水面が青く低くひろがっていた。まだ時間が早かったので、まず、お滝を目指して坂を上った。お滝は前回同様、何ひとつ変わっていなかった。細く流れる滝水が、清々と音を立てて滝壺に落ちていた。白高の領域は、いつも変わらぬこの静寂に包まれていた。下の小滝に降りて行くと、そこで若い女性と鉢合わせしそうになった。彼女は白装束の上着にジーパンを身につけ、白高のお塚の前で落葉を掃除していた。

「先生ですって。ご存知なかったのですか。今年七月八日に亡くなられました。ええ、月次祭のために娘さんが今日ここに来られます。私は山の神さんに御供物を供えています」。

祭祀が終ると、中井シゲノの長女、私を迎えた若い女性、そして村から来た女性、この三人の女性が火鉢を囲んで座り、私もともにそこに残った。彼女たちは、乾物の魚、さつま芋、琵琶湖のシジミなどを持ってきていたので、シジミは煮られ、魚と芋が焼かれると、皆で食べた。それから、彼女たちは中井シゲノの最期について語ってくれた。

足腰が弱り、体も衰弱したので、シゲノは死去する一年前には活動を停止せざるを得なくなった。死ぬまで、生涯の守護神であった白高と玉姫に終生変わらぬ絶対の信仰心を持ちつづけて彼女は生きた。面会を求めて来た人には、幾星霜にもわたるオダイとしての人生のなかで目撃した様々なことを、彼女は語って聞かせた。白高が生存を保証できないと言った三年の月日が過ぎたころ、死はシゲノを不意に襲った。まさにその時期であった。これらのことをいっさい知らない私がフランスで筆を執り、彼女の一生の物語に着手したのは。

シゲノが私に話した通り、彼女の遺骨は、生まれた村の、竹林の向こう側にある実家の墓地に、夫の遺骨とともに埋葬された。彼女のこの言葉を思い出した。「私が死んだら、私の魂は、白高とともに、白高が帰ってゆくお滝に行くでしょう」。

翌日、滝寺で会った若い女性と再会し、一緒に伏見稲荷の山めぐりをすることになった。その折、彼女は中井シゲノとの出会いの経緯を語ってくれた。

「両親は玉姫さんの信者で、大阪に住んでいました。少女時代、母は先生に会いに行くときには私を連れていきました。その後、結婚の話があったのですが色々あって実現しませんでした。そのとき私は中井先生の指導を受けて、二カ月の行に挑みました。しかし当時、私はオダイの道に進む気はありませ

写真 12　新しいオダイは鳴護摩を修する（滝寺道場，1996 年）

んでした。その後結婚してからは、問題に直面するたびに中井先生に救っていただき、為すべきことを指示していただきました。四年前、先生の道を志し、そのためのより厳格な修行に取り組み始めました。ある日の鳴護摩の際、中井先生の口から「守護神玉姫」というお告げがありました。先生は、それが私の「守護神」であると言いました。「怯《ひる》むことなく修行せよ、落ちて来るものを拾える」とも言いました。

同じ年、先生は「オダイが代わる」と告げました。病人にするオカジのやりかたを私に伝えようとしましたが、私には十分な力がまだありませんでした。今のところ、私は滝をいただき、稲荷山めぐりを続けています。滝寺と大阪での玉姫の月次祭を手伝ったりします。厳しい道です、神様を拝んで、降りて来ていただくのは、なかなか難しいことです。伏見大社の講習会を受けています、でも明らかに、正真正銘のオダイとは希有な存在です。神さんを降ろせないオダイは祈禱を行うだけですが、やはり違いますね。玉姫教会がどうなっていくのか、私にはわかりません。これが私の行くべき道であるのかどうかすら、わかりません。でも、私の守護神は玉姫ですもの……」。

その日の翌日、私は大阪に行った。中井シゲノの娘と玉姫教会の道場で会うことを約束していた。地下鉄の恵美須町駅を出て、天王寺方面に向う国道二五号線の左側の道を歩いた。ふと、かなり前に一心寺の高台を過ぎたのに、まだ安居天神の石の大鳥居を目にしていなかったことに気づいた。その鳥居は一心寺の階段の正面に立っていたので、すでに左手に見えていたはずだったのに。鳥居の向こう側の楠の並木が鮮明に思い出された。両脇に石灯籠が立ち並ぶ鳥居の間から、その並木道の突き当ったところに、道場と玉姫社があったのだ。昭和九（一九三四）年、中井シゲノは、その石灯籠を手でなぞり、そこに安居天神の名を読みとったのであった。私は歩道を引き返した。まず楠が見えたが、そこには大鳥居はなかった。二本の石柱が立って、それが神社参道の入口を示し、一本の石柱には「安居神社」の名が彫り刻まれていた。その左側、以前鳥居が立っていた場所に、完成したばかりの新しい三階建の建物が見えた。入り口から参道をたどっていくと大鳥居があり、安居天神の変貌した境内に出た。

「変わりましたね」という言葉で、待っていた女性たちが迎えてくれた。

何もかもが変わってきていたが、ある意味では大阪はいつもと変わらぬ大阪でもあった。最も古い時代をとどめている土地も、現在という歴史の最後の波によって、いつも覆い隠されるところなのである。今日では、神社仏閣の社叢林と庭にも経済活動が侵略してきている。オダイを亡くし、この土地の居住権しか持っていなかった玉姫教会にとっては、疑いなく大変動の時代が訪れていたのであった。

中井シゲノの娘は、母について、そして玉姫教会の継承の不安について私に語った。今後一年間、彼女は伏見稲荷大社の南大阪支部長を務めることにした。死期を前にして、シゲノは「外回り」という玉姫神の信者たちの毎月の宅巡りの一部を、一人の男性に託していた。彼は、シゲノについて滝行を修行し、今も外回りを続けていた。それ以外の分は、シゲノの娘が母の一周忌の日まで担当することになっていた。しかし、それ以降はどうなるのか。

「四五歳になったとき、神のことに専念するようと神さんは告げました。が、その頃私は、商売をしていて、また役職を務めねばならなくて、なにも放棄することはできませんでした。複雑な状況が関係しあい、その結果、今日ですら、決心が定まらない状態でいます」。

話を聞きながら、彼女とシゲノとの対話が私の脳裏に蘇った。シゲノは言っていた。「もしこの道に入るのなら、第一の、最も根本的なことは、自分の行動に、自分自身に、確固不動の信念をもつことです。そのために死ぬことも恐れてはいけない。そうすれば、生きていけます」。

もちろんシゲノの娘は何もかも承知していた。耳にたこが出来るほど聞いた内容であった。それでも娘の状況は、威光を放つ前世代のオダイの後塵を拝さねばならない彼女の世代の多くの人と同じ状況であった。つまりシゲノの没後、彼女が果たしていた役割を受け継いでいくのは、並大抵のことではなかった。見たところ、シゲノは何ひとつ誰にも委任していなかった。正式な後継者はいなかった。自らの行跡に多くの信奉者を惹きつけたシゲノだが、没後四カ月を経ても誰ひとり、何をすべきなのか分からないままであった。何らかの兆しがあるかもしれないし、何も起こらないかもしれない。玉姫教会の将来は、曖昧模糊として、どのようになっていくかわからない状態であった。しかし、信者の結束の成否は、オダイへの要請に基づいていることは明々白々であった。もし彼らの求めに応じて解決策を見出さないのなら、彼らは少しずつ、他のオダイのもとへ向きを変えるであろう。というのも、実生活の要求に基づいている信者たちの依頼は待ってはくれないからである。玉姫教会は、当面、シゲノへの忠誠によって存続するだろう。しかし、その後は解散に至ってしまうのであろうか。解散、形骸化した存続、真のオダイと認められた人による継承、この三つのいずれかの命運が、そのオダイ、責任者の死後、どの信仰集団でも辿る道である。しかし、余人をもって代え難い中井シゲノの継承問題は、とりわけ深刻であった。

生前、彼女が寝室にしていた部屋には、白木の小卓が据えてあった。その霊を供養するための仮祭壇であった。二本の灯明、花、果物、御飯が供えられ、最近撮られた大きな遺影の前には、遺骨を納めた箱だけが、ひっそりと置かれてあった。今後そこには、おそらく仏壇が設けられ、日々平生の供物が供えられるであろう。その頃にはめいめい、取るべき決意を固めていることであろう。

オダイの継承とシゲノの一代記

その同じ週の終わり、私はあらためて玉姫教会を訪れ、白龍山前で催される二三日の月次祭に出席した。そこには、シゲノの娘を補佐するあの若い女性もいた。彼女たちはいくつかの事実確認を助けてくれ、私がまだ知らなかったことも教えてくれた。シゲノが大阪に転居した後に撮った写真が、無造作に詰め込まれている大きな箱が取り出され、写真の一枚一枚がさらに他の記憶を思い起こした。シゲノの娘は、私がここにオダイを訪ねてくるたびごとに、何度もくり返しシゲノの感嘆の声を聞いた。「ああ、これを全部お話しして、あなたはそれを文字にして書き残してくれること、なんと素晴らしい。こんなことすべて記録してくれるとは、ほんとうに嬉しいわ」。

当時、私がそれまでに出会ったオダイたちについての論文をまとめることが私の課題であった。しかし、中井シゲノの一生を記した本は、彼女たちの目にも、私の目にも、その論文とはまた別の意味を持つようになっていた。突然その若い女性が言った。「ある日、一、二年前のことですが、白高さんは大《お》先生《せんせい》の口を借りて、「オダイの名が世界を駆ける」と言いました。憶えていますか。そのときは何を言っているのか、私たちには分からなかったのですが、ほら、この本のことではないでしょうか……」。

玉姫教会の信者たちと中井シゲノの家族にとって、オダイの人生の記録は、おそらく、記憶としての価値とともに、真実の証言としての価値をもっている。常識的には説明し難い事件や争いで満ち溢れた彼女の一生は、それゆえに魅惑の対象であると同時に、誤解と議論の対象でもあった。シゲノが通り抜けた道程の各段階の事件を一つひとつ追跡すると、なによりもまず、それらの事象を各々結びつけている内的一貫性の糸が事実のなかに発見され、各事象がどこに位置づけられるのかが分かるようになる。そうなると、その流れのなかで機能するシステムのもとで、それらの事象がもつ意味が明らかにされる。この作業を通して、シゲノの一生がまず教えてくれるのは、今日の日本社会においても、古くから実践されてきた人生の諸問題の解決の一つの道が厳然として実在しているということである。その道は伝統に根ざしながら、また、時代の変化に適応できる柔軟性ももっている。一般的には社会的排除や「疎外」として片付けられてしまう一連の行為や出来事が、このシステムにおいては、現代における意味と機能が認められる可能性がある。

シゲノに観察される憑依の技法習得過程の推移は、次のように要約される。生きる目標の喪失と日常的秩序の破綻は、いかにしてその秩序を回復し、生きる意義を見出すべきかという探究にシゲノを押しやった。彼女の生活秩序の破綻は、個人的（失明、虚脱）、家庭的（母親との死別、夫の死）、社会的（強要された結婚、寡婦）次元に及んでいる。この秩序回復は、三つの次元において、すなわち、個人的次元（光、活動）、家庭的次元（大阪での子供たちとの同居）、社会的次元（ある共同体――信者集団――の中心的存在）において実現されたが、シゲノはその実現を彼女が「白高さん」と呼んでいる何者かが提供してくれる情報と指示のおかげでなしえた。しかしこれによって、社会的同意に基づく以前の生きる意義は、もう彼女とは縁の遠いものとなり戻ることはなく、日常ではない世界の職能者として日常世界の秩序のなかに根ざしていくことになる。このように考察すると、シゲノの「異なる」存在のありかたである「白高」は、既成秩序を覆して、新しい秩序と意義を再構築する力をもつものであるといえる。これはまた、彼女を「憑依の職能者」として承認している社会集団の要請依頼に応えた、一個人による社会・宗教的機能の構築でもある。

中井シゲノの一生を知ることとは、「憑依」（神がかり）という技法の獲得と熟達として認められる内容を理解するための第一歩でもある。とはいえ、この成巫過程の理解は、憑依技法がそのなかで機能を発揮する体系や社会の枠組みを超えた次元にまで達するものではなく、オダイとオダイを囲む共同体とが与える憑依の解釈判断の枠内にとどまったままであると認めねばならない。この点において、この理解は、憑依事象が知られていた社会、あるいは今もなお息づいている社会での憑依事象の証言内容と軌を一にしている。たとえば、ヨーロッパの古代ギリシアでは、ソクラテスが、この道の実在とその社会的機能を認識していた。それゆえ、彼は、巫女シビル（sibylle）と「霊感による神託を使い、多くの人々に、多くの予言により、将来を見据えた誠実な道を指示した」人たちすべてに讃辞を送った。というのも、ソクラテスはさらに付言して、「誠実に錯乱状態になり、誠実に神憑りになる人は、その錯乱によって直面する困難に対して解決手段を見出せるからである」（プラトン「パイドロス」二四四『プラトン全集5』岩波書店、二〇〇五年）。

憑依現象について観察されるメカニズムとその事象についてである共同体がもつ言説は、他の共同体では、憑依現象が機能したことがないか、もはや機能しなくなっているのにかかわらず、当該の共同体においてはどのようにして、各時代においてどのように評価され、また何故この事象が顕在化し、持続し、そして手段として用いられるようになっているのかを示してくれる。

文化的にも社会的にも、憑依や託宣現象やそれにともなう奇妙な行動と験力が実在し、そして認められ、また受け入れ可能なものとされているというのは、オダイとオダイを囲む人々によって容認された規範コードに従って、憑依現象が解釈されているからである。シゲノの場合、すべての信者たちが、オダイは神の媒体以外の何者でもないと見なしているか、あるいは信じている限り、憑依現象が受容されていることを示している。シゲノは白高神の「媒体」と見られているが、周囲の社会は、まぎれもなくオダイの媒体（ささえ）である。そしてオダイは、自分の生活を保証する神々と自分が司る宗教機能への信者たちの信仰あるいは賛同（その度合いは強かれ弱かれ、またその表現のしかたも様々であるが）を維持強化することに寄与している。このことから、「白高」とは、シゲノと彼女を取り巻く集団やその一人ひとりの解放された言葉として受け止めることができる。つまり、信者たちが内緒にし、秘匿していること、彼らが犯している禁止事項、シゲノはそれを（「白高」の）言葉にして暴露する。けれども、ここでいう心に秘して口に出せないものとは、どのようなものか。社会－巫覡《ふげき》－憑依する守護神への信仰、この軸上にまたがる相互依存関係は、合意のうえに存立している。それゆえ、巫儀や諸祈禱の信じられている効き目も、この合意のうえに立脚していると言える。しかし、巫儀、祈禱のメカニズムとその多様性とを理解するために数多くの託宣儀礼や祈禱に同席すると、この説明図式から逸脱して、別の視角を必要とする事象をも目撃することになる。これについては慎重に考察する必要があるが、「憑依」とは、意識現象と因果関係の法則が問われる、第三者による検証可能な事象でもある、ということである。身体は感覚機能の変性状態をみせたり、あるいは通常の身体的法則に反する行為も実行可能だということを目の前で示してくれる。普通の覚醒状態の意識は、通常は現在の個人的体験に限られているが、その覚醒状態の意識が、ひとつまたは複数の異なった別の意識状態であるように思われる体験をすることがある。そこでは、原因と結果そして過去、現在、未来とが同時に把握され、すなわち通常の因果律や時間秩序が覆されているようにみえる。

かくして、シゲノの生涯は、われわれをさらなる問題へと押しやる。それらは、日本の社会的、文化的表現の枠組みとその憑依・託宣現象の解釈の枠組みといった制約を超えた問題となる。彼女の一生は、象徴体系と社会問題と生命体との関係を総体的に問い直す方向性をもっている。それはつまり、憑依現象と呼ばれる事象とそれらの文化的社会的構築――それらの事象説明と演出、そして地域的利用――を、あらゆる次元における生命体の複雑さに結びつけているものとは何かを問うことにほかならない。

あとがきにかえて

本書のなかで語られていることは虚構《フィクション》でもなければ小説風に潤色した物語でもない。それは中井シゲノというひとりの女性の一生についての話であり、私はまさに彼女の打ち明けたとおりに、その言葉遣いもなるべくそのまま伝えるよう心掛けた。それはまた日本における憑依現象に歩み寄ろうとする私の研究のひとつでもあるが、この道程において中井シゲノとの出逢いは私にとっては決定的なものであった。

一九八三年九月三日、初めて大阪に中井シゲノを訪ねたころ、私は一年来、関西の稲荷信仰を支える宗教職能者であるオダイの問題に取り組んでいた。私は当時、日本宗教民俗学研究所の研究員の一人であったが、その一団は、稲荷信仰にまつわる諸現象の全体像についての共同研究をまとめてもらいたいと、岡山県にある妙教寺（日蓮宗）から依頼を受けていた。妙教寺はまた「最上《さいじょう》稲荷」とも称されるが、それはこの寺において稲荷神に対する信仰が非常に栄えたためである。同寺は、その稲荷信仰の系譜を明らかにし、それによって寺の歴史および現組織の礎となった神仏習合という事実を正しく裏付けたいと望んでいた。五来重教授の指導の下、私たち一四人は、広大な諸題目——稲荷信仰と仏教、稲荷信仰と古墳、稲荷信仰と福神、屋敷神と稲荷、禅宗寺院と稲荷信仰、稲荷信仰と山の神・野神、狐と稲荷信仰、稲荷の口誦伝承、丹波地方における稲荷信仰、最上稲荷と妙教寺、稲荷信仰と巫覡《ふげき》——のなかの一分野を各自担当することになった。[*1] 日本に暮らしはじめ、民俗宗教、修験道や民間宗教職能者について研究するようになってから一一年になっていた私には、稲荷信仰における巫覡すなわちオダイおよび憑依の事象という問題がまわってきた。オダイと接触する術を見出すのは易しいことではなかったが、一年半のうちに私は男女のオダイと数多く知り合う機会に恵まれた。それまでは、この主題に関して関西の大都会を中心とした体系的な調査はおこなわれておらず、巫覡の稲荷信仰がこれだけ活発であることは、驚くべき事実であった。

そうして出会った多くのオダイのなかでも、中井シゲノは頭抜けていた。他のオダイたちもあたたかく私を迎えてくれ、身の上話に加えて、私のたたみかける質問にもつねに快く答えてくれたが、彼女は、その人となりにしても、その運命にしても、オダイの自己実現という点においても格別の器を具えていた。それは伏見稲荷大社の神官からすでに伺っていたことでもあった。「一人だけ名前をお教えしましょう。中井シゲノという人です。彼女に会えれば、他のオダイと会うには及ばないでしょう。特別な方なのです。いまや、彼女のようなオダイはもうおりません」。

はじめて中井シゲノに会ったとき、私が訪問した意図を述べると、彼女は声高らかに言った。

「苦労気苦労の話なら山のように仰山ございますよ。実のところ、五、六年前から、私自身も「ああ、誰かこうしたことすべてを本に書いてくれたらなあ」と、始終そんなことを思っていたのです。ですがそうしたことをすべて語る暇など私にはございませんでした。食べる暇もほとんどないくらいでしたから。今年も後数日で、玉姫さんのもとでの生活も五〇周年を迎えます。

これからあなたにお話しすることは、どれひとつとして本で読んだものではありません。そもそも私は読書などできないのですから。それに私は自分自身からは何も存じません。お気に召すときに神さまが私の口を通してお告げなさって、私の口はおのずから開くのです。私が口を利き、知っておりますのはそのことだけです。なんと残念なことでしょう。昔にテープレコーダーかカメラでもあれば、ああしたお告げ、あるいはみんなが部屋に集って跳び上がっているさまなどもすべて残しておけたことでしょうに。

本当に、あなたがそれについて本を著してくださるとは嬉しい限りです」。

当初から彼女はあらん限りの協力を注いでくれた。彼女の記憶は鮮明で素晴らしかった。どのような話題に及んでも彼女は何時間も話し続け、しかも決して抽象的になることなく、いつも彼女自身の体験に基づき、彼女の感じたことに根ざした話をするのだった。彼女はユーモアのセンスに長け、どっと笑いが木霊《こだま》することもしばしばであった。それから、おそらくは視覚の欠落を長らく聴覚によって埋め合わせてきたためであろう、彼女は擬音語の宝庫から色々な声音を汲み取って、多種多様な場面を鮮やかに思い浮かばせるのだった。彼女はまた味わい深い大阪弁をものしたが、それをフランス語に移すことは不可能な業である。その独特の語尾は文と文とを滑らかに延々とつなげ、否定するにももの柔らかで、第二音節に落ちるアクセントは言葉を歌わしめていた。彼女の傍らに座していると、彼女が目の見えない人であるという印象は些《いささ》かも無かった。初回に引き続き、すぐに私たちは面会を重ねた。というのも、彼女の話がたいへん充実したものであったため、いったん書き留めた事柄が明らかになるかと思うとまた新たな疑問が湧いてくるからであった。彼女の応対ぶりは毎回変わらず、あたたかなものだった。彼女は誰に対してもそのようであった。私が異国の生まれであるということを彼女が暗にでも仄めかしたことは一度たりともなかった。ただ私が彼女のもとを訪れたその理由だけが大事だったのであり、これに対して彼女は一身をもって応じてくれた。彼女はできるだけ明瞭に語り伝えるよう心を尽くしてくれた。

仕事が進捗していくにつれて、彼女は不安を洩らした。

「すべてお話ししますけれども、ほんとに本になるのでしょうか」と彼女は笑いまじりに言った。「私の話しておりますこうした不思議なことのすべて、こうしたことはもしかすると私の自画自賛のように聞こえるかもしれません。私のために証言できるような人はもう誰もおりません。そうしたことを目にした人たちはみな今やもう一〇〇歳を超えておられるでしょうし、皆亡くなってしまいました」。

シゲノをはじめ他のオダイ達の教示のおかげで、私は自分に任された仕事を首尾よくし果たせた。私はあらゆる問題について、ほんの第一段階とみなしていた点に絞って叙述したが、そうすることによってこの複雑な現実の全体像を捉えることができると確信していた。

一九八三年、第三五回日本民俗学会の年次大会において、私たち一団は各自の研究発表をした。一九八五年にはそれが九七〇頁から成る一巻の書物となって出版された（五来重監修『稲荷信仰の研究』）。フランスでは、モンゴル・シベリア研究所が一九八四年の紀要の特集号を狐の研究に充てた。私もそこに日本における狐と憑依に関する論文を寄せた（Bouchy, 1984）。

その間、中井シゲノとの面談を重ねていったが、まもなく、彼女の伝える情報の総体が稀有にして得難いものにちがいないという確信を私は抱いた。彼女の生涯はそれだけで、他のオダイたちがより断片的に体験した諸々の生を凝縮したものとなっていた。彼女は、自身の内奥に覚えた憑依という体験のまったく個人的な面に踏み入ることを承知してくれた。一九〇三年、明治末期に農村に生まれた彼女は、まさしく社会的、経済的、文化的な大変動期に、大阪に辿り着いたのだった。それゆえ彼女は近代日本の転換期を生きた証言者でもある。その意味で、彼女の自立した女性としての一生は一時代を画するものであった。私は以前の研究論文において活用しきれなかった覚書や資料の総体を目の前にして、中井シゲノの一生に焦点を当てた本を一冊書こうと考え始めた。しかしながらこの企図が実現への道を辿ったのはようやく一九九一年の四月、パリでP・ピキエ出版社社長のP・ピキエ（Philippe Picquier）と出会った折のことである。今日、大阪のような大都市で神がかりの鑑ともいうべき人たちが生きているというこのほとんど知られざる事実、そして中井シゲノの典型的でありながら非凡な運命、このような事象が何故、如何にして生じたのかを詳《つまび》らかに述べるような書物を刊行しようという企図のもと、私たちは集結したのである。

彼の同意を得て、私は再び、収集した全ての資料、覚書、録音テープを以下の三点に基づいて洗い直しはじめた。中井シゲノの一生および日本における憑依現象に関してできるだけ正確にして豊富な情報を伝えること、それらの情報がどのように日本社会のなかで相互に関連する意味の組織網《ネットワーク》を成しているかを示すこと、そして幅広い読者層が歩み寄れる形にまとめることを心がけた。

　これらの出来事がその複雑な相のままに受け取られるようにするために、中井シゲノの運命を、社会、歴史、文化といった枠組みのなかに位置づけるよう努めなければならなかった。一方、彼女の一生の逸話的な側面を強調しすぎるべきではなかったかもしれないが、やはりこの話を生き生きと躍動させてこそ、はじめてなじみやすい本、読者に親密感を与える本になるにちがいないと確信した。かくして私は、彼女の人格《ひととなり》や彼女自身が自らの運命をどのように受け容れているのかというその有り様をできるだけ明るみに出すために、彼女の語りの筋道を追ってゆくことに決めた。またそれと同時に、私には自分自身の研究の歩みを、彼女の語りに従って記したいという気持ちもあった。それゆえ本書は対話の形を取った。彼女と私との間の対話は、面談を重ねるなかで単に言葉が交わされたというだけでなく、探究の次元における対話でもあった。彼女と面談するたびに新たな疑問が生じ、それに対して応答が、それからまた研究がつづき、そしてまた別の疑問が……というように。このやりとりのうねりは当の主題の多岐にわたるさまざまな面へと研究の道を導き、その全体に律動感を与えた。

「私には教養がありません、私の言うことはあまり正しくないかもしれませんから、本にされるときには直してください」。

　唯一これだけが中井シゲノから受けた指示のなかで私の従わなかったものである。それどころか、私は可能な限り、具体的で比喩に富み、率直にして衒《てら》いのない彼女の語り口と彼女の好んだ無数の擬音語の幾つかを移すよう心がけた。まず、私は彼女との面談が有していた素朴な調子を再現するよう努めた。また読者と文章との距離を狭めんがために多くの注釈を付すことは控えた。そのために、直接語られたことの範囲内で理解がゆくように、あるいは初めのうちは不可解だったものが段々と明らかになるようにと努めた。翻訳ではその意味を不充分にしか伝えられないような日本語独特の用語がある場合、また当の現実が日本にしか存在しない場合は、その用語を訳さずそのまま用いた。どちらの場合にも、本文中の日本語の用語のすぐ後ろに説明的な文章を付け加えるようにした。

それから、「シャーマニズム」(chamanisme) という語ではなく「憑依」(possession) という語を選んだ理由について簡単に触れておこう。もちろん今ここでこの問題にまつわる論争に深入りすべきではないから、ただこの選択を決定づけた主要な動機およびそれの含む問題点を提示するにとどめておきたい。「シャーマニズム」および「シャーマン」という語を用いなかった第一の理由は、これらの用語が、本書でいま問題となっている事象を名づけるために研究対象にした宗教職能者自身や地域の人々が用いる日本語の語彙内にはいっていないからである。昨今の日本研究において、当該の事象について研究者同士が話すとき、日本以外でなされているのと同じように、英語の“shamanism”をカタカナにした「シャーマニズム」という語が用いられる。これは「便利な」用語でもある。というのも、誰もが何のことか「おおよそ」分かるつもりになってしまうからである。たとえば、日本において死者の霊をして語らせる女たちの口寄せを指し示すためにこの語が用いられる。しかしながら、より正確に主題に論及するときには、日本においては数多くの呼称が使われているので、それらを用いざるをえなくなるのである。その多数の呼び方は、専門化するにつれ、また地方や時代によってもさまざまである。もっとも古くからある呼称――それはまたしばしば現代もなおもっとも一般的に用いられるものだが――は、女は「巫《ふ／かんなぎ》」「巫女《みこ／ふじょ》」、ふるくは男は「男巫《おとこみこ》」、両者をまとめて「巫覡《ふげき》」、そして最近は「巫者《ふしゃ》」という。

これらの宗教職能者の至る状態は「神憑り」と称される。そしてこの状態において、神が「降りる／降りてくる／来る／乗り移る／依る／憑く」といわれる。つまり、ある乗り物の役目をする者の上に「神が降りること」がつねに主題となっている。この者の口を通して神は語り、その神意をこの者が「告げる」のである。関西、特に近畿では、稲荷神を守護神とする宗教職能者は「オダイ」（代／台）と一般に呼ばれている。これは日本におけるこうした現象をもっともよく言い表している呼称の一つといえる。

このように、一方で、私は日本語の用語そのものを用いることにより、それらの表す現実の輪郭をなるべくはっきりさせようとした。他方、日本のこの宗教職能者たちの至る状態ならびに彼らの業を「憑依」（あるいは「憑霊」）と呼ぶことにしたのは、この分野の研究者たちの諸論文に照らし合わせて語法の一致を考慮した上でのことである（池上良正、川村邦光、桜井徳太郎、鈴木正崇ほか）。

一九七三年、ジョルジュ コンドミナス（Georges Condominas）は「東南アジアおよびマレー諸島圏におけるシャーマニズムと憑依」と題した論文集（1973, vol. IV, n°3, pp. 134–135）において次のように記している。

「シャーマニズムといわれる現象の定義、あるいはせめてその範囲を限定しようとする試みは、とくに我々が（研究している）地域における数多くの研究者が憑霊信仰の霊媒を指し示すのに「シャーマン」という語をあまりにも頻繁に用い過ぎる今日では、一層有益であるように思われた。この事態は、シャーマニズムと憑依が相反する構造をしているにもかかわらず、それら（二つの形態）は同一の宗教種類、即ち恍惚《エクスタシー》の宗教に属するということから部分的には説明がつく」。

そして同氏は、「これら二つの形態間の対立を妥当かつ最小限の形に帰する」という目的で、「精霊の方へと「昇ってゆく」者をシャーマンと呼び、精霊の方からその身に「降りてくる」者を possédé（取り憑かれたもの即ち霊媒）と呼ぶこと」に（当論文集執筆の）研究員同士で合意に達したと明言している（同 p. 140 カッコ入り文は筆者説明文）。

同じ観点に立って「憑依」という語を用いることができるが、日本では、また最近の西洋の研究においても、シャーマニズムと憑依の定義はさらに問われる事になっている。

日本の民俗学と人類学の研究では、憑霊と脱魂（他界遍歴）という異次元との交流のもとになる意識の二つの変性状態の仕方のいずれかを、あるいは両方をつかって、神霊との交流のできる宗教職能者は、巫者と同時にシャーマンと呼ばれている（桜井徳太郎、佐々木宏幹、宮家準ほか）。たしかに、日本の巫者は圧倒的に憑依の巫儀形態をとるものの、脱魂（他界遍歴）も、特に修験道において、みとめられる。しかし、憑霊をおこなう日本宗教職能者をさすのに、巫者、巫覡とシャーマンを同義語として使うことによって、国際研究の場で問題が生ずることがあると私は指摘した（Bouchy, 2000c, 2001a, 2001c 参照）。

それについて、前述の論文集の著者一人、シベリアのシャーマニズム研究専門であるエヴェリヌ ロット・ファルク（Evelyne Lot-Falk）は、「シャーマニズム」という語を濫用する危険性と、こうした現象の全体およびその個々の事例を指し示すための適切な用語を見つける必要性とに注意を促している。

「（シャーマニズムは）超自然的なものとの交渉の数多くあるうちの一方法に過ぎない……それはこの超自然的なものを発明するものではなく、ただこれを制御するという……シベリアのシャーマンは幾つかの特色と機能を併せ持つのに対して、他の諸地域においてはそれらの特徴と機能はさまざまな型の職能者の間に分担されている。一方のシャーマンと呪術師、聖職者、祈禱師（治療師）、憑霊職能者（霊媒）との間には共通点もあればまた差もある。シャーマンには特性がある。そこで最近ではますますシャーマニズムを一つの幹と見做し、そこからさまざまな形の憑霊や霊媒術や呪術などが枝分れしたのだろうと考える傾向にある。そうしてありとあらゆる現象が《シャーマニズム》の名の下に収められ、シャーマニズム自体の独自性は普遍性のなかに雲散霧消してしまうのである。

私個人としては、シャーマニズムは数多くあるうちの一支流にすぎず、シャーマニズムも含めたこれらすべての現象を統べる何らかの用語を見つける必要があろうと思う」。

以上の諸論議を参考しつつ、当研究において私は稲荷巫者のあり方をなるべく忠実に表す意味で、定義問題をかかえている「シャーマン」ではなく、「憑依」という用語を用いることにした。

本書の出版に関して一言でも中井シゲノの言葉をここに載せたいものであった。が、一九九一年七月、不意に他界され、残念ながらそれも叶わぬ想いとなった。ただ、シゲノの娘さんから、母に代わってその心を伝え、彼女自身の思い出もこもった次のような手紙を私は受け取ることができた。

「あなたが母についての本を仕上げてくださったことは私にとっても大変な喜びであります。幼い頃から、私は母を見て、母に付き従ってまいりました。ほんとうに神さまが好きなひとでした。晩は母と一緒にお滝へ参り、昼間は母が田畑仕事をしている間、私は妹のお守りをしてよく学校を休みました。

村では母は加持をしに出かけておりましたが、またわが家にいらっしゃる人たちもございました。

白高さんはどの神さまについてもみんなお友達のようにお話しされていました。

母が伏見へお参りにゆくときは、夜おそく家に帰ってくるのでした。それで私たちは、弟も妹も私も先に床についておりました。けれども私は、「今ごろお母さんはきっと駅についただろう」と思っては、母の歩くのを一歩一歩数えておりました。母の足音が聞こえると嬉しくなりました。

母は他の何にもまして神さまのことが好きでした。

ひとたび大阪に着くと、母は大いなる玉姫大神のお恵みに与ったのでした。

本のお仕事、まことにありがとうございました。

平成四（一九九二）年五月、大阪にて」

各個人のプライバシーを尊重して、公式文書にみえるものや歴史的なかかわりをもつ人名と地名をのぞいて、そして承諾してくれた中井シゲノの名前以外、本書には名字と地名を挙げることは控えさせていただいた。

なお、この仕事を無事やり遂げられるよう私を導いてくださった皆様方にこの場を借りて感謝の意を表したい。まずはじめに中井シゲノご本人に。彼女なしには本書が陽の目を見ることなどありえなかったのは言うまでもない。それから私たちの面談によく加わってくれた娘さんに、この出会いのきっかけを生んでくださった伏見稲荷大社神官の塩谷弥太郎氏に、五来重教授をはじめ、本書の著作の前段階において数々の助言を与えてくださった稲荷信仰の研究チームの皆様に、稀有な実体験を打ち明けていただいたオダイの皆様に、本書の企図を直ちに受け入れてくれたP・ピキェ（Philippe Picquier）氏に、また原稿を読むのをこころよく引き受け、貴重な示唆を与えてくれたJ・マティオ（Janine Mathiot）、L・カイェ（Laurence Caillet）、J－N・フランソワ（Jean-Noël François）、J－F・ブッシイ（Jean-François Bouchy）の各氏に、深く感謝する。

一九九二年七月

＊1　その成果は五来重監修『稲荷信仰の研究』（一九八五）として後に刊行された。

シゲノの後、果てしない歩み——日本語版のために

「貴方の書かれた *Les oracles de Shirataka*（シラタカのお告げ）を読み、私も大阪の玉姫大明神社へ行ってみたくなりました。貴方と同じように私も安居天神社の入口を探しあぐねました。ところが、一歩境内に足を踏み入れますと、安居天神と社務所は今もそこにありますが、中井シゲノさんの家も、玉姫さんの鳥居も、道場も、もはや跡形もありません。ただ玉姫大神の稲荷社と、狐の像が二つあるばかり。白龍山にはお塚はひとつも見当たりません……一九九二年以来、一体何があったのでしょうか。玉姫教会はもうなくなってしまったのでしょうか」。

一九九六年以後、フランスおよび日本の読者の方々から受け取った手紙の文面はおおよそこのようなものであった。そのころ私が現地を訪れたときも、たしかに、以前は山にたっていたお塚や小祠の跡だけがあって、玉姫社以外、シゲノの手になる建物はいずれも撤去されていたことを寂しい気持ちで確かめることができた。けれどもこの場所は、今は亡きひとを偲ばせるものであり、私がここで目撃した様々な光景が彷彿として蘇ってくるのだった。安居神社境内の一末社の格に復した玉姫の社殿だけは、今なおそこに在る。安居天神の境内は、シゲノがやって来る前の状態に戻ったとも言えるが、玉姫のオ

ダイの活動は記憶から消し去ってしまえるようなものでは断じてない。

シゲノの死（平成三（一九九一）年七月八日）は玉姫教会に深刻な危機をもたらしたが、それはまた断絶と継続という二つの動きの因《もと》となった。以後の諸々の変動の結果が現在の状況であるが、この本のなかで言及したすべての人物および場所は、その相反する二つの力の接点にあって、大変動を蒙《こうむ》った。第一の断絶はまさしくオダイの死去によるものであり、信者とオダイの一家がオダイという支えを失ったばかりか、例の取り決めによる安居天神とシゲノとの縁もまた切れてしまうことになった。安居天神の境内でオダイの自由な活動が許されたのも、またシゲノとその家族がそこに住み着くことができたのも、この取り決めがあってのことであったからである。

皆にとって、もっとも急を要することは、玉姫信仰を担いうる新たなオダイを見出すことであった。ところが、平成三（一九九一）年七月の時点では、シゲノの後を引き継ぐオダイはいまだ公認されてはいなかった。こうした事態は、傑出した巫者、とりわけオダイの継承の際に頻繁に起こることである。シゲノがオダイの道を歩むことになった経緯にも同様のことがあったのは既に見た通りである。

ここに、継続の力学がはたらく。断絶を強調しながらも、新たな創発への動きでもあった。しかし、以下に見るように、一見新たな発展とみられるものも実は過去の焼き直しでもあったのである。

オダイとなる潜在力を備えていると誰しも認める人がたしかにひとりいた。それは若い女性であったが、私はその人に、平成三（一九九一）年一一月、滝寺ではじめて出会った。すでに昭和六二（一九八七）年以来、彼女はシゲノの後について信者たちの家々を廻っており、また安居天神の玉姫道場と滝寺の道場で執り行われる祭祀の折にシゲノを補佐してもいた。シゲノの死後、彼女は玉姫の日々の勤めを引き受けることになった。四十九日の間、シゲノの身内のものたちは喪に服し、神事に携わることができないので、その代わりを務めるためであった。また、多くのことを教えてくれた亡きシゲノへの感謝の念もあった。その後、様々な事情で、平成七（一九九五）年、オダイの家族は安居天神を去ること決めた。一切のものは、お塚も含めて、滝寺の玉姫道場に移された。決定的な断絶であったとともに、奈良県へ戻っていくということではまさしく「回帰」でもあった。

　しかし、これは為すべきことの半ば、物質面の移転でしかない。まず第一に、大阪の道場の内にまします神々から白龍山の神々まで、すべての神の御霊に、今後玉姫信仰の中心となる滝寺に「遷《うつ》ってもらう」必要がある。そのためには神々と交流する術を心得ていなければならない。彼女はもはや祭祀の補佐役ではなく、完全に「仲立ち」の役目を引き受けることになったのである。すなわち、求めに応じてお告げを授ける能力を有し、依頼者たちの内なる葛藤、言うにいわれぬ胸中、不安と疑問に苛まれる心を、そのまま自分自身のものとして身に負い、彼ら彼女らを「即座の」解決に導くことができなければならない。この過大にして絶対的な要請こそが、新たなオダイが出現する過程においてまさしく決定的な因子となったのである。

　この新たなオダイの一生についてここに詳述する余裕はないけれども、一四年の間ずっと間近で見ることのできたこの女性の生涯もまた一冊の本に値するものである。

　ともあれ、平成一七（二〇〇五）年、彼女はオダイとして身を固め、変貌を遂げた。それは立居振舞信者たちは口々に表れている。髪を丸髷に結い、袴を身につけ、鳴護摩の甑《こしき》を手に取るその姿を見て、信者たちは口々に言う。「ほら、大先生《おおせんせい》のときと同じじゃないか」と。彼女の一挙一動、それはシゲノの模写であり、信者たちは彼女に亡きシゲノの姿を重ねて見ている。

中井シゲノの後継問題は、現代の宗教史および社会史の一面を如実に表すものである。私は現場で、まさにその起こりつつあるところを、その複雑さ、不確実さ、不測の事態とともに目にすることができた。つい最近まで、なにもかもがまだ不安定であった。もしこの玉姫教会の宗教職能の「継承」がなされていなければ、私はオダイという巫者の挫折の歴史の証人となっていたかもしれないが、そうしたことは非常に稀である。というのは、そもそもオダイに成り果《おお》せた人々にしか、私たちは出会えないからである。ともかく、シゲノの後の歴史とは新たなオダイの誕生である。それは、ある信仰集団の説得力と一個人の難しい歩みとが結び合わさって相成ったものといえるが、古い過去のことではなく、今我々の生きているこの二〇世紀と二一世紀の事実である。オダイのもとに殺到する声は、都会に暮らす人々の日常生活のなかから生まれる様々な苦労を物語っており、彼らが祀っている神々は、システムキッチンのなかに、エアコンのついたオフィスのなかに、はたまたビルディングの屋上に設えられた小祠のなかに鎮座している。「憑依」のありかたは最小限にとどまっている。傍目に観察されうるのは、わずかに、手を頭上に掲げる身振りやお告げを伝える声色くらいである。すべてはオダイと信者たちとが共有する表象体系に基づいているのである。

シゲノとその後を継いだ女性、この二人の生涯は一世紀以上に及び二世代にわたる、活躍中のオダイの発生と継承の歴史を物語っている。今日、二代目のオダイは玉姫信仰の継続を確かなものにし、多くの信者の信頼を得ている。その三分の二は個人、三分の一は企業であり、かつてのシゲノの信者もあれば、新たな信者もいる。近頃は、信者たちの息子や娘（なかにはキリスト教徒もいる）の依頼を受けて、米国や中国へ飛ばなければならないこともあった。このようにして彼女は玉姫神ならびに白高神のオダイの活動範囲を更に拡げつつある。オダイと信者たちとの総力によって、それらの神々は生き永らえ、新たな神も生まれ、その信仰は着実に根づいているが、時が経つにつれ、やがてはこれらの神も、地域信仰のなかに溶け込んで成立宗教に包括されるか、あるいは三代目のオダイによって継承されることになる。これまで述べてきた約一世紀の歩みは、要するに、もっとも小さな信仰組織の最小限の歴史にほかならない。玉姫と白高両神の祀られる場所が今後どうなるのか、その新たな歩みを見守ってゆかねばならない。

シゲノをはじめとする稲荷のオダイたちについての研究を通して、私は日本の農村から大都市へ、さらには他のアジア諸国へと足を運ぶことになった。一九九四年以来、東アジア、東南アジアおよび南アジア諸国におけるシャーマニズムと憑依（possession）というテーマのもと、私も属している各国の民俗学と人類学専門の一グループが、パリで定期的に集まるようになった。各自の問題提起、専門領域の資料、研究成果を突き合わせ、当問題についての主な諸研究を、その全体性とともに各社会別にまとめる目的であった。シャーマン研究国際協会（International Society for Shamanic Research）の第三回国際学会が、一九九五年日本で、第四回が一九九七年フランスで催された（Aigle *et al.* ed., 2000）。

日本の巫覡《ふげき》について類型学的分類を試みた初の論文（ブッシイ「稲荷信仰と巫覡」一九八五）を発表した後、これらの実り豊かな交流の場に参加したことは、実地調査（フィールド・ワーク）と理論的分析の両面において研究を続けるべく私を導いた。その結果、幾つかの論文が生まれた（Bouchy, 1997, 2000a, 2000b, 2000c, 2001a, 2001b, 2001c, 2003a, 2003b）。私たちは対話を重ねることを通して、これらの事象について認められる連続性、すなわち、インドから、ヒマラヤ、ビルマ、タイ、ラオス、カンボジア、ベトナム、台湾、中国、韓国を通って日本にまで及ぶ連続体に、さらに一歩近づくことができた。連続体というのは、信仰の実践、個人および社会の行動様式、ならびに表象の諸体系に関わるものであるが、この連続体の中にもやはり緩やかな変化やずれが認められ、各々の社会においてさまざまな相違が見られるとともに、事実あるいは象徴に関する特殊性、既成の宗教組織および政治体制との関係の多様性が観察される。アジアという連続体のなかに共存する、こうした「地域性」をさらによく識別することによって、問題となっている現象の複雑な変動の有様を明らかにし、「シャーマニズム」と「憑依」(possession) という、ある同一の根本から派生するとみえる二つの異なる様態を弁別することができよう。アジアにおけるこのテーマに関して最近なされた諸研究は、かたや「憑依」をアフリカないしキリスト教に結びつけ、片や「シャーマニズム」をシベリアに結びつける、といった類いの限定的な枠組を、すっかり取り払うのに与って力があった。そうすることで確かに諸概念の境界は曖昧となり、いまいちど確認と調整を要するが、しかし今日この分野の研究の進め方が全体的に変容したことは確実である。それゆえ、アジアの巫者、巫覡とヨーロッパの「宗教の達人 (virtuoses du religieux)」(Albert, 1996) とを比較する際には、多くの問題を再び、これまでとは別様に、検討し直す必要がある。トゥールーズの人類学センターで催されている研究会（二〇〇二年以来、トゥールーズ大学で日本民俗学と修験道の講義をもつ私もそれに参加している）はその点で大いに参考となろう。

まだ討議すべき問題が山ほど残っており、なお民俗・民族誌学的な明確な記述が欠けている。そして「憑依」や「シャーマニズム」や神がかり、託宣といった事象は、「グローバル化」とともに消滅するどころか、かえって、それによって生じる社会的、政治的な分化によって一層の活気を帯び、また各国の現代社会に適応する必要性から新たな道を探っているように思われる。まさしくここに、現今の世界に通じる研究分野が開かれており、それは空間および時間を横断する視座によって豊かなものとなるに違いない。

解説　『シラタカのお告げ』の現代的意義

鈴木　正崇

本書は、日本の民俗に関して三五年以上の長きにわたり調査・研究を続けてきたフランス人、アンヌ・ブッシィ（Anne BOUCHY）氏の主著 *Les oracles de Shirataka, ou la sibylle d'Ôsaka. Vie d'une femme spécialiste de la possession dans le Japon du XXᵉ siècle* の全訳である。原題は、『シラタカのお告げ　大阪の巫女――二〇世紀日本における憑依の女性職能者の生涯』であるが、翻訳題名は内容を勘案して『神と人のはざまに生きる――近代都市の女性巫者』とした。初版は一九九二年にアルルのフィリップ・ピキエ社（Arles, Editions Philippe Picquier）から出版されたが、翻訳に際しては、二〇〇五年にトゥールーズのミライユ大学出版局（Toulouse, Presses Universitaires du Mirail）出版の増補改定版を使用した。初版本は一九九三年にアレクサンドラ・ダヴィド＝ネール賞（Prix Alexandra David-Neel）を満場一致で受賞した。本賞は、アジア探検とチベット仏教の精神探究を生涯続けたアレクサンドラ・ダヴィド＝ネールに敬意を表する目的で一九八七年に創設され、毎年アジア研究の本（人文関係）に授与される栄誉ある賞である。

本書は、明治・大正・昭和・平成という激動の時代を、大都市である大阪の天王寺に住み、生涯を神と人のはざまに立つ巫者、民間の祈禱者として生き抜いた女性、中井シゲノの物語である。著者は、稲荷信仰の調査を行う過程で、一九八三（昭和五八）年にオダイと呼ばれる稲荷行者のシゲノと出会い、たちまちのうちに人間的な魅力に取りつかれる。シゲノは当時、既に八〇歳を超えていたが、これ以後、一九九一（平成三）年に亡くなるまで、断続的に対話を重ねていく中で、著者は日本人の精神の地下鉱脈を掘り当てることになった。外国人でありながら、日本の民衆の心の琴線に触れるような深い地点にこれほどまでに肉薄した著作は稀であろう。まさしく幸運な出会いであり、外国人であるがゆえに、胸襟を開いてくれたシゲノとの深い信頼関係が、本書を作り出すことになった。

本書は、学術書の体裁をとらず、小説のような物語風の小気味よい挿話の展開によって、現場に誘い込む。シゲノは、神霊との直接交流を通じて、数々の夢と幻想と現実が微妙に交錯する語りと祈禱によって、病気や不幸などの人々の悩みを解消し、生きる力を与える。霊威的次元とでも呼ぶべき世界を背景に、常に相手の側にたち、全身全霊をもって共苦共感の世界を生成するシゲノの生き方は、時代に翻弄されつつ人格をきたえ抜いてきた人生の知恵を体現している。神霊の言葉の語り、つまりお告げの内容は、自己の生活体験に裏付けられた農村や山村での民俗の知を基盤とし、それを近代都市の暮らしに適合させて、新たな民俗を創造することで、激動の近代に対応して生きる路を指し示す。本書は、女性巫者のライフヒストリーを「作品」として描き出したものであり、極めて特異な事例のように見えるが、シゲノの語りは近代と格闘して生きた民間の女性史としても読める。祈願や相談の内容と対処法は、近代日本の都市生活者の実態を生き生きと伝えている。

目が不自由で、教育も十分に受ける機会がなかった民間の女性の語りが、なぜこれほどまでに魅力を持っているのであろうか。その理由を探るには、シゲノの生涯を辿る必要があろう。シゲノは、一九〇三（明治三六）年に、奈良県の農村に生まれ、一三歳で母をなくし、一八歳で結婚、同年に長女、三年後に男の子を授かる。しかし、一九二四（大正一三）年二二歳の時に、長女の足が目にあたって網膜剝離となって失明するという不幸な事件が起こった。一年七カ月の間入院した後に村に戻ることになったが、帰村に際して、沖縄在住で伏見稲荷の行者であった伯父に「カミサマとめぐり逢えるよう努めなさい」という助言を受けた。帰郷後、村の北にある行場の滝寺の滝に打たれて観音さんにお参りしてお籠りを数カ月にわたって行ったところ、不思議なことに左眼はぼんやりとするくらいまで回復した。そして参籠修行を続けている間、一九二六（昭和元）年五月一七日に神がかりした。降りてきた神はシラタカ（白高）と名乗る。かくしてシゲノは神と人のはざまに生きるオダイとなった。オダイとは「乗り物」の「台」や「代《ダイ》」の意味であり、関西では稲荷行者の中で、特に神を降ろし託宣を伝える巫術を身につけた者をいう名称である。これ以後、シラタカはシゲノの守護神となり、そのお告げに従って生きていくことになる。シラタカの正体は白狐で、その故地は伏見稲荷の山中である。ところが、神と共に生きる暮らしを始め、信者もついて、各地の行場を巡るようになったシゲノは、家族と不和になり、家は混乱におちいった。一九二八（昭和三）年には次女が生まれ、子供は三人となる。そして、一九三〇（昭和五）年、二七歳の時に、夫は突然に交通事故で亡くなる。シゲノは夫が早死にしたのは、シラタカが自らをオダイとして召し、夫自身は亡くなって神となり、シラタカが自分と三人の子供の生活を請け負うことにしたのだと考えた。己の身をシラタカのオダイになる運命にあると見なすことで、人生の生き方の全てが意味を帯びることになった。シゲノは幼少から馴染んでいた修行を踏まえ、神霊と共に生きることで人生の苦悩を転換し、成巫過程の葛藤を乗り越えて体験を通じて人格を磨き、社会的認知へと向かった。

シゲノは、幼少の頃から大伯母、通称「おばあさん」と呼ばれた強い霊感を持つヤエについて滝場で修行していた。ヤエは伏見稲荷で修行したオダイで、金塚《かねつか》さんを守護神としており、信者たちは金塚講という組織で活動した。ヤエは後継ぎとして、シゲノではなく、別のお弟子さん（権現さん）のオダイを指名しており、双方の間には師匠と弟子をめぐる法流の「二重系譜」が生まれて緊張が生じていた。シゲノが村から大阪に出て行く遠因はここにあったと見られる。村人にとって神と交流できる能力を持つオダイは一人で十分だったからである。シゲノは、一九三二（昭和七）年には大成教の免状を得て社会的公認を試みたが十分ではなく、次第に村を離れたいという気持が強まる。そこに新たな啓示が下った。

一九三四（昭和九）年九月九日、「おばあさん」の祀っていた守護神の縁日に、滝場にいた時、シゲノの夢に玉姫大神が現われ、自分の膝元で三年間修行すれば子供と共に暮らせるようになると告げた。シゲノ、三三歳、このお告げに従って翌日に玉姫の在所を求めて大阪に出た。夢のお告げどおり、天王寺の「安居天神」の境内社であった玉姫稲荷社にめぐりあい、一五日には初めて月次《つきなみ》祭を営んで活動を開始した。しかし、九月二一日に室戸台風が襲い、玉姫社は吹き飛ばされた。もし少しでも遅れていたら玉姫社を発見できなかったのだから、偶然というよりも神の導きというほかない。これ以後、シゲノは玉姫社の再建に尽力し、大阪と村とを頻繁に行き来する生活が続く。そして、翌年から大阪で仮暮しを始め、一九三六（昭和一一）年に夢のお告げの通り、大阪に移住して大都市での生活が本格化する。依頼者は、芸妓や株屋から政治家や実業家、大学教授、更には中国人など多彩で、相談内容も病気・財産・結婚・不動産・家庭事情・尋ね人など多岐にわたり、都市の世相を色濃く映し出す。シゲノは、大都市の真ん中で巫者として憑依と託宣を生業としつつ、空襲、戦後復興、経済成長など激変する世のなかを野のカウンセラーとしてしたたかに生き抜いた。

シゲノは京都市の南方に位置する伏見稲荷のオダイであったが、この山にはお塚と呼ばれる拝所があり、行者や信者たちは拝所を廻り山中で滝行を行っていた。山の霊力、水の霊力は彼らの活動の根源であり、行を積み重ね身を清めることで霊感を高めたのである。その根源には各地の霊山で修行して自然の力（験力）を得る修験道があり、日本各地の民俗宗教の基盤を形成していた。山自体が神仏の現われた姿そのものであり、その中で修行することで神仏と一体になり、霊力を得て蘇るのである。シゲノは、滝寺や三輪山、生駒山、稲荷山の行場で修行し、信貴山や高野山、木曾御嶽山、戸隠山、そして熊野詣でを行い、特に本宮の近くにある玉姫へのお参りは三〇年間続いた。四国遍路にも行くなど、近辺の有力な霊場から、日本各地の行場へと、修行には終わりがなかった。自己の経験する憑依は、素朴に修行に徹することで維持され、既成宗教である仏教・神道などの教義や権威は最小限に止まる。自らが確かめられる験力の事象によって信者が引き寄せられるのであり、信者の依頼に応えて神降ろしを行うことで、自分の苦悩も克服する。それによってオダイの暮らしが経済的に支えられるようにもなる。シゲノは不屈の意志と厳格さでこれらを成し遂げた。守護神のシラタカは雄の白狐であったが、巳さんという蛇や、玉姫さんも祀る。シラタカはシゲノに一生涯ついて離れない「永遠の旦那」であり、死後は魂と共に一緒にお滝に戻るという。シゲノは、いわば「精霊と結婚した女」なのであった。狐や龍などの動物霊は山の神のお使いや示現であり、古代から連綿と続く民間信仰の神観念を引き継いで、二〇世紀という時代にも大都市の中で息づいていた。シゲノの生まれた村は生駒山麓に位置し、天王寺からは私鉄を利用して、大阪から日帰り可能な圏内にあった。稲荷信仰は農村に広く行き渡っており、根底にある習俗の土壌から夥しいオダイの神々が出現し、都市との交流を通じて新たな創造と変容を遂げたのである。

著者が本書を通じて探求したかったのは、日本の高僧伝や修験の記録、物語などには、神霊との対話を行う巫女や行者についての話が沢山記され、憑依・託宣・呪術に溢れているが、どのような経緯をたどって、見えざる世界に立ち入るようになるのか、内なる過程について語るものは少ないと感じたことにある。文献で読んできたことが、現実の目の前で展開すると著者には思えた。各章の冒頭にある、古代から現代に至る、神仏との交渉を語る物語、神歌、端唄などの印象的な引用は、文献と現実の連続性だけでなく、日本の民間信仰が古代・中世・近代、そして現代へと時と場所を問わず地下水脈として継続し、民衆の想像力や生活の生きる智慧として存在してきたことを表現しようとしているのである。

本書の終わりは劇的である。シゲノの死（一九九一年）は、信者たちを危機に陥れた。かれらは種々の事情で安居天神の境内から立ち退き、故郷の滝寺の玉姫道場に拠点を移して活動を続けているという。誰が後継のオダイになるかについて試行錯誤を重ねたが、新たなオダイが出現し、現在も活動中であるときく。発生と継承の歴史は現在も繰り返されている。

本書は、現代の情報化社会に生きる人々から見ると、まさしく異文化の世界であるが、一度手に取ると最後まで一気に読み通さざるを得ないような魅力に満ちている。戦争の時代から、戦後の復興期に至る未曾有の大変動期に生きたシゲノの波乱万丈で劇的な生涯が、著者の日本各地でのフィールドワークの体験と様々に交錯して、個別事例を普遍的なものに高めているからであろう。惜しむらくは、シゲノの関西弁が翻訳によって標準語に変質してしまったことであり、元の語りを復元すれば、親しみやすさが一層増したであろうが、それはないものねだりと言うべきであろう。シゲノが大都市で生き抜くことを可能にしたのは、行者や巫者に寛容で、神をカミサンと親しく呼び、神仏と共に生きてきた関西の風土に拠ることも多いと言える。関東であれば、少し様相は異なっていたかもしれないが、民間信仰は空気のようなもので日本各地で生活の中に溶け込んでいた。解説者は東京の下町で育ったが、シゲノの語りにさほど違和感はない。父（明治三四―平成四年）と母（明治四四―平成一七年）は、シゲノ（明治三六―平成三年）と同時代を生きており、毎朝起きると神棚と仏壇にお明かりを点して供物を上げて拝み、近くのお堂や祠にお参りするのが日課で、日々暦の占いに頼り、大山講や成田不動講に加わり、柴又帝釈天の庚申の縁日に必ず参拝し、身延山への本山参りは欠かさなかった。現代の若者には受け入れ難くなっているが、体験に支えられた民俗の知を鏡として、人間らしく生きることとの模索の大切さに気づいて欲しいと思う。都市生活が主体の現代では、農村・山村・漁村など民俗社会の生き方は古臭いと感じる者も多いであろう。しかし、「根っこの無い文化」は滅ぶ。都市にも民俗社会は息づいており、村落との相互交流を通じて変化と維持を繰り返してきた慣習に蓄積された体験知に学ぶことは数多い。

外国人として、日本の民間信仰を描き出した先駆者には、ラフカディオ・ハーン（小泉八雲 Hearn, Lafcadio）がおり、細かな観察眼による優れた著作は現在でも新鮮である。また、カーメン・ブラッカー（Blacker, Carmen）の『あずさ弓』*The catalpa bow: a study of shamanistic practices in Japan* (London: Allen & Unwin, 1975) は、日本各地の行者や巫者の実態を訪ね歩いた記録として読者を魅了する。これに対して、本書の意義は一人の巫者の生涯を生の語りで伝えると共に、随所に日本全体を見通す考察を加え、民間信仰を迷信や呪術として否定的に見てきた日本の近代を、オーラル・ヒストリー（口承史）を通じて相対化したことにある。

本書は学問分野としてはシャーマニズム研究であるが、シャーマンの用語を避けて、「憑依」の職能者と表現することも特徴である。一般には、シャーマンとは、神霊との直接交流によって、予言・託宣・卜占・治療などに従事する宗教的職能者であるとされる。その特徴は神霊との交流において行為者が人格転換を引き起こすトランス（trance）に入ることであり、医学用語を取り込んで、変性意識状態（ASC: altered states of consciousness）とも名付けられる。日本語の神がかりがこれにあたる。シャーマニズムの用語は、日本では一九八〇年代以降、一般に広く使われるようになり、研究は民俗学だけでなく、文化人類学・宗教学・社会心理学・社会学・精神医学など多岐に亘ったが、広範囲に拡散する傾向があった。シャーマンとは、シベリア東部に居住するツングース語系のエヴェンキ（Evenk）の言語で神霊と自由に交流できる宗教的職能者のサマン（saman）に由来するとされ、当初はシベリアの基層文化と考えられたが、その後、各地からの報告が集積されて、適用範囲を拡大して、世界各地の類似現象をシャーマニズムと呼ぶようになった。シベリアの場合、多くのシャーマンは神霊によって選ばれ、トランスに入り、身体を抜け出て天上界や地下界と現世を往復する技法を教えられる。いわゆるエクスタシー（ecstasy）で、「脱魂」と訳される。トランスの中でシャーマンは肉体を切り刻まれ、骨だけになり、再び組み立てられて蘇るという死と再生のイニシエーションの体験をして、一人前の職能者として活動することもある。神霊との交流能力の獲得には、「修行」「召命」「世襲」など様々な過程があるが、神霊という霊威的次元から得た様々な指示によって、病気や不幸を解消し、方策を与えて悩みを解決するのであり、その中には自らも病いと共に生き、病いを飼いならして生きていく人々も多い。

シャーマンへの人々の関心はエリアーデ（Eliade, Mircea）の大著『シャーマニズム』*Le chamanisme et les techniques archaïques de l'extase*（Paris: Payot, 1951）の刊行によって高まった。彼は人間の理性を超えた聖なるものの経験に触れることが宗教の中核にあり、聖なるものの顕現という歴史的現象の具体的な諸相を通して生きる意味を問うことで共感を得た。シャーマニズムは人類の精神の根源や古層にあり、エクスタシー、つまり脱魂による霊界への旅が原型であると考えた。しかし、実際にはトランスは、世界各地では、「憑依」（possession）が多く、エクスタシー原型説への批判は根強い。更に、「脱魂」か「憑依」の議論は当事者の観点に基づかず、何の為の類型化か明確ではない。また、エリアーデ学説がキリスト教を最終到達点と見る西欧中心史観を持つことも批判されている。

日本では「降りる、降りてくる、来る、乗り移る、依る、憑く」などの用法に見られるように、乗り物の役目をする者の上に「神が降りること」が主体であり、その口を通して神が語り、神意を告げる。オダイという言葉はこの現象をよく言い表す。従って、日本の事例では「憑依」を使用し、シャーマニズムは「脱魂」に限定しておくと考えている。あくまでも地域の当事者概念に基づく発想をとるのである。宗教学者の池上良正も、シャーマンの用語使用には慎重で、職能者・依頼者・神霊の三者による互酬性の展開を構想し、担い手を「民間巫者」と呼び、「個別的な霊体験への離脱」と「共同性への接近・妥協」という二極の間を揺れ動く流動性を持つ宗教者として把握する試みを行っている。確かに、二極間の葛藤の只中に生き、次第に制度化・様式化されていく過程にある一群の宗教的職能者と考えれば、シャーマン概念は必要ないとも言える。現在では、成巫体験や治病過程、ライフヒストリーの研究は、膨大な事例が積み重ねられ、ヒーリング・ブームと相俟って注目度は高いが、問題点は事例の多様性に比して、結論が類似していることで、新鮮味が希薄化しているとも言える。

広義のシャーマニズムは、近年では、自然との共生を根底に持つ人類の体験知の表現としての評価へと転換してきた。産業発展に伴う人々の心の荒廃、急速な近代化の進展への疑問、環境問題への関心の高まり、自然との共生感覚の復権、身体技法への着目、現代医療による合理的な診療への懐疑、薬物による幻想体験者の増加への対応などが挙げられよう。身体感覚や個人の霊的体験の重視、別次元との繋がりを求める点で、現代社会で頻繁に語られるスピリチュアリティ運動の先駆をなす。宗教という言葉で語りえない、別の大いなるものとの繋がりを通して、社会の絆を再構築していく動きとも連動した。また、無形の世界文化遺産への登録の働きかけも起こり、シャーマニズムを文化資源やエスニック・アイデンティティの核に据える運動も生じた。「滅びゆく文化」ではなく常に時代状況に対応して変貌し生まれ変わるという流動性をもつ文化現象として把握することも出来るであろう。

最後に、著者の紹介をしておく。専門は、民族学、宗教民族学、宗教民俗学、日本民俗学、現職はフランス国立極東学院（Ecole française d'Extrême-Orient : EFEO）教授である。一九六九年にパリのソルボンヌ大学人文学部卒業、同大学院民族学専攻入学、一九七〇年にブレスト（Brest）にある西ブルターニュ大学大学院人文科学（修士課程）民族学専攻に入学し、一九七一年に民族学修士号を取得する。その後、一九七二年から一九八八年まで日本に滞在し（八四年に永住許可）、一九七四年から七七年までは、京都の大谷大学に在籍して、国史学科聴講生、研修員となった。この間、仏教民俗学や修験道研究で知られる五来重教授の薫陶を受けたことが学問の基礎となった。一九七六年、パリ第七大学大学院人文学系研究科（博士課程）東洋学専攻入学、一九八〇年に修了し博士学位を取得した。一九七七年には天理大学講師、一九八〇年には助教授となり一九八八年までフランス語を講じ、その間、京都橘女子大学非常勤講師として日本民俗学を担当した。一九八八年に帰国後、フランスで日仏翻訳・通訳活動を行っていたが、一九九四年にフランス国立極東学院主任研究員、日本研究チーム責任者、二〇〇二年に教授となる。合わせて、トゥルーズ第二大学と社会科学高等研究院（ＥＨＥＳＳ）で日本民俗学と修験道の講義を開き、大学院生の研究指導にあたっている。なお、二〇〇七年には慶應義塾大学大学院社会学研究科に第五回ルイ・ヴィトン・ジャパン講座の講師として招かれて集中講義を行い、四月二〇日には「内と外の接点で――日本の民俗社会でのフィールドワーク」という題名で公開講演を行った。主な著作は次の通りである。

〔仏語主要著作〕

Les oracles de Shirataka, ou la sibylle d'Ôsaka. Vie d'une femme spécialiste de la possession dans le Japon du XXe siècle, Arles, Editions Philippe Picquier, 1992, 283 p. Réédition, texte augmenté, Toulouse, Presses Universitaires du Mirail, 2005, 256p.（本書）

Tokuhon ascète du nenbutsu – Dans le cadre d'une étude sur les religieux errants de l'époque d'Edo, Cahiers d'Etudes et de Documents sur les Religions du Japon 5, Centre d'Études sur les Religions et Traditions du Japon, Paris, École Pratique des Hautes Etudes, Ve Section, 1983, 216p.

《Le renard, élément de la conception du monde dans la tradition japonaise》, *Le Renard : tours, détours et retours, Etudes mongoles* 15, Laboratoire d'Ethnologie et de Sociologie comparative, Université de Paris X, Nanterre, 1984.

《The cult of Mount Atago and the Atago confraternities》, *The Journal of Asian Studies* 46 (2) University of California, 1987.

《Mutation des structures sociales et vogue des 'petits dieux'》, *L'état du Japon*, Editions La Découverte, Paris, 1995.

《Quand *je* est l'Autre – Altérité et identité dans la possession au Japon》, *L'Homme* 153, 2000.

《La cascade et l'écritoire – Dynamique de l'histoire du fait religieux et de l'ethnologie du Japon : le cas du shugendô》, BEFEO 87 (1) 2000.

《Les montagnes seront-elles désertées par les dieux? L'altérité et les processus de construction d'identité chez les spécialistes du contact direct avec les dieux et les esprits au Japon》, *Identités, marges, médiations. Regards croisés sur la société japonaise*, Jean-Pierre Berthon, Anne Bouchy et Pierre F. Souyri (sous la dir.), Etudes thématiques 10, EFEO, 2001.

《Du bon usage de la malemort – Traitement des 'âmes rancuneuses' et rituels oraculaires dans la société japonaise》, *De la malemort en quelques pays d'Asie*, Brigitte Baptandier (sous la dir.), Editions Karthala, 2001.

《Du légitime et de l'illégitime dans le shugendô ou 'Sang de buddha','sang des êtres des montagnes'?》, *Légitimités, légitimations – La construction de l'autorité au Japon*, Anne Bouchy, Guillaume Carré et François Lachaud (eds.), Paris, coll.《Études thématiques》16, EFEO, 2005.

［日本語主要著作］

『捨身行者実利の修験道』角川書店、一九七七年

「愛宕山の山岳信仰」「実利行者と大峯山」五来重編『近畿霊山と修験道』（山岳宗教史研究叢書第一一巻）名著出版、一九七八年

「民間宗教の諸相」『熊野市史』（下巻）熊野市教育委員会、一九八三年

「稲荷信仰と巫覡」五来重編『稲荷信仰の研究』山陽新聞社、一九八五年

「母の力——産屋の民俗と禁忌」脇田晴子編『母性を問う』人文書院、一九八五年

「志摩・伊勢の薬師信仰」五来重編『薬師信仰』雄山閣、一九八六年

「お伽草子『役行者物語絵巻』の役行者伝」桜井徳太郎・藤井正雄編『仏教民俗学大系』（第一巻）名著出版、一九九三年

「海女の鑿と海の領主の弓——海女社会の労働形態と村落組織の二重構造・三重県石鏡町を例にして」脇田晴子、S・B・ハンレー編『ジェンダーの日本史』（上巻）東京大学出版会、一九九四年

「神々は山を去っていくだろうか——巫覡の他者性とアイデンティティ」脇田晴子、アンヌ ブッシイ編『アイデンティティ・周縁・媒介』吉川弘文館、二〇〇〇年

「神仏習合の系譜」『宗教研究』第八一巻二号、二〇〇七年

本書『シラタカのお告げ』は著者の活動の一端を示すに過ぎない。現在も関西の行者たちとの長いつきあいを続けて、多くの資料が集まっており、シラタカとは別の異界からのメッセージが送り届けられ

る時が来るかもしれない。また、極東学院では、一九九六年以来、日本との共同研究を進め、「アイデンティティ・周縁・媒介」「正統性と正当化」「ソトとウチの相互力学」というテーマで研究が進められてきた。現在でも毎年福岡県篠栗町で共同のフィールドワークを行っており、四年間を経過した。

著者と解説者のつきあいも三〇年ほどになろうか。持続は力なりというが、まさにその通りである。その間に日本の民俗は驚くべき変容を遂げた。異郷の人の眼で、今後も新たな日本の文化と社会の掘り起こしを行うことをブッシイさんには期待している。

（すずき・まさたか　慶應義塾大学名誉教授・文化人類学）

中井シゲノ年譜

元号	年 月 日	西暦	年齢	中井シゲノの個人史	社会史
明治	36. 9. 1	1903		シゲノ，奈良県の農家に生まれる	大阪，天王寺公園で内国勧業博覧会開催
	37	1904	1		大阪人口 102 万人 日露戦争
	40	1907	4		北浜・大阪株式取引所で株価暴落
	44	1911	8	初めての降神体験	
大正	1	1912	9		天王寺に新世界開幕（7 月）
	2	1913	10	初めての大阪行き	
	3	1914	11	上本町・奈良間鉄道開通	第 1 次世界大戦勃発
	5. 3	1916	13	母逝去	
	6	1917	14	裁縫学校に通う	
	7	1918	15	裁縫学校に通う	日本各地で米騒動
	8	1919	16	裁縫学校に通う	ヴェルサイユ条約締結
	9	1920	17	2 度目の大阪行き	大阪人口 125 万人
	10. 1. 12	1921	18	結婚	大阪最初のメーデー ワシントン会議
	10. 12			長女の誕生	
	11	1922	19	（松本藤熊は玉姫稲荷の御霊をもって大阪に到着）	
	13. 2	1924	21	長男誕生，義母逝去	
	14. 6. 6	1925	22	失明，入院	大阪人口 211 万人
	15	1926	23	入院	
昭和	1			（大叔母の弟子が村社の守をする）	
	2. 1	1927	24	退院，村に戻る	米相場が下落しはじめる
	2. 2			滝寺の滝本で 10 カ月こもる，義父の死	
	2. 5. 17			視力の回復，初神がかり，守護神白高が初めて降りる	

元号	年 月 日	西暦	年齢	中井シゲノの個人史	社会史
昭和	3. 1	1928	25	中井家に戻る	
	3. 3			次女の誕生	
	4	1929	26	鞍馬山での寒行をはじめる	経済ショック（大阪） 世界的不景気
	5. 5. 25	1930	27	自動車事故で夫逝去	米相場が急落（大阪）
	6	1931	28	3度目の大阪行き	満州事変 「15年戦争」の始まり
	9. 9. 9	1934	31	「夢のお告げ」	
	9. 9. 10			一人での大阪行き，玉姫社にたどり着く	
	9. 9. 21			室戸台風で玉姫社全壊	
	10. 2. 11	1935	32	玉姫社の拝殿に居住．奈良県の婚家と大阪の二重生活	大阪人口298万人
	11. 12. 10	1936	33	大阪に定住，滝寺にお塚を建立	
	12	1937	34	滝寺の滝に籠り所建設	日中戦争
	13	1938	35	長女が来て大阪で同居を始める	戦時下の統制経済
	14	1939	36	玉姫教会が伏見稲荷大社の特別講社になる	
	15	1940	37		大阪人口325万人 三国同盟
	16	1941	38		配給切符制度始まる（大阪） 太平洋戦争勃発
	19	1944	41		最初の空襲（大阪）
	20. 3. 15	1945	42	空襲で安居天神社焼ける，玉姫神社と住居は無事	大阪が焼け野原になる
	20. 8. 15	1945	42		大阪人口110万人に減少 戦争終結
	22	1947	44		食料緊急センター創設（大阪） 新憲法施行
	23. 3. 12	1948	45	玉姫教会は伏見稲荷大社の天王寺支部となる	

元号	年 月 日	西暦	年齢	中井シゲノの個人史	社会史
昭和	24	1949	46	大阪の玉姫道場建設	大阪証券取引所が取引を再開
	25	1950	47		朝鮮戦争始まる
	29	1954	51	熊野の玉姫神社にはじめて詣る	経済復興（大阪）
	36	1961	58	滝寺に最初の道場建立	
	38. 3	1963	60	滝寺に現在の道場建立	
	39	1964	61	玉姫教会が伏見稲荷大社の大阪南支部となる	東京・大阪間新幹線開通 東京オリンピック開催
	45	1970	67		大阪万国博覧会
	53. 9. 9	1978	75	滝寺に地蔵石像と観音石像建立	
	59. 9. 3	1983	80	稲荷信仰のオダイ研究と調査開始	大阪人口 264 万人 日本経済大国に
	63	1988	85	「オダイはあと三年」	
平成	1	1989	86		
	2	1990	87	宗教活動中止	
	3. 7. 8	1991	89	中井シゲノ逝去	
	7	1995		お塚や祭具そして神々全て大阪から滝寺に移される	

参考文献

(憑依，シャーマニズム分野に関する和文・欧文の参考文献は現在膨大な数になっており，ここでは網羅した参考文献一覧ではなく，本書の課題に関連する主な研究のみ記載する)

【和文】

池上良正，1999，『民間巫者信仰の研究——宗教学の視点から』未來社.

川村邦光，1991，『巫女の民俗学——〈女の力〉の近代』青弓社.

川村邦光，1997，『憑依の視座——巫女の民俗学 II』青弓社.

川村邦光編，2007，『憑依の近代とポリティクス』青弓社.

神田より子，2001，『神子と修験の宗教民俗学的研究』岩田書院.

五来重，1985，「稲荷信仰と仏教——荼吉尼天《だきにてん》を中心として」五来重監修『稲荷信仰の研究』山陽新聞社.

五来重監修，1985，『稲荷信仰の研究』山陽新聞社.

桜井徳太郎，1982，『日本民俗宗教論』春秋社.

桜井徳太郎，1988，『日本シャマニズムの研究』(上下，桜井徳太郎著作集 5・6) 吉川弘文館.

佐々木宏幹，1980，『シャーマニズム——エクスタシーと憑霊の文化』中央公論社.

佐藤憲昭，1988，「都市シャーマニズムの均質化と多様化」『人類学』41.

島薗進，1992，『現代救済宗教論』青弓社.

鈴木正崇，2000，「巫女と男巫のはざま」脇田晴子・アンヌ ブッシイ編『アイデンティティ・周縁・媒介』吉川弘文館.

鈴木正崇，2001，『神と仏の民俗』吉川弘文館.

波平恵美子，1988，『ケガレの構造』青土社.

藤田庄市，1990，『拝み屋さん』弘文堂.

ブッシイ，アンヌ，1985，「稲荷信仰と巫覡」五来重監修『稲荷信仰の研究』山陽新聞社.

ブッシイ，アンヌ，2000，「神々は山を去っていくだろうか——巫覡の他者性とアイデンティティ」脇田晴子・アンヌ ブッシイ編『アイデンティティ・周縁・媒介』吉川弘文館.

ブッシイ，アンヌ，2007，「神仏習合の系譜」『宗教研究』（特集号「神仏習合とモダニティ」）81巻，353号.
堀一郎，1971，『日本のシャーマニズム』講談社.
宮家準，1996，『修験道と日本宗教』春秋社.
宮家準・鈴木正崇編，1994，『東アジアのシャーマニズムと民俗』勁草書房.
宮田登，1987，『ヒメの民俗学』青土社.
柳田國男，1999（1913），「巫女考」『柳田國男全集 24』筑摩書房.
脇田晴子，2001，『女性芸能の源流——傀儡子・曲舞・白拍子』角川書店.

【欧文】

AIGLE, D., BRAC de la PERRIÈRE, B., CHAUMEIL, J.-P. (eds.), 2000, *La politique des esprits. Chamanismes et religions universalistes*, Nanterre, Société d'ethnologie.

ALBERT, Jean-Pierre, 1996, *Le sang et le ciel. Les saintes mystiques dans le monde chrétien*, Paris, Aubier (Collection historique).

ASSAYAG, Jackie & TARABOUT, Gilles (eds.), 1999, *La possession en Asie du Sud. Parole, corps, territoire*, Paris, EHESS (Collection Purusârtha, 21).

BLACKER, Carmen, 1975, *The Catalpa Bow. A study of shamanistic practices in Japan*, London, Allen and Unwin.

BOUCHY, Anne (Marie), 1984, "Le renard, élément de la conception du monde dans la tradition japonaise", *Le Renard: tours, détours et retours, Etudes mongoles* 15, Laboratoire d'Ethnologie et de Sociologie comparative, Université de Paris X, Nanterre, pp. 17–70.

BOUCHY, Anne, 2000a, "Quand je est l'Autre – Altérité et identité dans la possession au Japon", *L'Homme* 153, pp. 207–230.

BOUCHY, Anne, 2000 b, "La cascade et l'écritoire – Dynamique de l'histoire du fait religieux et de l'ethnologie du Japon: le cas du shugendô", *BEFEO* 87–1, pp. 341–366.

BOUCHY, Anne, 2001a, "Les montagnes seront-elles désertées par les dieux ? L'altérité et les processus de construction d'identité chez les spécialistes du contact direct avec les dieux et les esprits au Japon", *Identités, marges, médiations. Regards croisés sur la société japonaise. Actes des trois tables rondes franco-japonaises 1997–1998*, Jean-Pierre Berthon,

Anne Bouchy, Pierre F. Souyri (sous la dir.), Etudes thématiques 10, EFEO, pp. 87–106.

BOUCHY, Anne, 2001b, "Du bon usage de la malemort – Traitement des 'âmes rancuneuses' et rituels oraculaires dans la société japonaise", *De la malemort en quelques pays d'Asie*, Brigitte Baptandier (sous la dir.) Editions Karthala, pp. 201–234.

BOUCHY, Anne, 2001c, "Building a French-Japanese dialogue about ethnology of Japan – The problem of Shamanism/Possession", *Asian Research Trends*, The Center for East Asian Cultural Studies for Unesco, The Toyo Bunko, Tôkyô, pp. 75–88.

BOUCHY, Anne, 2003a, "Une voie de l' 'art premier' dans le Japon du XVIIe siècle – La statuaire d'Enkû, pérégrin de l'Essentiel" *L'Homme* 165, pp. 143–172.

BOUCHY, Anne, 2003b, "Et le culte sera-t-il shintô ou bouddhique?", *Cipango* 11, pp. 45–98.

BOUCHY, Anne, 2006, "De l'ethnologie du Japon : par qui, où, comment ?", *Ateliers 30*, Nanterre, Laboratoire d'ethnologie et de sociologie comparative, Université de Paris X, pp. 63–99.

Chamanisme et possession en Asie du Sud-Est et dans le monde insulindien, 1973, Introduction, Post-face de Georges Condominas, Paris, Centre de documentation et de recherche d'Asie du Sud-Est et du monde insulindien, vol. IV, n° 1, et n° 3, pp. 55–176.

HAMAYON, Roberte, 1990, *La chasse à l'âme. Esquisse d'une théorie du chamanisme*, Nanterre, Société d'ethnologie.

HEUSCH, Luc de, 1971, "Possession et chamanisme", "La folie des dieux et la raison des hommes", *Pourquoi l'épouser ?* pp. 226–285, Paris, Gallimard.

著者紹介

アンヌ ブッシイ　Anne BOUCHY

フランス国立極東学院教授

16 年間日本に暮らして以来，今もフィールド・ワークと研究活動を日本で続け，日本の民俗宗教研究を専門としている．フランス国立極東学院のほか，トゥールーズ大学と社会高等研究院で宗教民俗学，日本民俗学と修験道の研究指導にあたっている．

主要著作

『捨身行者実利の修験道』（角川書店，1977 年）

Les oracles de Shirataka（Philippe Picquier, 1992, Réédition, Presses Universitaires du Mirail, 2005）

「神々は山を去っていくのか」（脇田晴子，アンヌ ブッシイ編『アイデンティティ・周縁・媒介』吉川弘文館，2000 年）

《Du légitime et de l'illégitime dans le shugendô》（*Légitimités, légitimations*, A. Bouchy, G. Carré, F. Lachaud (eds.), 《Études thématiques》 16, EFEO, 2005）

「神仏習合の系譜」（『宗教研究』Vol. 81，No. 2，2007 年）

神と人のはざまに生きる　近代都市の女性巫者

2009 年 5 月 22 日　初　版
2023 年 9 月 20 日　第 4 刷

［検印廃止］

著　者　アンヌ ブッシイ

発行所　一般財団法人　東京大学出版会

代表者　吉見 俊哉

153-0041 東京都目黒区駒場 4-5-29
電話　03-6407-1069　Fax　03-6407-1991
振替　00160-6-59964

印刷所　株式会社理想社
製本所　誠製本株式会社

ISBN 978-4-13-013200-8　Printed in Japan

島薗　進・竹内整一・小佐野重利　編集代表
死生学　全5巻　A5各二八〇〇円

1　島薗　進・竹内整一　編　死生学とは何か
2　熊野純彦・下田正弘　編　死と他界が照らす生
3　武川正吾・西平　直　編　ライフサイクルと死
4　小佐野重利・木下直之　編　死と死後をめぐるイメージと文化
5　高橋　都・一ノ瀬正樹　編　医と法をめぐる生死の境界

島薗　進・安丸良夫・磯前順一
民衆宗教論　A5・六八〇〇円

奥井智之
宗教社会学　四六・二八〇〇円

山田慎也
現代日本の死と葬儀　A5・五八〇〇円

ここに表示された価格は本体価格です．御購入の際には消費税が加算されますので御了承下さい．